訂正表

『社会人のための考える力』に下記の誤りがありましたので、訂正してお詫び申しあげます。

10ページ　下から4行目
【誤】この極めて重要であるにもかかわらず、
【正】この極めて重要であるにもかかわらず、

25ページ　本文9行目
【誤】(提言三段論法)
【正】(定言三段論法)

284ページ　索引に1ページ追加
【正】定言三段論法　25, 77

Power to consider
社会人のための考える力
自分のまわりをポジティブにかえる

浅岡 孝光 著　日沖 健 監修

はじめに

「考えるって難しい…」

そのように感じられる方は、たくさんいると思います。しかし、そのような苦手意識を持っている人でも、間違いなく日々考えるという行為を行っているはずです。なぜなら、私たちにとって考えるということは呼吸するのと同じくらい自然で、当たり前のことだからです。

しかし、改めて「しっかりと考えてみてください」と言われると、私たちは急に戸惑いを覚えます。一体、なぜなのでしょうか？これはおそらく、多くの人にとって、考えるという行為が、誰からも教わることなく物心ついたころから全て自己流で行ってきたものであることに原因があると思います。自己流で何気なく行ってきた考えるという行為について、誰かから改まって尋ねられたり、正しい方法で行うように言われたりすると、自分の考え方を客観視することになり、急に自信がなくなってしまうからでしょう。

本書では、そのような考えるという行為を、一歩引いた視点から捉え、欲しい答えになるべく効率的にたどり着くためには、どのような方法で考えればよいかについて、できるだけわかりやすくまとめたものです。

実は、考えるという行為は、論理学や哲学といった学問領域において、2000年以上前から研究が重ねられてきた大変奥深いものであり、とても本書1冊で全ての領域について説明することはできません。しかし、そもそも日常生活や仕事の場面で必要とされる考える行為は、そこまで奥深いものではなく、ある程度狭い

領域に限られます。例えば論理学の世界で扱う演繹法（詳細については、本書の第3章で触れます）のような思考方法が、現実の世界においてぴったりそのままの形で適用できることは、それほど多くないのも事実だと思います。なぜなら、私たちは多くの場合、限られた情報や数多くの不確実性の中で生活や仕事をしているからです。しかし、このことは論理学をはじめとする考えることを扱う学問の無意味さを示すわけでは決してなく、むしろ私たちがそうした学問領域を原理原則としながら、それらを応用した上で考えなければならないという事実を意味しています。本書は、まさにそのような応用領域において、私たちがどのようなプロセスで考えていけばよいのかを中心テーマとしました。

　本書を手に取っていただける読者層としては、考えることに苦手意識を持っておられる一般的な社会人の方々を想定しています。そのため、本文中で取り扱う事例はできる限り一般的な社会人の方々が直面する生活や仕事の場面を多く取り上げ、また、事例や図表もなるべく多く取り入れることで、感覚的に理解できるように配慮しました。

　言うまでもなく、「考える」という行為は、私たちにとって1つの手段であり、決して最終目標ではありません。人生の最終目標は、皆さん一人ひとりによって異なるのでしょうが、それを実現するためには考えることを避けては通れないはずです。もし、本書を読まれた方々が、本書をきっかけに少しでも考えることに対する苦手意識を克服し、本書で学んだことをご自身の人生の目標を実現するための手段として活用していただければ、著者としてこれに勝る喜びはありません。

目　次

はじめに　*i*

序章　社会人の生活・仕事において考える力が必要となるわけ　*1*

第1節　社会環境の変化と社会人が抱える問題　*2*
第2節　考えることの効用　*6*
第3節　基礎としての考える力　*9*
　　　　序章のまとめ　*12*

第1章　そもそも、考えるとは一体何をすることなのか？　*13*

第1節　考えることの本質　*14*
第2節　考える力＝論理的思考力＋創造的思考力　*17*
第3節　論理的思考と創造的思考の違い　*21*
第4節　思考に関する研究（論理学）の歴史　*25*
第5節　考えるという行為の全体像　*29*
第6節　論理的思考の類型　*32*
　　　　第1章のまとめ　*39*

第2章　論理的思考の基礎技法①：MECE　　*43*

第1節　MECEとは　　*44*
第2節　MECEな分類を行うための具体的方法論　　*48*
第3節　生活・仕事におけるMECEの活用事例　　*57*
第4節　MECEな分類を行う際の留意点　　*61*
　　　　第2章のまとめ　　*70*

第3章　論理的思考の基礎技法②：演繹法と帰納法　　*71*

第1節　演繹法とは　　*72*
第2節　演繹法の命題（仮言命題）に関する基本法則　　*81*
第3節　演繹法による推論の具体的方法論　　*90*
第4節　生活・仕事における演繹法の活用事例　　*105*
第5節　演繹法を用いる際の留意点　　*108*
第6節　帰納法とは　　*114*
第7節　帰納法による推論の具体的方法論　　*117*
第8節　帰納法と反対方向（トップダウン型）の推論方法　　*124*
第9節　生活・仕事における帰納法の活用事例　　*127*
第10節　帰納法を用いる際の留意点　　*131*
第11節　因果に基づく推論が成立する条件　　*136*
　　　　第3章のまとめ　　*139*

第4章　論理的思考の基礎技法③：仮説　　*141*

第1節　仮説とは　　*142*
第2節　仮説による推論の具体的方法論　　*158*
第3節　生活・仕事における仮説の活用事例　　*167*
第4節　仮説を用いる際の留意点　　*174*
第5節　仮説思考力を身に付けるために必要なこと　　*178*
　　　　第4章のまとめ　　*182*

第5章　論理的思考の基本ツール：
　　　　ロジックツリー　　*185*

第1節　ロジックツリーとは　　*186*
第2節　ロジックツリーの使い方　　*189*
第3節　ロジックツリーの基本原則　　*200*
　　　　第5章のまとめ　　*209*

第6章　論理的思考の全体プロセス　　*211*

第1節　トップダウンアプローチ　　*212*
第2節　ボトムアップアプローチ　　*224*
第3節　どうすれば考える力を伸ばせるのか？　　*235*
　　　　第6章のまとめ　　*241*

付録　創造的思考の基礎　*243*

第１節　創造的思考の基礎技法　　*244*

第２節　創造的思考の基本ツールと具体的活用事例　　*246*

第３節　創造的思考の全体プロセス　　*270*

第４節　創造的思考を促すマインドセット　　*276*

　　　　付録のまとめ　　*281*

参考文献一覧　　*283*

索引　　*284*

序章

社会人の生活・仕事において考える力が必要となるわけ

近年の社会環境の変化とそれに伴い社会人が抱える諸問題を明らかにした上で、考える力を身に付けることの意義と重要性について学びます。

第1節　社会環境の変化と社会人が抱える問題

　日本人を取り巻く環境は、1990年代半ば以降、大きく変化しています。そして、それに伴い私たちは、便利で効率的な生活を送れるようになった半面、これまでには見られなかったさまざまな問題を抱えることになりました。

　では、私たちは、どうすればこれらの問題に対処することができるのでしょうか？それらに共通するキーワードは、「複雑化・効率化・差別化・多様化・時間軸への対応」であると言えるでしょう。

図表序-1　社会人が抱える問題の構造と解決へ向けたカギ

社会環境の変化	社会人が抱える問題	解決へ向けたカギ
・成熟化 ・高度情報化 ・グローバル化	(1) 複雑な作業・業務の増加 (2) 時間制約下での情報処理量の増加 (3) 社会・職場における競争の激化 (4) 異文化との連携・洞察機会の増加 (5) 将来のリスク回避の必要性の増加	(1) 複雑化への対応 (2) 効率化への対応 (3) 差別化への対応 (4) 多様化への対応 (5) 時間軸への対応

(1) 複雑化への対応

　IT化が進み、私たちの生活は大変便利になりましたが、一方で、家電製品や携帯電話などの機能を見てもわかるとおり、以前は直感で使うことができたものも、複雑化して簡単には扱えないようになりました。仕事においてもまた、グローバル化の進展に伴って、

かつてのような単純作業は新興国などへの海外移転が進み、それにかわって、より複雑で難易度の高い仕事の割合が増えています。

私たちは、こうした複雑な物事に対して、なぜそれが必要なのか、あるいはそれが関係当事者にどのような影響を及ぼすのか、といったことをしっかり理解した上で対処することが求められているのです。

(2) 効率化への対応

現代の社会人は、昔に比べてはるかに厳しい時間制約の下で、日常生活や仕事を行わなければならなくなりました。もちろん、1日が24時間であることは、昔も今も変わらぬ事実ですが、IT化の進展などにより、私たちが1日の間にこなさなければならない情報処理の量は、昔とは比べ物にならないくらい膨大な量に増えました。町中のいたるところに電子広告があふれ、電車の中では、携帯電話や情報端末を使ってせわしなくメールやニュースに目を通す光景が当たり前になっています。

このように、私たちは、1日という限られた時間内で、効率的にこれら大量の情報処理や問題解決を行わなければならなくなっているのです。

(3) 差別化への対応

経済のグローバル化は、企業同士の競争激化をもたらしました。また、近年では企業のデジタル化の進展により、企業のビジネスモデルの模倣がより早く、より簡単に行えるようになり、そのことも企業間の競争をより一層激化させています。

さらに、こうした企業同士の競争激化は、そこで働く従業員同士の競争激化という結果をもたらしました。かつての日本では、

多くの企業で終身雇用や年功序列といった競争緩和のメカニズムが採用されていましたが、グローバルな環境での競争激化の下で、多くの企業はそのメカニズムを放棄せざるを得ない状況に追い込まれたのです。そして、そのような従業員同士の競争は、日本人の間だけでなく、外国人との間でも広まっています。

私たちは、このような厳しい競争下で、他者との違い、すなわち自己が持つ差別性をどうすれば発揮できるのかを常に意識しなければならない環境におかれていると言えます。

(4) 多様化への対応

経済のグローバル化により、以前に比べて、街では外国人の労働者が増え、海外へ旅行する日本人の数も大幅に増えました。また、学校でも国籍の異なる両親を持つ生徒や、海外からの留学生の数が非常に増えてきています。それだけ、日々の生活の中で異文化と接し、意見調整を行わなければならない機会も増加していると言えるでしょう。

しかし、そのような異なる文化を持つ者同士の意見調整は、言語という要因を除いてもなお極めて困難なことです。場合によっては、さまざまな軋轢（あつれき）や衝突が避けられないこともあるでしょう。残念ながら、そうした場面では、「行間を読む」などといった日本人特有の価値観・文脈を用いたコミュニケーションは一切通用しないからです。

このように、現代の社会人は、多様な考え方を持つ人と同じ土俵に立ち、衝突を避けながら意見調整できるようになることを求められているのです。

(5) 時間軸への対応

　IT化によって情報伝達のスピードが速まり、しかも、それらの波及経路が複雑かつ広範囲になる中で、日常生活における将来の不確実性（リスク）も確実に増大してきています。実際に、インターネットに誤った情報を流してしまったことが、思わぬ問題となって自分に跳ね返ってくるような事例が後を絶ちません。インターネットを通じた情報漏洩（ろうえい）の問題は、企業においても、信用力の根幹を揺るがす新たなリスクとして認識されています。

　また、グローバル化に伴い、世界中の景気や混乱の影響を受けるようになったことで、将来のリスクの変動幅も大きくなっています。つまり、以前に比べて、私たちを取り巻くリスクの種類が格段に増え、しかもその変動幅が大きくなっているのです。

　このように私たちは、未来に起こるであろう出来事を合理的に予測し、それらに対して予め行動を制限したり、対処策を準備したりしておく必要性に迫られていると言えます。

第2節 考えることの効用

　前節で見たとおり、私たちは「複雑化・効率化・差別化・多様化・時間軸の対応」を求められています。しかし、そうだとわかっていても、そうした対応が簡単にできるようになるわけではありません。一体どうすればよいのでしょうか？それを実現するためのカギは、本書のテーマでもある「考える力」にあります。

(1) 複雑化に対する効用
　考えることで、複雑な情報を整理し、その構造を分析し、シンプルな結論を導くことができるようになります。
　例えば、仕事において複雑な問題を解決しなければならないような場合でも、問題の発生状況について十分な情報を収集・整理し、深く考えることで、その原因構造と根本原因が特定できれば、比較的簡単にその問題への対処策が見つかるはずです。

(2) 効率化に対する効用
　考えることで、余分な情報を取捨選択し、効率的に情報処理することができるようになります。あふれる情報を全てコントロールすることは難しいですが、入手した情報を適切に分類し、優先順位をつけることで、その後の情報処理が大幅に効率化できます。また、それにより時間の余裕ができれば、他の人との対面コミュニケーションの量も自然と増やすことができるようになるはずです。

（3）差別化に対する効用

考えることで、他の人が考えつかないような、新しいアイデアを導き、自分自身の差別性を発揮することができるようになります。

職場においては、もはや私たちは他者との競争から逃れることはできません。しかし、競争とは必ずしも「他者を蹴落として生き残る」というようなネガティブなものではなく、「各人が切磋琢磨しながら新しい価値を生み出すアイデアを提供し合い、全員が生き残る」といったポジティブなものでもありうるはずです。一般的に、身を切るような競争ばかりが取り上げられがちですが、競争の本質は「他にはない価値を生み出す」という点にあり、考える力を養うことでそれを実現することが可能になります。

（4）多様化に対する効用

考えることで、多様な考え方を持つ人との間でも、不要な衝突をすることなく、合意形成を図ることができるようになります。もちろん、外国人との間で意見調整を行うには言語の問題をクリアする必要がありますが、いくら言語ができても、それだけでは意見調整は円滑に進みません。なぜなら、円滑な意見調整を行うためには、相互が理解できるような共通の土俵の上に立ち、お互いの主張を整理しながら、冷静に説得し合うことが必要不可欠だからです。そして、それを実現する上では、やはり考える力が重要な役割を担うのです。

（5）時間軸に対する効用

考えることで、将来に起こりうる物事について、ある程度の予測を立てることができるようになります。

例えば、昔は天候の変化や地震などの天災は何の前兆もなく、目に見えない神様の意志によってもたらされると考えられていました。しかし、今日ではさまざまな研究や分析により、天候も自然界に存在する規則性や法則にしたがって変化することがわかっており、ある程度の予測も立てられるようになりました。将来の不確実性が高まっている現代においては、こうした将来予測の重要性がより増していることは先ほど触れたとおりですが、そのような将来予測は、考えることなしには決して実現できないのです。

　上記であげたように、考える力を身に付けることにより、私たちが抱えるさまざまな問題の"マイナス面"を減少することが可能になります。しかし、考えることの効用はこればかりではありません。この他にも、私たちの日常生活や仕事において、"プラス面"を増加させてくれる前向きな効果もあります。例えば、考える力が高まることで、情報が整理して記憶できたり、複雑な物事への理解度が高まったりするようになります。そのことは、私たちが身に付けなければならない多種多様な知識・技能の習得スピードを高め、私たちの成長を促進することにつながるのです。
　また、社会におけるさまざまな組織のマネジメントを行う立場の人にとっては、考える力が高まることで、時に組織全体の生産性を何倍にも高めることが可能になります。なぜなら、マネジメントと呼ばれる仕事の本質は、知的活動を通じてその配下の組織の力を極限まで引き出すことに他ならず、その知的活動の根源には考える力があるからです。その意味では、私たちは社会のあらゆる場面（例えば、家庭・学校・職場など）において、考える力を特にしっかり身に付ける必要があると言えるでしょう。

序章　社会人の生活・仕事において考える力が必要となるわけ

第3節　基礎としての考える力

　ここまで、私たちにとって考える力は、さまざまな問題を解消し、さらに新しい価値を生み出すために極めて重要な能力（スキル）であることを見てきました。しかし、社会生活を行う上では、私たちは他にもさまざまなスキルを身に付けなければなりません。では、そうした多種多様なスキルと比較して、この考える力は、どのような位置づけにあり、どれくらい大切なものなのでしょうか？このことを明らかにするために、以下では私たちが身に付けるべきスキルの全体像について考えてみましょう。

　図表序-2に示すように、私たちが円滑な社会生活を送る上で必要なスキルは、概念的には大きく3つに分類することができます。

図表序-2　社会人が身に付けるべきスキルセットの概念図

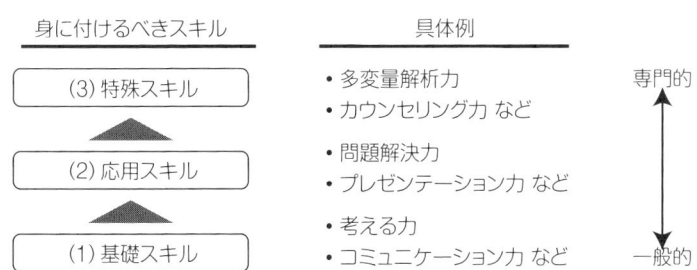

(1) 基礎スキル

　あらゆる場面で必要とされる一般的・普遍的スキルです。したがって、最も使用頻度の高いスキルと言えます。考える力やコミュニケーション力などは、この基礎スキルの代表です。

(2) 応用スキル

基礎スキルを活用しながら、より難易度の高い物事に効果的に対処するために必要となるスキルです。具体的には、考える力を活用した問題解決力や、考える力・コミュニケーション力を活用したプレゼンテーション力などがあてはまります。

(3) 特殊スキル(専門スキル)

専門的な情報処理や活動を行う際に必要となるスキルです。さまざまな基礎スキル・応用スキルを活用しつつ、ある特定の対象に特化した特別な知識・技能の要素が求められます。具体的には、複雑な分析のための多変量解析(多くの情報を仮説に基づいて関連性を明確にする統計的方法)や、会話を通じて精神面でのサポートを行うカウンセリングのスキルなどは、この特殊スキルに該当するでしょう。

これらのスキルのうち、本書のテーマである考える力は、基礎スキルに該当し、あらゆる場面で活用される最も汎用性の高いスキルです。

ここで「あらゆる場面」と書きましたが、この基礎スキルは「意識している」「していない」にかかわらず、どんな人でもありとあらゆる場面で活用しています。しかし、あまりに日常的に使っているスキルであるだけに、私たちにとってはあたり前のこととして、改めて取り上げる機会はほとんどないのが実態です。

本書では、この極めて重要であるにもかからず、見落とされがちな「考える力」について正面から取り上げ、社会人のみなさんに考える力を高める方法を学んでいただくことを目的としています。そして、考える力の強化を通じて、近年、私たちが抱える諸

問題の解決や日常生活・職場における新たな価値創造活動を実現しつつ、皆さん自身の「考える力」以外のスキル向上にも役立てていただくことを目指しています。

　ただし、前述のとおり、考える力は、あくまで数ある基礎スキルの１つであることを忘れてはいけません。つまり、考える力のみをひたすら磨いただけでは、必ずしも良い結果に結び付かないという点に注意が必要です。

　例えば、もし皆さんの周りにやたらと頭の回転が速く、物事の理解や判断が理路整然と行える、優れた考える力を持つ人がいたとします。しかし、その人が皆さんとの会話を避けたり、あるいは感情的な表現をほとんど行わなかったりしたら、どうなるでしょうか？おそらく、そうした人との日常生活・社会活動・仕事は、決して円滑には進まないでしょう。つまり、どんなに考える力が高くても、それを誰かに伝えたり、誰かと実行に移したりする際には、コミュニケーション力やリーダーシップなど、それ以外のさまざまなスキルが伴わなければ、結局活かすことができないのです。皆さんが考える力を学ぶにあたっては、ぜひこの点を忘れないでいただきたいと思います。

序章のまとめ

- 「考える力」の重要性が高まっている背景

社会環境の変化	社会人が抱える問題の深刻化	「考える力」強化の必要性
成熟化	(1) 作業・業務環境の複雑化	(1) 複雑化への対応力
高度情報化	(2) 情報処理量の増加	(2) 効率化への対応力
グローバル化	(3) 競争環境の激化	(3) 差別化への対応力
	(4) 異文化連携機会の増加	(4) 多様化への対応力
	(5) リスク回避の必要性増大	(5) 時間軸への対応力

第1章
そもそも、考えるとは一体何をすることなのか？

本章ではまず考えることの本質的目的・定義を明らかにした上で、考えるという行為の代表的な研究領域である論理学の発展の歴史を概観します。さらに、考えることの全体像と本書で学ぶ対象領域を確認します。

第1節　考えることの本質

　考えるという行為は、私たちにとってあまりに日常的で当たり前のことです。しかし、そもそも私たちは何のために考えるのでしょうか？もちろん、考えることの目的は場面ごとに変わるでしょう（例えば、家族のために料理を作るとか、仕事上のトラブルを解決するとか）が、より本質的な意味で、私たちが考えることの意味・目的はどこにあるのでしょうか？

　考えるという行為は、非常に幅広く、さまざまな側面があります。例えば、「自動車事故が発生した」場面に遭遇したとき、私たちは「運転手は無事だろうか」と事故の影響を考えたり、「なぜ事故になってしまったのだろう」と事故の原因を考えたりします。あるいは、「先日も同じ交差点で事故があったな」と別の事故を連想したり、「そもそも安全とは何なのか」と本質を追究したりすることもあるはずです。

　本書では、こうしたさまざまな側面を持つ「考える」という行為の中でも、前章で述べた「社会人が直面するさまざまな問題への対処」という側面に特に着目して議論を進めていきます。そのような立場で考えると、社会人にとって考えることの本質的な目的は、主に以下の2点に集約することができます。

　①未来における不確実性を減らすこと
　②未来における新しい価値を生み出すこと

　ここでいう未来とは、前章で述べた「時間軸」に該当し、一方、不確実性を減らしたり、新しい価値を生み出すということは、「複雑化・効率化・差別化・多様化」がもたらす問題に対処することに他なりません。

第1章　そもそも、考えるとは一体何をすることなのか？

　では、この考えるという行為は、私たちの頭の中でどのようなメカニズムで行われているのでしょうか？経験主義の立場から人間の考えるという行為（＝思考）について研究を行った米国の哲学者のジョン・デューイ（John Dewey, 1859-1952）は、この思考のプロセスについて以下のように考えました。

●思考は、人間がある状況に直面した際、過去の経験を通じて個々の記憶の中で体系的に蓄積された概念を参照し、そこから示唆を得た上で、反省するという連続的かつ包括的な過程をたどる

　少し難しい表現ではありますが、彼の考え方をもとに、思考のメカニズムを簡略化して概念的に捉えれば、図表1-1のように表現することができるでしょう。

図表1-1　思考の基本的メカニズム（概念図）

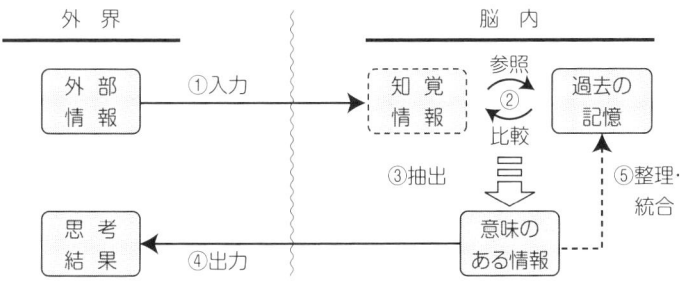

　人間が何かについて考える際には、主に以下のプロセスをたどると考えられます。

①まず何らかの「外部情報」が入力されると、それが脳の中で「知覚情報」（見る・聞く・感じるなどの情報）として認知されます。

②すると、脳の中ではその情報（思考対象）と関連する情報が

ないか、「過去の記憶」を参照し、比較を行います。

③そして、「知覚情報」と「過去の記憶」の比較の中から、「意味のある情報」(主に類似点または相違点)を抽出し、その情報に対して何らかの意味づけを行います。

④そうして導かれた情報を、「思考結果」として外部に出力(書く・話す・表現する等)します。

⑤一方、抽出された「意味のある情報」は、「過去の記憶」の中に整理・統合され、新たな記憶のデータベースとして蓄積されることになります。

このような思考のプロセス面に着目すると、考えるという言葉の意味は、以下のように定義することができるでしょう。

考える(=思考)の定義
過去の経験・知識とある情報(思考対象)とを比較し、それらの類似点・相違点を分類した上で、そこから何らかの意味のある情報を導き出すこと

考える力(=思考力)の定義
ある情報から、過去の経験・知識をもとに、何らかの意味のある情報を導き出す力

第1章　そもそも、考えるとは一体何をすることなのか？

第2節　考える力＝論理的思考力＋創造的思考力

　前述のとおり、考えるとは、過去の経験・知識と思考対象に関する情報から、何らかの意味のある情報を導き出すことと捉えられます。そして、その際の情報処理の仕方には、大きく以下の2種類があります。

（1）ある情報とある情報の「類似点」から、何らかの「推論」を行うもの＝論理的思考

　例えば、皆さんがある飲食店の店長だったとします。店長にとって最大の関心事は、日々の売上動向ですから、皆さんは「今日はどれくらい売れるだろうか？」と毎朝考えることになるでしょう。この場合、店長はどのような思考プロセスをたどるのでしょうか？以下、前節の考え方に当てはめて考えてみます。

図表1-2　論理的思考の思考プロセス（例）

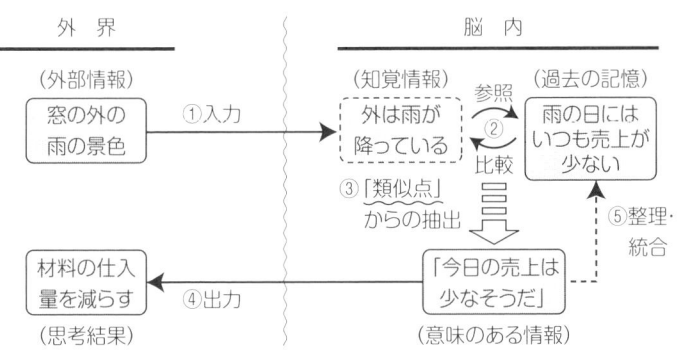

①皆さんの目に、窓の外の雨の情景が映りました。このことは、「外は雨が降っている」という知覚情報を得たのと同じことを

意味します。

②すると、店長である皆さんの脳の中では、過去の体験・知識の蓄積である自らの記憶の中から、「雨の日にはいつも売上が少ない」という類似した情報を参照します。

③もしそうなれば、それらの情報から「今日の売上は少なそうだ」という意味ある情報（推論）を導くことになるでしょう。

④その結果、皆さんは、その日1日に必要な「材料の仕入量を減らす」というような具体的な行動に、自らの思考結果を反映させるはずです。

⑤また、その日の営業が終わり、実際に1日の売上を計算してみると、通常よりも少ない金額でした。すると皆さんは「やっぱり、雨の日には売上が減少するんだ」と考え、過去の経験からもたらされた記憶に対する確信を、より一層強めることになるでしょう。

　このように、複数の情報間の類似点（つながり）を辿ることで、何らかの結論を導き出す（推論）情報処理の仕方を論理的思考と呼びます。

> **論理的思考**の定義
> ある情報とある情報の類似点に着眼し、推論（＝推し測る）を行うこと（思考対象からの「つながり」をたどることによる推論）

（2）ある情報とある情報の「相違点」から、何らかの「発想」を行うもの＝創造的思考

　例えば、今度は店長である皆さんが「今までにない斬新なお好み焼きの新メニューとはどんなものか？」というテーマで考える

場面を想定しましょう。以下、先ほどと同じように思考プロセスについて順を追って確認します。

図表1-3 創造的思考の思考プロセス（例）

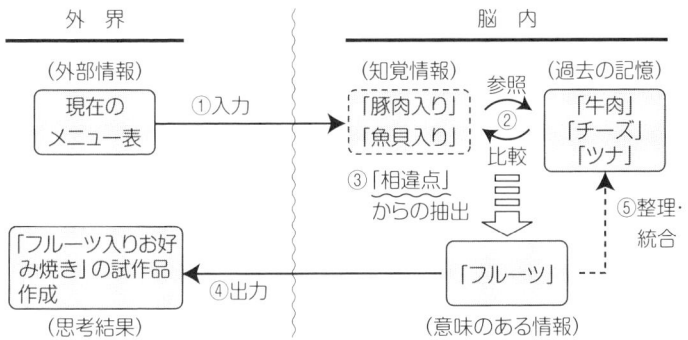

① まず、目の前にある現在のメニュー表（仮に、「豚肉入り」、「魚貝入り」のお好み焼きが記載されているとします）から、既に売り出している複数のお好み焼きに関する情報が知覚情報として入力されます。

② すると皆さんの脳では、過去の体験・知識の蓄積である記憶の中から、さまざまなお好み焼きの材料に関する情報（例えば、「牛肉」、「チーズ」、「ツナ」など）が参照されます。

③ 続いて、皆さんの脳の中では、それら過去のお好み焼きの記憶にはない（相違点）、新たな材料の候補を別の記憶から探し、そのうち意味のあるもの（この事例では、発売したら売れるかもしれないと考えられるもの。ここでは、仮に「フルーツ」とします）として選び出します。

④ 最終的に皆さんは、新しい材料である「フルーツ」を用いたお好み焼きの試作品を作ってみることになるでしょう。

⑤ そして、実際に「フルーツお好み焼き」が商品として売り出

されると、皆さんの脳の記憶には、既に存在するお好み焼きのメニューとして、新たに「フルーツ」という情報が蓄積されることになるのです。

このような、ある情報との相違点（乖離）を探すことで、何らかのアイデアを発想するという情報処理の仕方は、創造的思考と呼ばれています。

> **創造的思考**の定義
> ある情報とある情報の相違点に着眼し、発想（＝思いつく）を行うこと（思考対象からの「乖離」を探すことによる発想）

なお、物事を考える際には、必ずその前に何らかの答えを出したい「問い」が存在するはずです。そのような「問い」のことをイシュー（論点）と呼びます。

> **イシュー（論点）**の定義
> その時点でよくわかっておらず、かつ明らかにしたい「問い」のこと

先ほどの（1）の例では、「今日はどれくらい売れるだろうか？」がイシューとなっていましたし、（2）の例では「今までにない斬新なお好み焼きの新メニューとはどんなものか？」がイシューとなっていました。このように、何らかの物事について考える場合には、必ずその出発点となるイシューを明確にした上で考え始めないと、目的とずれた思考結果をもたらすことになりかねないので注意が必要です。

第1章　そもそも、考えるとは一体何をすることなのか？

第3節　論理的思考と創造的思考の違い

　これまで見たように、考える力は、論理的思考力と創造的思考力の2つに分類することができます。一方、第1節において、私たちが考えることの本質的目的は、
　①未来における不確実性を減らすこと
　②未来における新しい価値を生み出すこと
の2つにあると述べました。実は、これらの目的は、先ほど説明した論理的思考と創造的思考の主な目的とも符合するものです。つまり、
　①論理的思考の目的＝未来における不確実性を減らすこと
　②創造的思考の目的＝未来における新しい価値を生み出すこと
と捉えることができるのです。では、一体両者はどのような点に違いがあるのでしょうか？
　既に見たとおり、論理的思考は情報と情報の「つながり」を手がかりに推論を行う思考法です。したがって、論理的思考法は、把握される客観的な事象や過去の記憶を組み合わせながら、情報の繋がりを手がかりに次々と推論を展開していくという「連続的」なプロセスと捉えることができます。また、全く同じ情報をもとにした場合、基本的には誰がいつ考えても概ね似たような結果が推論される傾向にありますので、論理的思考は「再現性」の高い思考法である点が特徴と言えるでしょう。さらに、論理的思考ではさまざまな情報をもとに推論を進めていくことで、徐々に考慮すべき情報が絞り込まれていくことが多いため、「収束型の思考」とも呼ばれます。なお、一般的に論理的思考では、主として私たちの「左脳」が活発に使われることがわかっています。

一方、創造的思考とは、情報と情報の「乖離」(ズレ)を意図しながら、従来にない新しい発想を行う思考法であると言えます。したがって、創造的思考は、現状把握される事象や過去の記憶とは異なる新しいアイデアを探求する「不連続」なプロセスであると捉えることが可能です。また、全く同じ条件で、複数の人が同じテーマの発想を行った場合でも、そこから生み出されるのは、(きちんと創造的思考が行われていることを前提とすれば)人によってバラバラのアイデアとなるはずです。その意味で、創造的思考は他者との「差別性」を生み出す思考法である点が特徴といえるでしょう。加えて、新しい発想を行うことで、情報がさまざまな方向に拡大していくことから、「発散型」の思考とも呼ばれます。ちなみに、創造的思考では、主に私たちの「右脳」が活発に使われるため、創造性の高い(クリエイティブな)人は右脳型人間とも表現されるのです。

図表 1-4　論理的思考と創造的思考の特徴の違い

論理的思考		創造的思考
・連続的な思考 　(つながりを重視)	⇔	・不連続的な思考 　(乖離を重視)
・再現性が高い 　(差別性は低い)	⇔	・差別性が高い 　(再現性は低い)
・収束型の思考	⇔	・発散型の思考
・左脳を使用	⇔	・右脳を使用

　このように、非常に対極的に見える2つの思考法ですが、日常生活や仕事の現場においてそれぞれの思考法はどのような場面で用いられているのでしょうか？例えば、学校で勉強する際には常に論理的思考が必要で、一方趣味で絵画を描いたり音楽を演奏し

たりする際には、常に創造的思考が活用されるなど、活動の場面ごとに思考法を切り替えるべきなのでしょうか？あるいは、企業における戦略企画の担当者はひたすら論理的思考を行い、クリエイティビティが求められるデザイナーは日々創造的思考を行うなど、職種や担当業務によっていずれかの能力さえ身に付ければよいのでしょうか？

残念ながらそんな単純に切り分けることはできません。現実の場面で効果的な思考を行うためには、その場面場面の状況に応じて、適切かつ臨機応変に２つの思考法を使い分けなければならないのです。実は、この点については、前節で取り上げた哲学者デューイも同じような指摘をしていました。

● 知性的な思考においては、創造的な性格と反省的な性格とが不可分に共存する

このような、論理的思考と創造的思考の不可分性を示す具体的事例として、仕事における問題解決の場面を見てみましょう。

あなたの勤める会社の利益が、今期大幅に減少してしまったとします。あなたは上司からこの問題の原因分析を依頼されました。しかし、原因として考えられる要因は無数にありえます。一体どんな軸で原因を分析すべきでしょうか？

例えば、損益計算書を１つひとつの科目に分けて、各科目別に原因分析をするのも手ですし、社内の業務プロセスに着目し、各プロセス別に原因分析を行うのも有効に思えます。また、過去に似たような事例があった際に判明した原因を中心に分析していくことも有効と考えられます（以上の場合は全て論理的思考が必要です）。

一方、場合によっては従来誰も考えなかったような軸（例

えば、気象条件の違いに目を向けて分析するなど）で原因分析することもありうるでしょう（この場合には、創造的思考が働いたと言えます）。最終的には、それらの選択肢の中から、最も可能性が高いと思われる軸で原因分析を行うことになります。

その後の原因分析の結果、あなたは利益減少の根本的な原因は、営業員の販売スキルを向上させる育成システムの不備にあると特定したとします。すると、今度は上司から解決策の立案を指示されました。この立案にあたっては、参考となる解決策を他社の類似事例から引っ張ってくるのも手でしょうし、営業員に対するアンケート結果を定量的に分析した上で解決策を導くのも選択肢の１つでしょう（以上の場合は論理的思考を必要とします）。しかし、もしこの会社が、既に世の中に知られているさまざまな育成システムを試したが、それでもうまくいっていない状況だとすれば、今まで誰も試したことのないような突拍子もない育成方法のアイデアを考える必要があるでしょう（この場合には、創造的思考が求められます）。また、アイデアが見つかれば、今度は実現のための詳細な行動を抜け漏れなく作成しなければなりません（ここでは、論理的思考が求められます）。

このように、現実の世界では、論理的思考だけでも、創造的思考だけでもうまくいかないのが実態なのです。したがって、物事の成功確率を高めるためには、両者の能力をバランスよく高めていくことが必要不可欠であるといえます。

第1章 そもそも、考えるとは一体何をすることなのか？

第4節　思考に関する研究（論理学）の歴史

　これまで見てきた「考える」という行為についての研究は、実は今から二千数百年以上前から行われてきた、歴史の長い学術分野です。本節では、その歴史を簡単に振り返っておきたいと思います。

　今日の論理学の根幹となる考えをまとめたのは、古代ギリシアの哲学者アリストテレス（Aristotelēs, B.C.384-322）です。彼は「論理学の父」とも呼ばれ、今日の論理学や哲学の世界に大きな功績を残しています。彼は人類史上最初の論理学といえる三段論法（提言三段論法）を考案し、それまでの論理的思考研究の成果を体系化することに成功しました。三段論法とは、以下のように2つの前提（大前提・小前提）から、1つの結論を導くという画期的な推論方法（演繹法：詳細は後述します）でした。

　（大前提）すべての人間はいずれ死ぬ
　（小前提）ソクラテスは人間である
　（結論）ソクラテスはいずれ死ぬ

　アリストテレスが唱えた三段論法は、その後中世において形式的体系に整備され、ヨーロッパの教育の中で重要な地位を占めるようになっていきます。その背景には、三段論法が当時のキリスト教神学にとって、聖書に書かれている教義を説明するのに好都合であったことがあげられます。その結果、後に「中世論理学は、神学の侍女であった」と言われるまでに広まりました。

　その後、アリストテレスの提唱した三段論法を、より扱いやすくするために記号化・代数化する取り組みが数多くの論理学者・数学者たちによって行われていきました。その結果、アリストテ

レスを起源とする論理学は、今日では伝統的形式論理学と呼ばれる形で体系化されるに至っています。

さらに、アリストテレスの論理学をより発展させたのが中世のスコラ学派です。スコラ学派は、13-14世紀の西欧の教会・修道院学校（スコラ）の神学者たち、特にイタリアの神学者・哲学者トマス・アクィナス（Thomas Aquinas, 1225-1274）を中心に確立された学問一派で、キリスト教の思想とアリストテレスを中心に発達した哲学を、どのように調和／区別して理解するかを研究課題としていました。彼らは、名辞（概念を表す言葉）を最小単位として取り扱うアリストテレス的な論理学（名辞論理学）の考え方ではなく、命題（真偽を判定することができる文章）を対象単位として扱う論理学（命題論理学）を体系化しました。

命題論理学におけるスコラ学派の1つの貢献は、非排他的選言を命題論理学の体系に取り入れたことにあります。非排他的選言とは、「pまたはq」という場合に、「pかqいずれか一方が真である（論理的に正しい）場合だけではなく、両方が真である場合も含む」ことを前提とする考え方のことです。実は、この非排他的選言の採用は、その後の論理学の研究が発展する大きなきっかけとなりました。

そして、その後近代において命題論理学の体系化を最初に試みたのは、前述した名辞論理学の代数化にも取り組んだイギリスの数学者ジョージ・ブール（George Boole, 1815-1864）でした。当時ヨーロッパでは数学的思考法を論理学の手段として利用し、伝統的な形式論理学の更なる形式化を進めようとする合理主義的な潮流が見られ、そのような活動の中で、ブールは、アリストテレスの三段論法の代数式をそのまま命題論理学にも適用できることを発見したのです。

さらにその後、オーガスタス・ド・モルガン（Augustus de Morgan, 1806-71）によって、否定・連言・選言の間に成立する論理的な双対性（ド・モルガンの法則）が明らかにされ、論理学はさらなる理論的発展を遂げることになります。

　そして、非排他的選言やド・モルガンの法則を命題論理学に取り込み、代数化することに成功したドイツの論理学・数学者エルンスト・シュレーダー（Wilhelm Karl Ernst Schröder, 1845-1902)によって、今日的な命題論理学が完成することとなりました。

　その後、近代において、それまでの伝統的形式論理学（名辞論理学）や命題論理学の理論を統合し、更に発展させたのがドイツの数学者・論理学者ゴットローブ・フレーゲ（Gottlob Frege, 1848-1925）でした。彼は、複数の量（「全ての」や「ある」といった全体や部分を表す概念）が含まれる命題が扱えないという命題論理学の問題点を克服し、述語論理学という体系を打ち立てたのです。しかし、当時ドイツの学会では、彼の理論は脚光を浴びることがなく、彼の理論が広まることとなったのは、20世紀に入ってイギリスの数学者・論理学者バートランド・ラッセル（Bertrand Russell, 1872-1970）が彼の理論の意義を認めてからでした。

　上述のように論理学の歴史は、主にアリストテレスの三段論法を起源とする演繹法の研究の歴史でした。演繹法は、論理的帰結として唯一の答えを導く推論方法ですが、一方で、そのような推論方法に異を唱えた研究者たちもいました。その代表は、経験主義的あるいは実証主義的な思考法を唱えたフランシス・ベーコン（Francis Bacon, 1561-1626）でした。ベーコンは、彼の時代に主流であった中世スコラ学派の論理学に代わり、実験・測定

などの実証主義的思考法こそが正しい思考法であると主張しました。彼の唱えた理論は、帰納法（詳細は後述します）と呼ばれる、演繹法とは大きく異なる推論の方法であり、その後イギリスの哲学者ジョン・スチュアート・ミル（John Stuart Mill, 1806-1873）によって体系化されることとなりました。彼らの考えは、論理学の世界では必ずしも主流派にはなりませんでしたが、今日では、帰納法的推論の手法は科学的思考法として広く一般に知られるに至っています。

　以上、長年にわたる思考研究の歴史の一端を紹介しました。ご覧頂いてわかるとおり、これまでの思考研究は論理的思考の研究が中心（論理学の領域）であり、その中でも絶対的に答えが導けるもの（演繹法）に関する研究が主でした。しかし、残念ながら現実の世界では、唯一の絶対的な答えが導けるような推論を行う場面は決して多くありません。また、思考の両輪のもう片方を担う創造的思考は、歴史的に見てこれまで十分な研究と体系化が行われてきませんでした。その意味では、アリストテレスの時代から2000年以上経った現在でも、考えるという行為に関する研究はまだ道半ばであり、全てが体系化されているわけではないということは、皆さんにも理解しておいて頂きたい事実です。
　考えるということは、既に述べたとおり、私たちにとって最も基本的行為である一方、極めて奥の深い研究領域でもあるのです。

第1章 そもそも、考えるとは一体何をすることなのか？

第5節 「考える」という行為の全体像

　これまで、考えるという行為の目的、位置付け、分類や研究の歴史について概要を見てきました。本節では、それらを踏まえ、考えるという行為の全体像について、図表1-5を使って改めて整理しておきたいと思います。

図表1-5 「考える」という行為の全体像

```
―――――――――「考える」という行為（＝思考）―――――――――
｜　―――――論理的思考―――――　　　―創造的思考―　｜
｜　　5W1H*　　　How much　　　　What's new?　　｜
｜　┌──────┐┌────┐　　　┌──────┐　｜
｜　│////////││////│　　　│　　　　　│　｜
｜　│/論理学/││////│　　　│　　　　　│　｜
｜　│////////││数//│⇔　│　(B)　　│　｜
｜　└──────┘│////│　　　│　　　　　│　｜
｜　┌──────┐│学//│　　　│　　　　　│　｜
｜　│　(A)　　││////│　　　└──────┘　｜
｜　└──────┘└────┘　　　　　　　　　　｜
―――――――――――――――――――――――――――――――
```

////// 確実な絶対解を明らかにする領域
┌┄┄┐ 不確実性の中で妥当解を探求する領域
└┄┄┘

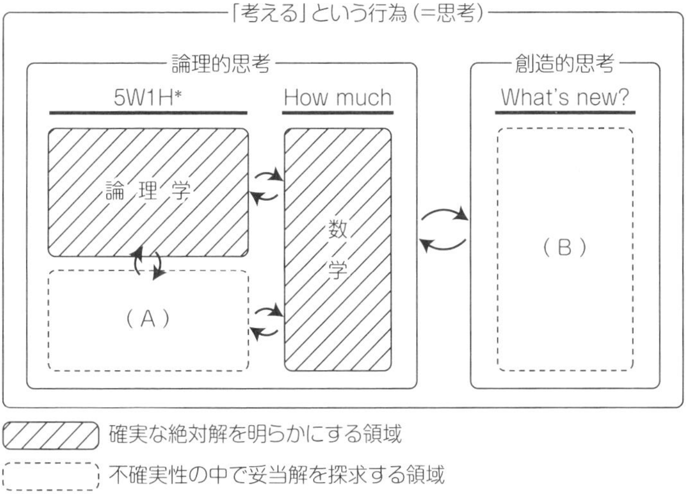

＊英語の基本的な疑問詞（What, When, Where, Who, Why, How）の頭文字をとったもの

　既に述べたとおり、考えるという行為は、大きくは論理的思考と創造的思考に分けることができます。そして、それらは相互に不可分な関係にあり、深く関係し合っています。
　これらのうち、まず論理的思考については、思考の出発点とな

る問い（イシュー）を、5W2H（英語における代表的な 7 つの疑問詞の頭文字を取ったもの）の観点からさらに分類することができます。とは言っても、それらのうち、How much という問いに対する推論を行う領域は、主に「数学」という独立した学問領域として発展を遂げています。一方、残る 5W1H についても、大きく 2 つの領域に分けて考えることができます。1 つは、前節でもその歴史について触れた「論理学」(形式的論理学) の領域です。この領域では、主に唯一の絶対解を導く推論方法が研究されてきましたが、現実の世界では、唯一の絶対解が常に存在するわけではなく、たくさんの不確実性が存在します。

　例えば、皆さんが「明日の天気によって、家族で山にキャンプに出かけるための休暇を取得するべきか否かを決めなければならない」状況にあるとしましょう。この場合、必ず正解と言える答えは存在しません。もちろん天気予報はその答えを導くための 1 つの手段ですが、必ずしも確実とは言えないでしょう。

　また、皆さんが仕事において「今度の新商品が売れるかどうか？」を推論しようと思ったら、さまざまな角度から一生懸命分析を行うでしょうが、それでも必ず成功できる絶対解など絶対に存在しません。このように、現実世界では、入手できる情報の制約や複雑性ゆえに、ある一定の不確実性のもとに意思決定を行わなければならないことの方がはるかに一般的なのです。そのような場合に、どうやって最も確率が高いと思われる意思決定（妥当解）を導けるか、それを推論しようとするのが図表 1-5 の（A）（非形式的論理学）の領域です。なお、図表に示すとおり、「数学」「論理学」と（A）の領域は、完全に独立したものではなく、相互に関連し合っています。

　一方、創造的思考は、他者が考えつかないような新しいアイデ

アを発想する行為と言えますから、そこでの問い（イシュー）は「What's new?」となるでしょう。そして、そうしたアイデアを考えつくための方法論は、既述のとおり学問分野として必ずしも十分な体系化が行われているわけではなく、ここでも確実に良いアイデアを発想できる絶対的な方法は存在しません。したがって、(B) は、一定の不確実性のもとで、未来の新しい価値となりうる有望な種（タネ）を探索しようとする領域であるといえます。ちなみに、考えるという行為の周辺領域には、言語学・心理学・哲学等の思考の実践に関わる各学問領域が近接していると捉えることができます。

　ここで示した思考の全体像のうち、本書では社会人が学ぶべき基礎として (A) の論理的思考の領域を主に取り上げ、家庭・社会・仕事といった現実世界で使える「考える力」の習得を目指しています。

　一方、(B) の創造的思考の領域については、考える力の応用編にあたるため、本書では詳細な説明を割愛しますが、基本的な概念や思考方法のツールなどについて巻末に付録としてまとめましたので、付録を読んで興味を持たれた方は、ぜひ創造的思考についても学んでいただきたいと思います。

第6節　論理的思考の類型

論理的思考について詳しく見てみる前に、そもそも論理（ロジック）とは一体どのようなものなのかを改めて定義しておきます。

> 論理（ロジック）の定義
> ある特定の論点に対して、客観的な事実（観察事象または個別命題）や一般に正しいと認められる事柄（一般命題）を前提として、それらから推論できる事柄を導くこと

もともと、論理（ロジック：logic）の語源は、ギリシア語のロゴス（logos）にさかのぼります。ロゴスとは、語ること、言葉、言語、数えることなどの意味を持つので、論理とは言語に非常に依存したものであることがわかります。そして、前章でも述べたとおり、論理的思考とはこの言語の「つながり」をたどることにより、何らかの推論を行うことに他なりません。では、ここでいう「つながり」とは、一体どのようなものを指すのでしょうか？

図表 1-6　「つながり」と論理的思考の類型

「繋がり」の類型			論理的思考の類型
個別的関係性	普遍的関係性		
部分 − 全体	表層 − 本質	⇒	(1) 分類・解析
原因 − 結果	理由 − 帰結	⇒	(2) 因果・論決
対象 − 類似例	標本 − 母集団	⇒	(3) 比較・統計
(総称)　前提 → 結論※			(総称)　推論

※推論を行う際の起点となる事実・事象等を前提と呼びそこから導かれた推論結果を結論と呼ぶ。

第1章　そもそも、考えるとは一体何をすることなのか？

　一般に「つながり」の類型は、図表1-6のように大きく3つに分かれます。そして、これら言葉の「つながり」の類型にしたがって、論理的思考の類型も同じく3つに分類することができるのです。以下ではそれぞれの分類について具体的に見ていきましょう。

（1）分類・解析

　物事の「部分-全体」や「表層-本質」の関係性（「つながり」）をもとに、いずれか片方の事象から、もう片方の事象を推論する方法が分類・解析です。そのうち、分類は、図表1-7に示すように主に「全体→部分」「本質→表層」を推論する場合に用いられ、解析は、その反対に「部分→全体」「表層→本質」を推論する場合に用いられます。

　なお、図表1-7にもあるとおり、実は、分類・解析に限らず、

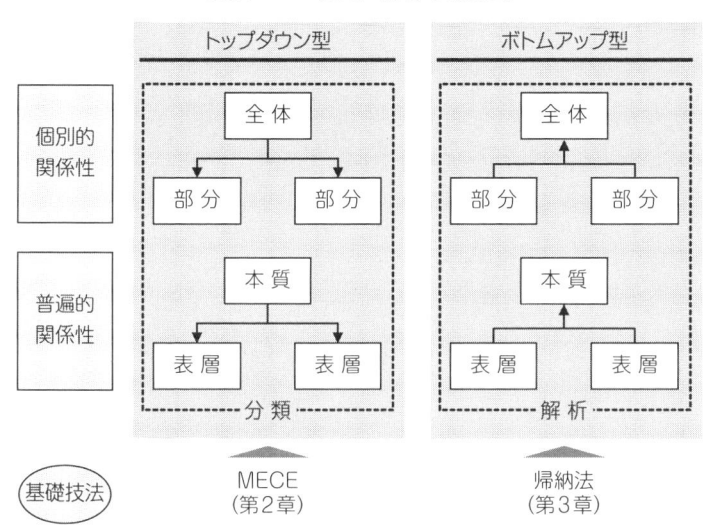

図表1-7　分類・解析の概念図

基礎技法	トップダウン型	ボトムアップ型
個別的関係性	全体→部分・部分	部分・部分→全体
普遍的関係性	本質→表層・表層	表層・表層→本質
	分類 MECE（第2章）	解析 帰納法（第3章）

一般に論理的思考に基づく推論には、大きく2つの方向性があります。

1つめは、1つの事象について、それとつながりのある複数の事柄を推論するものです（本書では、トップダウンアプローチと呼ぶことにします）。そしてもう1つは、その反対に複数の部分や原因などを表す事象をもとに、1つの事柄を結論として導く方向性です（本書では、ボトムアップアプローチと呼ぶことにします）。

では、少し具体例を見ておきましょう。例えば、以下の問いに対して、皆さんならどのように答えるでしょうか？

● 日本の人口をいくつかのグループに分けるとすると、どのように分けることができますか？

これにはいろいろな答え方ができると思いますが、例えば「北海道地方の人口」「東北地方の人口」「関東地方の人口」「中部地方の人口」「近畿地方の人口」「中国地方の人口」「四国地方の人口」「九州地方の人口」といった具合に、地方別にグループ分けすることが可能です。

この事例では、「日本の人口」という「全体」像を「地方別の人口」という「部分」的なものに分ける形で推論していますから、先ほど説明した論理的思考上の類型に当てはめると「分類」に該当することがわかります。

一方、以下の3つの事柄からは、何が推論できるでしょうか？
①人は、ビールを飲むと酔っ払う
②人は、ワインを飲むと酔っ払う
③人は、焼酎を飲むと酔っ払う

まず、上記3つの文章では、「ビール」「ワイン」「焼酎」という部分のみが異なっています。そして、それらに共通した本質的な性質は「アルコール」だと推論できます。したがって、上記3

つの文章からは、「人は、アルコールを飲むと酔っ払う」と結論付けることができるでしょう。

この事例では、「ビール」「ワイン」「焼酎」といった「表層」的な物事から「アルコール」という「本質」的な成分を推論していますから、先ほど説明した論理的思考上の類型としては「解析」に該当することになります。

なお、上記のうち分類にあたる推論を行う場合には、主に「MECE」と呼ばれる推論技法が用いられ、解析にあたる推論の場合には、主に「帰納法」と呼ばれる技法が使われます(これらの詳細については、第2章以降で学びます)。

(2) 因果・論決

物事の「原因 - 結果」や「理由 - 帰結」といった「つながり」

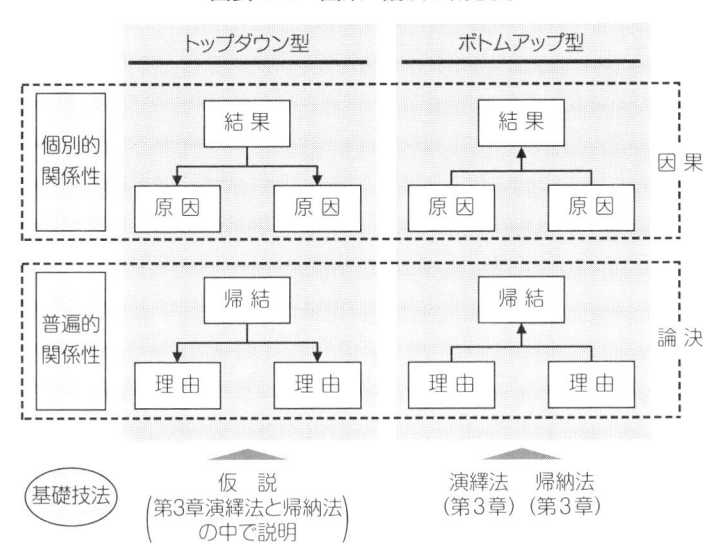

図表 1-8 因果・論決の概念図

	トップダウン型	ボトムアップ型	
個別的関係性	結果 → 原因 原因	結果 ← 原因 原因	因果
普遍的関係性	帰結 → 理由 理由	帰結 ← 理由 理由	論決
基礎技法	仮 説(第3章演繹法と帰納法の中で説明)	演繹法 帰納法(第3章)(第3章)	

をもとに、いずれかの事象からもう片方の事象を推論するのが因果・論決です。因果は、主に「結果→原因」「原因→結果」といった個別的関係性について推論を行い、論決は、主に「帰結→理由」「理由→帰結」といった普遍的関係性について推論する場合に用いられます。

例えば、次の事例では何が原因として考えられるでしょうか?
●今日、戸田さんは雨でずぶ濡れになってしまった

もちろん、原因としてはさまざまな可能性が考えられます。例えば「今日は、雨が降っていた(a)。雨の日には傘を持って外出すべきなのに(b)、戸田さんは、傘を持たずに外出してしまった(c)から。」といった状況は、皆さんの経験からも比較的想像しやすいものでしょう。

この事例では、「雨で濡れてしまった」という「結果」をもたらした個別の「原因」として(a)～(c)の3つを推論していますので、先ほど説明した論理的思考上の分類では「因果」に該当することがわかります。

一方、以下の3つの文章から、皆さんだったら何を推論するでしょうか?
①外食企業A社は、海外進出で成功した
②外食企業B社は、海外進出で成功した
③外食企業C社は、海外進出で成功した

上記3つの情報だけを取り出して推論すれば、「外食企業は、海外に進出すれば成功できる」といった結論が導かれるかもしれません。この事例では①～③が「理由」にあたり、「外食企業は、海外に進出すれば成功できる」がそこからの普遍的「帰結」にあたりますので、論理的思考上の分類では「論決」に該当します。

なお、因果・論決では、図表1-8のとおり、トップダウン型の

推論を行う場合には主に「仮説」の技法が用いられ、ボトムアップ型の推論の場合には主に「帰納法」や「演繹法」の技法が使われます（これらの詳細については、第3章で学びます）。

（3）比較・統計

さまざまな事象における「対象→類似例」の関係性や「標本→母集団」の関係性をもとに推論を行うのが比較・統計です。ここでいう母集団とは、明らかにしたい事柄の全体像を意味し、標本とは、その中の任意の一部を取り出したサンプルを指します。なお、図表1-9に示すとおり、一般に比較・統計では、ボトムアップ型の推論のみが行われます。

図表1-9　比較・統計の概念図

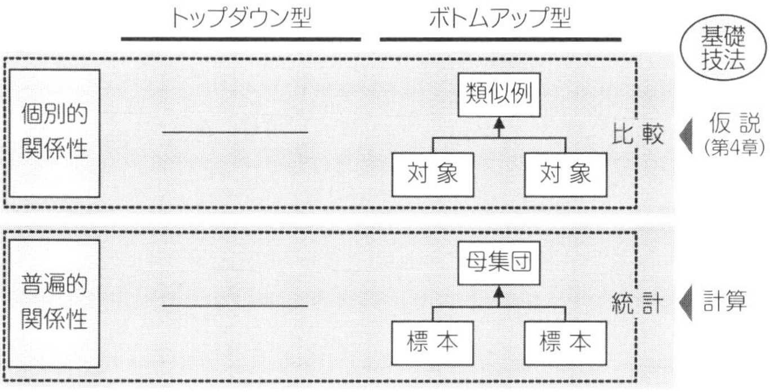

	トップダウン型	ボトムアップ型	基礎技法
個別的関係性		類似例 ← 対象 対象	比較 ◀ 仮説（第4章）
普遍的関係性		母集団 ← 標本 標本	統計 ◀ 計算

例えば、以下の事柄から、皆さんならどのようなことを推論するでしょうか？

●猫は、マタタビに弱い

一見すると、これだけでは何も推論できそうにないと思われるかもしれませんが、例えば、猫という生物学上の分類に着目する

と、以下のような推論も可能かもしれません。

●トラは、マタタビに弱い

この事例のように、「対象」となるある事柄（猫）の特性をもとに、それと似ている別の事柄（トラ）の特性を「類似例」として推論する手法を「比較」と呼びます。

一方、皆さんは選挙報道で開票率1％の段階にもかかわらず、ある候補者の当選確実が発表される事例を目にされたことがありませんか？なぜこんなに早いタイミングで当確が出せるのだろうと、不思議に思われる方もおられるでしょう。実は、こうした当確は、世論調査や出口調査（投票所の出口で投票者にアンケートを取るもの）、それに各地の開票所取材などの情報をもとに、各報道機関が推論したものなのです。これらは、数学における確率論や統計学の計算手法を用いて、一部の「標本」（サンプル）から「母集団」（全体像）を予測するという推論手法が用いられているのです。このような数学的手法を用いて標本から母集団を推論することは、論理的思考上の類型では「統計」に分類されます。

なお、上記のうち比較にあたる推論を行う場合には、主に「仮説」の技法が用いられ、統計にあたる推論の場合には、主に「計算」の技法が使われます（このうち、比較のための「仮説」の技法については、第4章で学びます。統計については、数学の領域となるため、本書では説明を省略します）。

第1章のまとめ

1.「考える」とは？
- 過去の経験・知識とある情報の類似点・相違点から、何らかの意味のある情報を導き出すこと

2.「考える」という行為（思考）のメカニズム

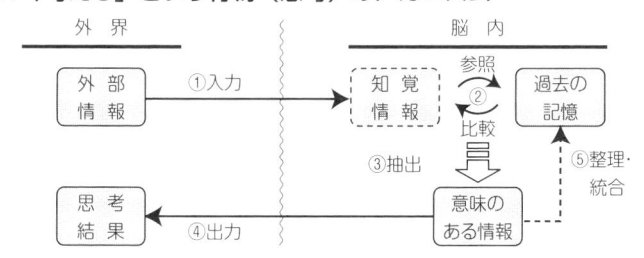

```
    外 界           ｜          脳 内
┌──────┐          ｜        ┌──────┐  参照  ┌──────┐
│ 外部 │ ①入力   ｜        │ 知覚 │ ───→  │ 過去の│
│ 情報 │ ────→  ｜        │ 情報 │ ②     │ 記憶 │
└──────┘          ｜        └──────┘ 比較  └──────┘
                   ｜            │ ③抽出        │ ⑤整理・
┌──────┐          ｜            ▼              │ 統合
│ 思考 │ ④出力   ｜        ┌──────┐           │
│ 結果 │ ←────  ｜        │意味の│ ←────────┘
└──────┘          ｜        │ある情報│
                   ｜        └──────┘
```

3.「考える」という行為の全体像

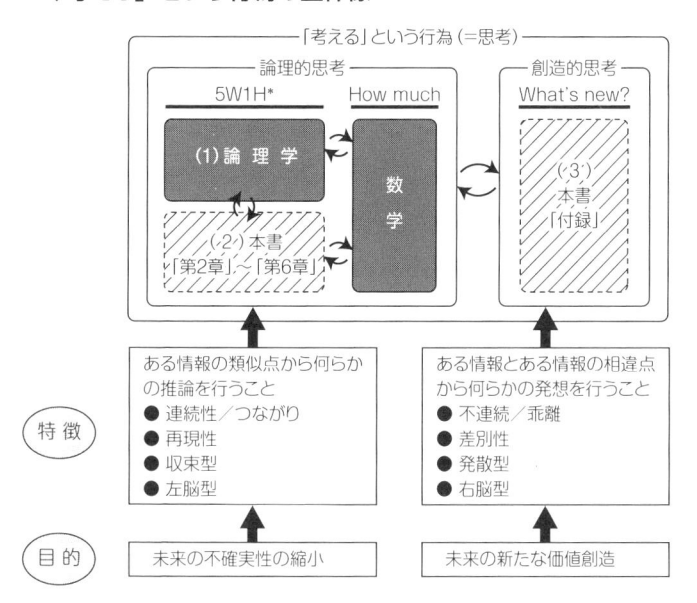

┌─────────────「考える」という行為（＝思考）─────────────┐
│ ┌─── 論理的思考 ───┐   ┌─ 創造的思考 ─┐ │
│   5W1H*   How much   What's new?   │
│ ┌────────┐ ┌────┐   ┌────────┐ │
│ │(1)論理学│ │   │ ←──→   │ (3)   │ │
│ └────────┘ │ 数 │   │ 本書   │ │
│ ┌────────┐ │ 学 │   │「付録」 │ │
│ │(2)本書 │ │   │   │   │ │
│ │「第2章」│ └────┘   └────────┘ │
│ │〜「第6章」│   │
│ └────────┘   │
└──┘
            ▲   ▲
┌───────────────────┐ ┌───────────────────┐
│ある情報の類似点から何らか│ │ある情報とある情報の相違点│
│の推論を行うこと   │ │から何らかの発想を行うこと│
│● 連続性／つながり   │ │● 不連続／乖離   │
│● 再現性   │ │● 差別性   │
│● 収束型   │ │● 発散型   │
│● 左脳型   │ │● 右脳型   │
└───────────────────┘ └───────────────────┘

特徴

目的
┌───────────────┐ ┌───────────────┐
│ 未来の不確実性の縮小   │ │ 未来の新たな価値創造   │
└───────────────┘ └───────────────┘

（1）論理学研究の歴史

演繹法の代表的な研究者
- アリストテレス
- スコラ学派
- ジョージ・ブール
- オーガスタス・ド・モルガン
- エルンスト・シュレダー
- ゴットロープ・フレーゲ
- バートランド・ラッセル

帰納法の代表的な研究者
- フランシス・ベーコン
- ジョン・スチュアート・ミル

（2）論理的思考の類型と基礎技法

①分類・解析

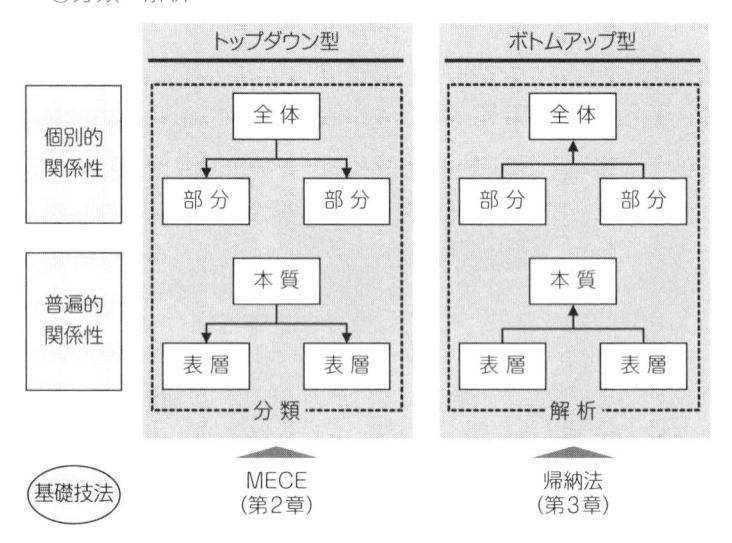

	トップダウン型	ボトムアップ型
個別的関係性	全体 → 部分／部分	部分／部分 → 全体
普遍的関係性	本質 → 表層／表層	表層／表層 → 本質
	分類	解析
基礎技法	MECE（第2章）	帰納法（第3章）

第1章 そもそも、考えるとは一体何をすることなのか?

②因果・論決

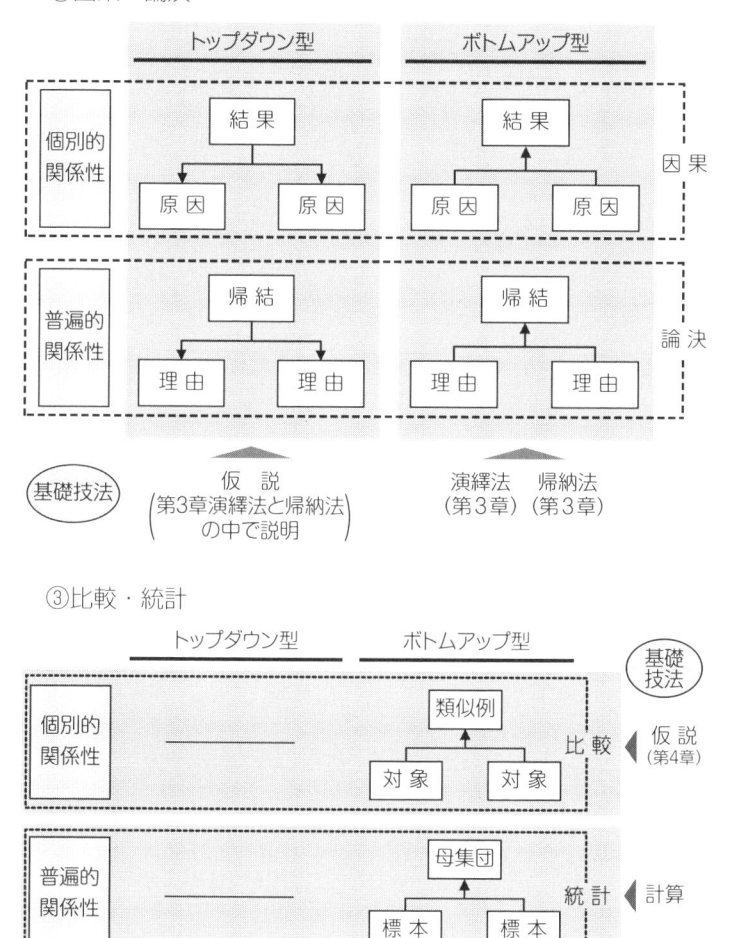

	トップダウン型	ボトムアップ型	
個別的関係性	結果 → 原因／原因	結果 ← 原因／原因	因果
普遍的関係性	帰結 → 理由／理由	帰結 ← 理由／理由	論決

基礎技法　　仮　説　　　　　　　演繹法　帰納法
　　　　（第3章演繹法と帰納法　　（第3章）（第3章）
　　　　　の中で説明）

③比較・統計

	トップダウン型	ボトムアップ型	基礎技法
個別的関係性	―――	類似例 ← 対象／対象	比較　仮説(第4章)
普遍的関係性	―――	母集団 ← 標本／標本	統計　計算

第2章
論理的思考の基礎技法①：MECE

本章では、論理的思考の中でも最も基礎的な技法であるMECEな分類の方法について、具体的な事例とともに学びます。

第1節 MECEとは

　MECEとは、英語の「Mutually Exclusive and Collectively Exhaustive」の頭文字を取った略称で、日本語でわかりやすく言い換えると以下のように定義することができます。

MECEの定義：情報の抜け漏れや重複がない状態のこと

　ある物事を、複数の部分や要素に細分化するような場合（＝分類）においては、このMECEな分類、つまり「情報の抜け漏れや重複がない」ように分類することで、初めて論理的に正しい推論であると言えます。例えば、前章でも取り上げた以下の事例をもう一度見てみましょう。

　（論点）日本の人口をいくつかのグループに分けるとすると、どのように分けることができるか？

　このイシューは、「日本の人口」を全体とした場合にどのような分類ができるかという推論の問題でした。そして、前章では以下のような推論を行いました。

　（全体）日本の人口
- （部分1）北海道地方の人口
- （部分2）東北地方の人口
- （部分3）関東地方の人口
- （部分4）中部地方の人口
- （部分5）近畿地方の人口
- （部分6）中国地方の人口
- （部分7）四国地方の人口
- （部分8）九州地方の人口

先の（部分1〜8）は、日本全体の人口をMECEに分類できているので正しい推論（論理）であることがわかると思います。一方、（部分8）の「九州地方の人口」が抜けてしまっていたり、（部分9）に「北陸地方の人口」が入っていたりしたらどうでしょうか？前者の場合には日本全体の人口を捉えるには抜け漏れがあり、後者の場合には重複（北陸地方は中部地方に含まれます）があるのでMECEとはならず、したがって正しい推論とは言えません。

なお、上記では「日本の人口」という全体を「地域」という基準で部分に分類していると言えますが、論理的思考で用いられるこのような分類基準のことをクライテリアと言います。

> **クライテリアの定義**
> 論理的思考において分類を行う際に設定される、分類の基準となる切り口や軸のこと

一方、同じクライテリアで分類する場合でも、その分類項目にはさまざまな異なる階層が存在することがあります。例えば、先の例では、「地域」というクライテリアで日本の人口を分類し、東北地方や関東地方といった分け方を示しましたが、同じ「地域」をクライテリアとした分け方でも、より細分化して都道府県単位に分けるという方法もあります。このように同じクライテリアの分類の中でも、分類項目の抽象度のレベルを変えることで、分類の仕方が異なります。この時の抽象度のレベル（次元）のことをディメンションと呼びます。

> **ディメンションの定義**
> 論理的思考において分類を行う際に設定される、分類項目の抽象度のレベルのこと

なお、分類を行う際には、原則としてディメンションのそろった分類項目に分ける必要があります。

　ここで、少し別の事例を見てみましょう。以下は、ある企業における顧客分類の事例です。

> 　食品メーカーに勤務する篠田さんは、顧客ニーズに合った新商品の開発にあたり、以下のような論点について考えています。
> 　（論点）当社の顧客層をいくつかのグループに分けるとすると、どのような分類ができるだろうか？
> 　篠田さんは、分類のクライテリアとして、まず「性別」を思いつき、以下のように分類しました。
> 　（全体）自社の全顧客
> - （部分1）男性
> - （部分2）女性
>
> 　一方、もう1つ別なクライテリアとして「年齢」も重要ではないかと考え、以下の分類もしてみました。
> 　（全体）自社の全顧客
> - （部分1）ジュニア（0〜19歳）
> - （部分2）ヤング（20歳〜34歳）
> - （部分3）ミドル（35〜49歳）
> - （部分4）シニア（50歳〜）
>
> 　どちらの分類も、自社の顧客層の全体像を捉えているように思われます。篠田さんは、さんざん悩んだあげく、結局両方（2軸）のクライテリアを採用し、自社の顧客層を次のような8つのグループに分類しました。

図表2-1 2軸で分類を行う場合の具体例

性別軸		ジュニア	ヤング	ミドル	シニア
	男性	ジュニア男性	ヤング男性	ミドル男性	シニア男性
	女性	ジュニア女性	ヤング女性	ミドル女性	シニア女性
		ジュニア (0〜19歳)	ヤング (20〜34歳)	ミドル (35〜49歳)	シニア (50歳〜)

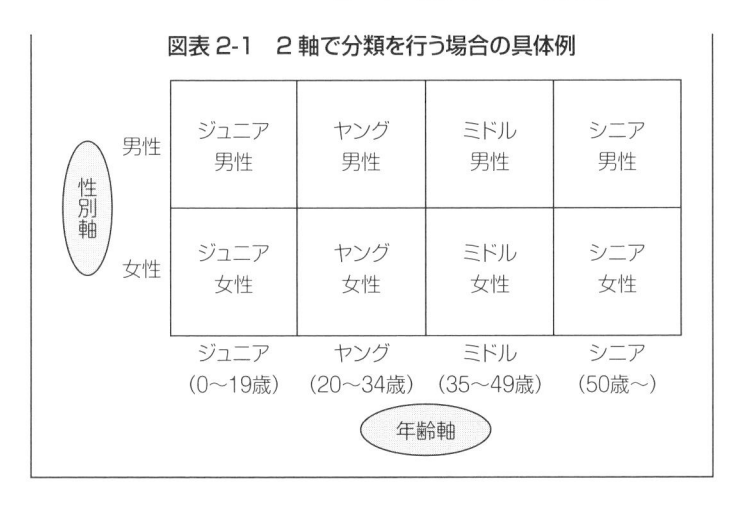

年齢軸

　この事例のように、MECEな分類をする際には、1軸のクライテリアだけではなく、2軸のクライテリアを設定し、マトリクス上に分類することも可能です。ただし、この際には、各軸における分類が、それぞれMECEであることが前提となります。

　この事例では、縦軸は「性別」というクライテリアに基づいて、男性・女性のMECEな分類がなされ、一方横軸も「年齢」というクライテリアに基づいて、ジュニア・ヤング・ミドル・シニアの分類がMECEになされていますので、全体として正しい分類になっていると言えます。

　では、同じように分類の際のクライテリアを3軸、4軸、…と、際限なく複数設定することに問題はないのでしょうか？この点については、一般に一度に設定するクライテリアの数は2つ（2軸）までと言われています。なぜならば、人間が一目見て認識できる分類の限界が2軸までだからです。つまり、3軸以上になると平面図で表現しにくく、無理に表現したとしても感覚的に認知しにくいという問題が生じるのであまり使われないのです。

第2節　MECEな分類を行うための具体的方法論

　ここまで、MECEな分類についての全体像を見てきましたが、MECEという概念については理解できても、実際に自分でMECEな分類を行うことは簡単ではありません。本節では、MECEな分類を行うための5つの典型的な方法論について学びます。

(1) A or not A (「A」または「A以外」)

　A or not Aとは、対象となる事象をある特定の区分「A」と「A以外」に分けることで、MECEな状態を"自動的に"作り出すという方法です。"自動的に"と書きましたが、この方法は、ある特定の区分「A」を決めたら、それ以外のものを全て「A以外」という区分に押し込めてしまうやり方ですので、ほぼ例外なく機械的にMECEな状態を作り出せるという大変便利な方法です。

　先ほど出てきた「日本の人口をいくつかのグループに分ける」事例で見てみます。まず、全体像である「日本の人口」の中からある1つの区分、例えば「東日本の人口」(A) を特定します。すると、残りの区分は「東日本以外の人口」(not A) に"自動的に"決まり、これだけでMECEな分類が完成します。つまり、以下のようなMECEな分類の推論を行ったことになるのです。

　（全体）日本の人口
　　➢（部分1）東日本の人口 (A)
　　➢（部分2）東日本以外の人口 (not A) (＝西日本の人口)

　なお、Aに当てはめるべき区分は、基本的にどのようなものでも成り立ちますが、もちろん全体像に含まれるものでなければなりません（例えば、上記Aに「ニューヨークの人口」を当てはめ

ると適切な分類ではなくなってしまいます)。

　このようなA or not Aという考え方は「排中律(はいちゅうりつ)」と呼ばれ、アリストテレスの時代から唱えられている論理学の世界では最も基本的な原理の1つです。「排中律」とは、物事は正しいもの(A)と正しくないもの(not A)のどちらか一方に必ず分けることができ、それ以外が存在する余地はないとする考え方のことを指します。実は、論理学の世界でも、アリストテレスの時代以来、この「排中律」を基本とすることによって物事をMECEに分類しやすくする工夫を行ってきました。そのおかげで、その後、論理的思考の研究が大きく前進したのです[1]。

(2) Others(「その他」)

　Othersとは、日本語でよく用いられる「その他」という分類のことを指します。例えば、先ほどの事例を使ってOthersを活用したMECEな分類を行うと、以下のようになります。

　(全体)日本の人口
　　➢ (部分1)北海道地方の人口
　　➢ (部分2)東北地方の人口
　　➢ (部分3)関東地方の人口
　　➢ (部分4)新潟県の人口
　　➢ (部分5)長野県の人口
　　➢ (部分6)山梨県の人口
　　➢ (部分7)静岡県の人口
　　➢ (部分8)その他の人口(Others)

---

[1] 今日の論理学の世界では、排中律以外の考え方(例えば、「A」と「Aでない」以外にも「どちらでもない」というような選択肢を認めるもの)を前提とする体系も存在しています。

実は、この手法は（1）で説明したA or not Aの応用版とも言える方法論です。A or not Aは、ある対象を2つに分類するものでしたが、Othersは、3つ以上に分類する場合に用いられます。
　上記は、（1）の事例のうち、Aにあたる「東日本の人口」をさらにさまざまな地区にMECEに細分化した上で、not Aを「その他」（Others）に置き換えたものです。このように、（1）の事例のAとnot Aをそれぞれ別な言葉に置き換えただけですので、上記は（1）と同様にMECEな状態であることがわかります。
　なお、Othersを用いる際には、（1）同様にOthers以外の項目は、全て全体像の中に含まれるものでなければなりません。また、当然のことですが、Others以外の項目に重複が生じているといくらOthersを入れてもMECEではなくなりますので、この点については注意が必要です。

（3）因数分解
　因数分解と聞くと、学生時代に数学が苦手だった方は、拒絶反応を示すかもしれませんが、ここでいう因数分解とは数学で行うような複雑なものではなく、ごく簡単なものを指しています。言葉で説明するとかえってややこしくなりますので、事例で説明しましょう。
　例えば、自社における売上高をMECEに分けるとすると、どのように分類できるでしょうか？さまざまな分類の方法がありますが、ここでは以下のような数式で表現することで2つの部分に分類してみましょう。
- 自社の売上高（全体）＝営業員1人あたりの売上高（部分1）
　　　　　　　　　　×自社の営業員数（部分2）

第2章 論理的思考の基礎技法①：MECE

　このように、推論対象となる全体像が定量的に把握できるものである場合には、上記のような因数分解の手法を用いて、いくつかの項目にMECEに分類することができます。もし上記の事例の目的が、自社の売上高不振の原因を分析することにあったとしたら、「営業員1人あたりの売上高」と「自社の営業員数」の2つの項目を調べれば、少なくとも営業員というクライテリアで見た要因については抜け漏れや重複もなく原因分析ができるはずです。

　なお、実は先ほどの（1）や（2）で取り上げた日本の人口を分類する事例も、全体像が定量的に把握できるものでしたので、因数分解の方法に置き換えて捉えることもできます。例えば、（1）の事例については、全国の人口を以下のような簡単な足し算式に因数分解したものと捉えることもできるでしょう。

- 日本の人口（全体）＝東日本の人口（部分1）＋東日本以外の人口（部分2）

あるいは、「居住単位」（世帯）という全く異なるクライテリアで因数分解すると以下のように表すこともできます。

- 日本の人口（全体）＝1世帯あたりの平均人数（部分1）×日本の総世帯数（部分2）

　このように、全体像が定量的に把握できる事物である場合には、因数分解の手法を用いれば、さまざまな分類が可能となります。

　なお、上記で見たように、感覚的にも理解しやすい分類ということを前提とすれば、因数分解に用いる式は、複雑な多項式などは避け、四則演算程度の簡単なものにとどめることが原則です。

（4）工程分解

　工程分解とは、対象となる全体像を分類する際に、そのプロセス（あるいは、時間軸）をクライテリアとして分類する手法のこ

とです。

　例えば、ある化粧品会社の売上不振の原因を分析する場合、以下のような3つの工程に分けて、それぞれの工程ごとに原因分析を行うことが有効な場合もあります。

　（全体）自社の化粧品の販売工程
- （部分1）販売前（広告・宣伝等）
- （部分2）販売時（接客・応対等）
- （部分3）販売後（アフターケア等）

　上記の（部分1～3）は、販売工程というクライテリアにおいて、抜け漏れや重複のないMECEな分類になっています。したがって、恐らく、この会社の売上不振の原因は、これらのうちのいずれかに潜んでいる可能性が高いと言え、それを調査するためにはそれぞれをさらに詳細に分析していくことになります。

　このように、プロセスや時間軸に着目した分類を行う場合には、工程分解の手法が有効となります。一方、工程分解で注意すべきは、これまで見た（1）～（3）の手法に比べて、分類の仕方に恣意性が介在するため、抜け漏れや重複が生じてしまうリスクがあるという点です。以下の事例を見てください。

　（全体）カレーライスを作る工程
- （部分1）材料を集める
- （部分2）材料を洗う
- （部分3）材料を切る
- （部分4）材料を炒める
- （部分5）材料を水で煮る
- （部分6）固形カレールーを入れる
- （部分7）お皿に盛り付ける

　一見すると何ら問題がない、MECEな工程分解のように見えま

す。しかし、細かく言えば問題となりそうな点がいくつもあります。例えば、材料の皮をむくという工程が見当たりません（ジャガイモやニンジンなら皮をむかなくても問題ないかもしれませんが、少なくとも玉ねぎは皮をむく必要があるでしょう）。また、上記は主にカレーを作る工程については記載していますが、お米を炊く工程については何も記載されていません。厳密にいうと結構たくさんの抜け漏れがあるようです。一方、最近ではカレーの材料をあらかじめ洗ってカットし、パック詰めで販売するスーパーも増えています。そのような材料を使う場合には、上記のうち、（部分1～3）については重複することになってしまうでしょう。

このように、（1）～（3）については、各手法を用いることで、形式上は、ほぼ"自動的に"MECEな状態が担保されたのに対して、工程分解では、必ずしも全ての場合で機械的にMECEな状態を作ることができるわけではありません。工程分解では、目的や文脈によって分け方を個別に判断（例えば、大枠の工程で済むのか、それとも細部まで詳細に工程分解すべきかなど）しながら、少しでもMECEな状態に近い分類になるように修正していくことが必要となります。

(5) フレームワーク

フレームワークとは、日本語では「枠組み」と訳され、思考の基礎となる規則・構造などの総称を意味します。例えば、ビジネスにおいてよく使われるフレームワークとして「人・物・金」というものがありますが、これは、企業における主な経営資源を分類したものです。つまり、企業経営の場で用いられる主な資源は、人と物とお金であり、これら3要素に分類すれば"おおむね"

MECE であると捉えることができるという考えを示しています。

　ここで"おおむね"と書いたのは、厳密に言えば、経営資源にはこれら以外にもさまざまなもの（例えば、情報や知的財産など）が当てはまりますが、それにもかかわらず、ここではあえて主だったものだけに絞ってフレームワーク化しているからです。

　では、なぜわざわざそのような（厳密な MECE を妨げるような）ことをするのでしょうか？実は、そもそもフレームワークは、（少し大雑把に言えば）厳密には MECE な分類を行うのが難しい事象について、「私たちの共通認識として、これで概ね MECE と捉えることにしましょうね」という決め事的な位置付けで作られる場合が多いからなのです。

　先ほどの経営資源の事例も、人・物・金以外にも経営資源と呼べるものが多く存在していることを承知の上で、それらを全てあげたのでは迅速な意思決定や簡単に理解を得ることが難しいため、あえて主な事柄に絞ってフレームワークにまとめ、一般化を行っているのです。したがって、このフレームワークによる分類は、MECE という観点からすると、これまでの（1）～（4）に比べて、もう一段粗い（厳密性を欠く）ものになりがちです。しかし、全体像を分ける際、通常であればクライテリアやディメンションの選定に複数の選択肢がありますが、フレームワークを用いる場合には、それらは既に決まっていますし、また、あまり重要ではないような要素ははじめから除外されていますので、分類後の情報処理（例えば、意思決定など）をより効率的に行うことができるというメリットがあるのです。

　もちろん、先ほどの事例でも、もし厳密に MECE な分類をしたいなら、「人・物・金・その他」という形で Others を用いれば形式的には MECE な状態を作ることもできます[2] 既にフレーム

ワーク化されている時点で、「その他」の区分を作ってもそれ自体があまり重要ではないことを示唆していますので、あえてそこまでする必要はないとも考えられます。

　皆さんはまず、世間一般で広く使われ、フレームワークとして使える（つまり、"おおむね"MECE であることが確認された）ものを覚えることから始めましょう。それは、言ってみれば、皆さん自身の思考の「引き出し」を増やすことに他なりません。次ページの図表 2-2 では、ビジネスの世界でよく用いられるフレームワークの代表例をいくつかあげておきますが、世の中にはこれ以外にも数多くのフレームワークが存在していますので、それらをテーマにした書籍などで 1 つひとつ覚えながら、日常生活や仕事の実践場面でどんどん活用していってください。

　以上、MECE な分類を行うための典型的な方法論について説明してきました。しかし、これらはあくまで典型的パターンでしかなく、実践の中では、これらのパターンに当てはまらないものも出てくることでしょう。そのような場合には、みなさん自身が「抜け漏れや重複のない分類方法」を一から考えなければなりません。ただし、そのような場合でも、上記のような典型的なパターンを組み合わせたり、先に説明した 2 軸のクライテリアの分類手法を用いたりすれば、比較的簡単に MECE な分類を行えるようになるはずです。

---

2 「人・物・金」のうち、「物」は「金」によって代替可能であるとの立場を取れば、厳密に言えば「その他」を加えても重複があるので MECE とは言えない、という考え方もあります。そのため、最近では「人・金・情報」といったように「物」を除外したフレームワークを用いる企業も増えています。

図表 2-2　ビジネスで用いられるフレームワークの例

- 市場環境を分析する際の着眼点（市場環境分析の 3C）
    - Customer（顧客）
    - Company（自社）
    - Competitor（競合）
- 自社商品・サービスを適切に顧客に届けるために検討すべき要素（マーケティングの 4P）
    - Product（商品・サービス）
    - Price（価格）
    - Place（流通チャネル）
    - Promotion（広告宣伝・販促活動）
- 戦略の方向性を抽出するための検討要素（SWOT）
    - Strength（強み）
    - Weakness（弱み）
    - Opportunity（機会）
    - Threat（脅威）

第 2 章　論理的思考の基礎技法①：MECE

第 3 節　生活・仕事における MECE の活用事例

　前節までの説明で、MECE な分類術については理解できたと思います。本節では、日常生活や仕事の場面で、具体的にどのようにして MECE な分類術が活用されるのかについて、事例をもとに見ていきましょう。

(1) 日常生活における MECE の活用場面

> 　久保田さんは、買い物に行った際によく失敗をしてしまいます。その日に買わなければいけないものは、思いつくものを全てメモをしてから外出するようにしていますが、それでも近隣のお店を買い回っているうちに、どうしても 2 〜 3 つの商品を買い忘れてしまったり、時には同じものを違うお店で買ってしまったりするのです。久保田さんが今後同じような失敗をしないためには、どうすればよいでしょうか？

　久保田さんは、買い物に出かける前にきちんと買うべきものをメモしていますが、それにもかかわらず買い物忘れや重複買いをしてしまう原因は、それらをしっかり整理・分類できていない点にあるようです。このような場合には、買い物リストを作る段階であらかじめ MECE な項目に分類し、買うべき商品と買うべきお店を該当する項目に記載しておくことで、同じような失敗は減らせるはずです。例えば、次のように買い物リストをフォーマット化し、あらかじめコピーしておいて、買い物に行く際に買うべき物とお店を該当する項目に書き込むようにすればよいでしょう。

図表 2-3　MECE に分類された買い物リストの例

近隣の小売店舗

			Aスーパー	Bドラッグストア	C精肉店	D衣料店	Eホームセンター	その他店舗
商品カテゴリー	食品	飲料	アルコール飲料		・ビール1ケース				
			非アルコール飲料	・牛乳3本	・ジュース1ケース				
		飲料以外の食品	生鮮品	肉類			・豚肉300g			
				魚類	・サンマ3尾					
				野菜類	・ニンジン1袋 ・キャベツ1個					
				果物類	・みかん1袋 ・バナナ1房					
				その他	・生わかめ					
			加工品	主食類	・焼きそば3袋				・お米10kg	
				調味料	・しょうゆ1瓶					
				菓子類	・スナック菓子1袋					
				その他		・かぜ薬	・とんかつ3枚			
	非食品	日用雑貨			・洗濯用洗剤1箱				・単三電池5本	
		衣類						・子供用肌着		
		その他							・植木用肥料	

　この買い物リストは、既に説明した 2 軸のマトリクス形式になっています。縦軸は「商品カテゴリー」のクライテリアで MECE に分類され、「何を買うのか？(What?)」を示しています。一方、横軸は「近隣の小売店舗」のクライテリアで MECE に分類され、「どこで買うのか？(Where?)」を示していることがわかるでしょう。このように、MECE な分類は、日常生活の至るところで活用できる、とても汎用性の高い推論の技法なのです。

（2）ビジネスにおける MECE の活用場面

> 桑原さんは、ある小売企業に勤務しています。先日、上司から、ここ5年間ほぼ横ばいとなっている自社の売上高について、売上が増えない原因の分析を依頼されました。売上に影響を与える要因は、数え切れないくらいたくさん考えられます。桑原さんは、思いつく要因を1つずつ調べ始めましたが、3日たった今でも、まだ説得力のある要因が見つかっていません。桑原さんは、どうすれば効率よく適切な要因分析を行えるでしょうか？

桑原さんは、考えられる1つひとつのミクロの要因を手当たり次第に調べている様子ですが、これではいつになったら答えが見つかるかわかりません。

このような要因分析を行う場合は、ミクロではなくマクロから考えることが有効です。この事例では、対象となるマクロの事象、すなわち全体像は「自社の売上高」になります。この全体像を MECE に分けた上で、各項目のうち問題がありそうな項目について、さらに深い分析を行うようにすれば、最も効率よく問題の大きな要因を探し出すことができるはずです。

この事例では、Bさんの会社は小売企業ですから、まず以下のように「顧客の購買行動」をクライテリアとした上で、因数分解の手法を用いて分類します。

- 自社の売上高＝来店客数×買上げ率[3]×平均購買単価

過去5年間の売上はほぼ横ばいとのことですが、上記3つの因

---

[3] 買上げ率は来店客のうち、実際に商品を購入した顧客の割合を示す小売業の代表的な指標の1つです。

子それぞれの推移を調べてみると、必ずしも全ての項目が横ばいとは限りません。例えば、来店客数は毎年増えているにもかかわらず、買上げ率が減少しているといった可能性もあるかもしれません。その場合には、「なぜ買上げ率が減少しているのか？」という点に論点を絞り込んだ上で、さらなる原因分析を行えばよいのです。その際、他の要因（来店客数や平均購買単価）については、一端忘れてしまって構いません。

　このように、何らかの事象の分析を行う際には、まずMECEな分類を行った上で、いくつかの項目のうち問題と思われる項目を絞り込み、その項目に論点を絞って更なる分析を行っていくことで、効率的に結論にたどり着くことができます。

第 2 章　論理的思考の基礎技法①：MECE

第 4 節　MECE な分類を行う際の留意点

　前節で見たように MECE を用いた分類は、日常生活や職場においても極めてよく用いられる推論の技法です。しかし、ただ闇雲に使ってしまうと不適切な推論や間違った結果をもたらしかねません。以下では、MECE な分類を行う際に留意すべき点を 2 つあげておきたいと思います。

（1）目的や文脈に合ったクライテリアを選定すること
　先ほど、「日本の人口をいくつかのグループに分類するには？」という事例を何度も取り上げました。そのたびに少しずつ異なるクライテリアを設定して分類を行っていたことに、皆さんは気づいたでしょうか？この同じ論点については、他にもまだまだたくさんの分類の仕方があります。例えば以下の分類を見てみましょう。
　（全体）日本の人口
　　➢（部分 1）（日本の）未成年の人口
　　➢（部分 2）（日本の）成人の人口
　日本に住む人を分類する場合、20 歳未満の未成年と 20 歳以上の成人以外には存在しません。したがって、上記の事例も抜け漏れや重複のない MECE な分類といえ、前の事例同様に正しい推論です。こうして見てみると、全く同じ論点であっても MECE な分類の方法は数限りなくあるように思えてきます。
　実は、MECE な分類を行う際に、私たちが最も留意しなければならないのは、1 つの考察対象を分類する場合でも、クライテリアの設定の仕方に応じて、複数パターンの分類が存在しうると

いう事実です。前節までの事例では、「地域」（さらにその中でも「地方」や「東西地区」など）や「世帯」をクライテリアにしてMECEな分類を行っていました。一方、今回の事例では「年齢」をクライテリアにしてMECEな分類を行っています。このように、MECEな分類による推論では、クライテリアの違いによるさまざまな分類の仕方の中から、どれを選ぶかということが最も重要な問題となります。

　では、複数存在するクライテリアの中から、私たちは一体どのようなクライテリアを選ぶべきなのでしょうか？残念ながら、これについては一律の答えはありません。なぜなら、適切と考えられるクライテリアは、推論の目的や文脈に応じて変わってくるからです。

　例えば、前述の事例で、「日本の人口をいくつかのグループに分けるにはどのような分け方があるか？」という問いの背景に、ある小売企業が出店候補地を探している、という事情があったとします。もし、そうであれば、恐らく「年齢」のクライテリアではなく、「地域」をクライテリアとした分類の方が、より適切な推論といえるでしょう（もちろん、MECEであるという点において「年齢」のクライテリアによる分類自体が間違った推論だというわけではなく、目的・文脈に照らした適切さという観点での違いです）。

　一方、分類の目的として、あるビールメーカーがターゲットとなる顧客層についての分析を行おうとしている、という事情があったとしましょう。すると、今度は逆に「地域」よりも「年齢」の方が、より適切な推論であると言えるはずです。このように、MECEな分類では、クライテリアの設定の仕方が最も大切で、また最も難しいポイントとなります。

(2) 分類項目のディメンションをそろえること

先ほど Others の説明の中で、次のような事例を取り上げました。

(全体) 日本の人口
- (部分1) 北海道地方の人口
- (部分2) 東北地方の人口
- (部分3) 関東地方の人口
- (部分4) 新潟県の人口
- (部分5) 長野県の人口
- (部分6) 山梨県の人口
- (部分7) 静岡県の人口
- (部分8) その他の人口 (Others)

既に述べたように、この事例は、Others が入ることで"形式面"では MECE な (抜け漏れや重複がない) 状態が成立しています。しかし、それはあくまで"形式面"であって、内容面を見ると適切に MECE ができているとはいえません。なぜならば、(部分1～3) の分類項目 (○○地方) と、(部分4～7) の分類項目 (○○県) では、ディメンションが一致していないからです。

本章第1節でも説明したとおり、MECE な分類を行う際にはディメンションを原則としてそろえることが原則です。したがって、上記の例では、(部分1～3) の分類項目をさらに細分化し、(部分4～7) と同様に都道府県というディメンションに統一することが望ましいと言えます。

コラム 日本で1年間に消費されるチョコレートの量は何kgくらいか?(フェルミ推定)

　本章では、MECEな分類のための典型的な手法の1つとして、因数分解を紹介しました。実は、この手法をうまく使うと、全く想像もつかないような未知の定量データを、論理と経験や基礎的なデータだけである程度推論することが可能になります。ここでは、「日本で1年間に消費されるチョコレートの量は何kgくらいか?」という論点について、論理と経験だけで推論を行いたいと思います。どのようにすれば推論できるのか、順を追って見ていきましょう。

(1) 分類のクライテリアを選定する

　ここで分類の対象となる全体像は、「日本におけるチョコレートの年間消費量」となりますが、まず最初にやるべきことは、"意味のある"クライテリアを選定することです。"意味のある"というのは、全体像を分類するにあたり、①異質な構造を持ち、かつ②構成ウェイトが推論しやすいものという意味です。

　まず、①についてですが、チョコレートの消費構造が大きく異なりそうなクライテリアとしては、まず「年齢」があげられるでしょう。子供や比較的若い世代の人は消費量が圧倒的に多い一方、老人はあまり消費量が多くはないはずです。また、消費構造の違いという観点では、「性別」のクライテリアも考えられます。過去の経験から推論すると、男性と女性では、女性の方が消費量は多そうに感じられます。さらに、「季節/月」のクライテリアもあり得ます。チョコレートの消費量のうち、かなりの部分がバレンタインの時期に集中しているであろうことは、誰でも容易に想像つ

くはずです。

　一方、上記候補のそれぞれについて、②の「構成ウェイト」を考えてみましょう。まず「年齢」ですが、年齢別の人口ウェイトは容易には想像できません。また、各年代別にどれくらい消費量が違うのかも推測が困難ですので、クライテリアとしての採用は難しそうです。一方、「性別」については、男女の人数比はほぼ1：1とは想像できますが、男女の消費量の違いは少し難しくなります。経験則で無理やり推測すれば、通常の月で女性は、おおむね男性の1.5～2倍くらい（ここでは間を取って1.75倍とします）でしょうか？そう判断できるのであれば、クライテリアとしては採用可能です。

　最後に「季節／月」について見てみましょう。月別のチョコレートの消費量については詳細まではわかりませんが、自分自身の経験に照らして考えると、男性の場合は2月には通常月の消費量のおおむね2～3倍（ここでは間を取って2.5倍とします）くらい消費し、それ以外の月はほぼ均等ではないかと推察されます。一方、女性についても多少2月の消費量が増えるように考えられますが、おおむね毎月均等としても大きくは違わないと推定されます。したがって、「季節／月」もクライテリアとして採用可能と言えるでしょう。

　以上を踏まえ、この事例では、「性別」と「季節／月」をクライテリアとして選定することにしました。

（2）因数分解の手法を用いて、全体像を各クライテリアに分類の上、数式に置き換える

　クライテリアが決まったら、今度は全体像をクライテリアごとに数式に分解していきます。まず、日本全体でのチョコレートの

消費量は、女性の消費量と男性の消費量に分類します（A or not A）。このうち男性の消費量については、2月と2月以外（A or not A）の消費量に分けて考えます。

- 男性の消費量＝2月の消費量＋2月以外の消費量…(a)
  - 2月の消費量＝通常月の男性1人あたり消費量×2.5倍×日本における男性の人数…(b)
  - 2月以外の消費量＝通常月の男性1人あたり消費量×11ヵ月分×日本における男性の人数…(c)

なお、上記(b)(c)式の「日本における男性の人数」は、以下の式で置き換えられます。

- 日本における男性の人数＝日本の総人口×男性比率50%…(d)

よって、(a)式に(b)(c)(d)式を当てはめることで、男性の消費量は以下の式に置き換えることができます。

- 男性の消費量＝（通常月の男性1人あたり消費量×13.5）×（日本の総人口×0.5）…(A)

一方、女性の消費量は毎月均等と考えますので、以下の式で簡単に表現できます。

- 女性の消費量＝通常月の女性1人あたり消費量×12ヶ月×日本における女性の人数…(e)

なお、(e)式の「通常月の女性1人あたり消費量」と「日本における女性の人数」は、それぞれ以下の式に置き換えることができます。

- 通常月の女性1人あたり消費量＝通常月の男性1人あたり消費量×1.75倍…(f)
- 日本における女性の人数＝日本の総人口×女性比率50%…(g)

第2章　論理的思考の基礎技法①：MECE

よって、(e) 式に (f)(g) 式を当てはめることで、女性の消費量は以下の式に置き換えることができます。

- 女性の消費量＝（通常月の男性1人あたり消費量×21）×（日本の総人口×0.5）…(B)

日本全体でのチョコレートの消費量は、男性の消費量 (A) と女性の消費量 (B) の合計ですから、両式を足した以下の式で表現できることがわかります。

- 日本におけるチョコレートの年間消費量＝（通常月の男性1人あたり消費量×17.25）×日本の総人口…(C)

以上の MECE な因数分解による分類のプロセスは、式で表現するとやや冗長となり、わかりにくいかもしれませんので、ここまでの分類の流れを図表 2-4 にまとめておきます。自信のない方は、図表を見ながら再度確認をしてみてください。

図表 2-4　フェルミ推定における MECE な因数分解のプロセス例

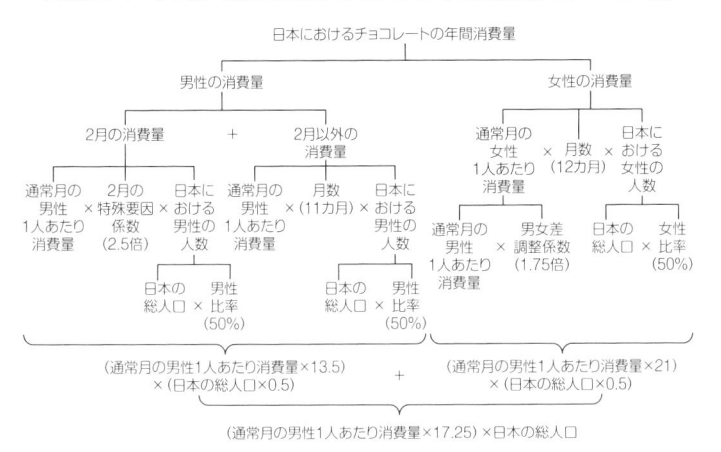

```
                    日本におけるチョコレートの年間消費量
            ┌──────────────────┴──────────────────┐
         男性の消費量                              女性の消費量
    ┌────────┴────────┐              通常月の                日本に
 2月の消費量    +   2月以外の         女性        × 月数 ×   おける
                    消費量         1人あたり    (12カ月)    女性の
                                    消費量                   人数
 通常月の  2月の   日本に  通常月の   月数    日本に    通常月の  男女差     日本の    女性
  男性  ×特殊要因×おける   男性  ×(11カ月)×おける     男性  ×調整係数  総人口 × 比率
 1人あたり 係数   男性の   1人あたり       男性の    1人あたり (1.75倍)           (50%)
  消費量 (2.5倍)  人数    消費量          人数     消費量
                  │                       │
               日本の  男性              日本の  男性
               総人口× 比率              総人口× 比率
                     (50%)                    (50%)

  └─────────────┬─────────────┘    └─────────────┬─────────────┘
   （通常月の男性1人あたり消費量×13.5）    （通常月の男性1人あたり消費量×21）
      ×（日本の総人口×0.5）          +       ×（日本の総人口×0.5）

              （通常月の男性1人あたり消費量×17.25）×日本の総人口
```

（3）因数分解した数式の変数部分について推論を行い、数値を代入する

上記の(C)式のうち、変数部分は「通常月の男性1人あたりの消費量」と「日本の総人口」の2つです。このうち、日本の総人口は、1.2億人とすることができるでしょう。

一方「通常月の男性1人あたりの消費量」については、少し注意が必要です。ここでは、自分自身の経験則をもとに数値を代入することもできますが、ここで問われているのは、あくまで"平均的な"日本人男性1人あたりの消費量です。もし、自分の経験に偏り（例えば、普通の人よりもチョコレート好きなど）があるようなら、その点は修正した上で代入しなければなりません。ここでは、とりあえず自分自身が平均的な消費者であると捉え、チョコ菓子やチョコケーキを含めて、毎月板チョコ1枚分約120g程度を消費していると推測しましょう。ここまでできれば、あとは今の数値を先ほどの(C)式に代入するだけです。

- 日本におけるチョコレートの年間消費量＝（120g×17.25）×1.2億＝<u>248,400トン</u>

こうして、一切のデータ調査も行うことなしに、論理と経験則だけで日本におけるチョコレートの年間消費量を推測することが出来ました。

以上のようなMECEの分類手法を活用した定量的推論の方法は、イタリアの物理学者エンリコ・フェルミ（Enrico Fermi, 1901-1954）の名を取って、「フェルミ推定」と呼ばれます。

フェルミ推定は、主にビジネスの世界において、新規に参入する市場の規模の推定や、既存市場における将来の需要予測などの場面で、広く一般に活用されています。また、日常生活において

も、「自分の町にクリーニング店は何店舗ぐらいあるのか？」といった身近な事例で活用することが可能です。

　なお、フェルミ推定を活用する際には、いくつかの留意点があります。まず第1に、フェルミ推定では、数あるMECEな分類手法の中から、なるべく推論しやすい変数に因数分解できるかどうかが最大のポイントになることです。そのためには、何度か異なるパターンで因数分解を行ってみて、試行錯誤を重ねながら、最終的にできるだけ推論しやすい変数を含む数式に落とし込むアプローチが必要になります。

　第2に、変数の推測は、必ずしも経験則だけにとらわれる必要はないということです。いくつかの変数のうち、もし公開されている、あるいは既知のデータがあるならば、そうしたデータを活用することで、全体としての推論の確からしさも高まるはずです。変数の代入については、経験則に頼るのは基本的には最終手段と位置付けてください。

　そして第3に、フェルミ推定は決して万能な手法ではないため、推論が大きく外れることもあるということです（実際、上記の事例も実際値とは比較できていませんので、大きく外れている可能性があります）。フェルミ推定の精度を高めるためには、一度設定した因数分解式を、何度も試しながら徐々に修正していく努力が必要です。例えば、自社製品の将来の需要予測のためのフェルミ推定式を作ってみたら、一度で終わりにするのではなく、実際に次年度の需要と見比べてみて、相違点などがあれば少しずつ式の修正を行っていくことが大切なのです。そのような努力を積み重ねることで、フェルミ推定式のモデルとしての完成度が徐々に高まり、それに伴い将来の需要予測の精度も高まっていくのです。

第2章のまとめ

1. MECEとは
- 情報の抜け漏れや重複がない状態のこと。分類を行う際に満たすべき基本原則

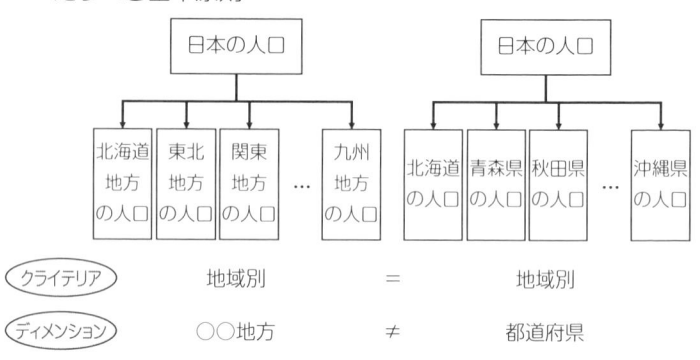

```
        日本の人口                              日本の人口
    ┌────┬────┬────┬────┐            ┌────┬────┬────┬────┐
  北海道 東北  関東      九州         北海道 青森県 秋田県   沖縄県
  地方  地方  地方  … 地方          の人口 の人口 の人口 … の人口
  の人口 の人口 の人口   の人口
```

(クライテリア)	地域別	=	地域別
(ディメンション)	○○地方	≠	都道府県

2. MECEな分類を行うための方法
　　(1) A or not A　　：「A」と「A以外」に分ける
　　(2) Others　　　　：複数の分類と「その他」に分ける
　　(3) 因数分解　　　：数式で分ける
　　(4) 工程分解　　　：プロセス(時間軸)で分ける
　　(5) フレームワーク：一般に認知された枠組みで分ける

3. MECEを用いる際の留意点
　　(1) 目的・文脈に合ったクライテリアを選定すること
　　(2) 分類項目のディメンションをそろえること

第3章
論理的思考の基礎技法②:
演繹法と帰納法

本章では、論理的思考の思考パターンのうち、主に解析・論決・因果の推論を行う際の技法として演繹法と帰納法の方法論を学びます。なお、両者は相反する推論手法ではなく、相互補完的な位置付けにあります。

第 1 節　演繹法とは

　私たちの日常生活において、演繹（えんえき）という言葉はほとんど使われることのない、非常になじみの薄い言葉です。それもそのはず、実はそもそもの語源は、中国古典の『中庸（ちゅうよう）』にまでさかのぼり、「演」は「述べる」という意味を、「繹」は「糸口を引き出す」という意味を示します。したがって、演繹とは、「述べられた言葉から糸口をたどって、それをもとに別の物事を推し量る」という意味に捉えることができます。論理的思考における演繹法とは、まさにこのことを正しく行うための技法を指し、以下のように定義することができます。

> **演繹法の定義**
> 演繹法とは、一般的な命題（一般に正しいと認知されている法則・規則・原理など）と個別の命題（客観的な観察事象・事実）を組み合わせることで、そこから必然的に導かれる結論を推論する技法のこと

　なお、ここで言う「命題」とは、以下のように定義される文章のことを指します。

> **命題の定義**
> 命題とは、真偽を判定することができる文章のこと

　例えば、「牛は牧草を食べる」や「羊は魚を食べる」という文章は、明確に真偽を判定することができます（この場合、前者は真、後者は偽です）ので、「命題」になります。一方、「私は旅行に行きたい」や「君は早く宿題を済ませなさい」といった文章（個人

の意思を表明する文や命令文など)は、客観的に真偽を判定することができませんので、「命題」ではありません。

演繹法という推論技法の中で、最も基本的で広く知られている手法が、第1章の思考研究の歴史の中で紹介した三段論法という手法です。実際に1つ、事例を見てみましょう(ここでは、一般的な命題を「大前提」、個別の命題を「小前提」と表現しています)。

(大前提)魚は、水中を泳ぐ

(小前提)イワシは、魚である

 ➤(結論)イワシは、水中を泳ぐ

すぐには理解しにくいかもしれませんので、以下では、各命題について詳しく説明していきます。

まず、大前提について考えてみましょう。この「魚は、水中を泳ぐ」は、一般に正しいと認識されている命題(一般命題)ですが、このような一般命題の文章は、厳密に読み解くと以下のような構造になっていることがわかります。

●もし「主部」であるならば、必ず「述部」である

この事例では、「主部=魚」、「述部=水中」を泳ぐが当てはまります。つまり、大前提は「もし魚ならば、必ず水中を泳ぐ」という表現に置き換えられます。

次に、「主部」と「述部」の関係性について考えてみましょう。直感的に判断してしまうと、両者の関係性は「主部=述部」であると捉えてしまいがちですが、実はそうではありません。もし、両者の関係性を等式で表現できるのであれば、左辺と右辺を入れ替えても等式が成り立ちますから、以下の文章も成り立つはずです。

●もし「述部」であるならば、必ず「主部」である

しかし、「もし、水中で泳ぐことができるのであれば、それは必ず魚である」という文章は一般的な命題として正しいと言えるで

しょうか？この命題が正しければ、「泳げる人は魚である」というおかしな文章が成り立つことになってしまいますので、この命題は誤りです。こうして見てみるとわかるとおり、「主部」と「述部」の関係性は、原則としてイコール（等式）ではなく、実際には、「主部」よりも「述部」の方がより広い概念として捉えられなければなりません。こうした「主部」と「述部」の関係性は、図表 3-1 のような図[4]で表現すると感覚的に把握でき、より理解しやすいと思います（数学における集合の概念で言えば、「主部」は「述部」の部分集合〈主部⊂述部〉ということになります）。

図表 3-1　肯定文における主部と述部の関係性（概念図）

主部と述部の基本的関係	具体的事例：「魚は、水中を泳ぐ」	
	正	誤
述部の中に主部がある	水中を泳ぐもの（述部）の中に魚（主部）	魚（主部）の中に水中を泳ぐもの（述部）

なお、図表 3-1 では、「主部」が「述部」に完全に包含されていますが、このような両者の関係性を包含関係と呼びます。

次に、小前提について見てみます。「イワシは、魚である」は、個別の事象を示す命題（個別命題）ですが、このような個別命題も上記同様に主語と述語の関係性を図の形で表現することができます。

---

[4] このような複数の集合についての関係性を示した図は、考案者である数学者レオンハルト・オイラー（Leonhard Euler, 1707-1783）の名を取って、オイラー図と呼ばれています。

図表 3-2　命題「イワシは、魚である」における主部と述部の関係性

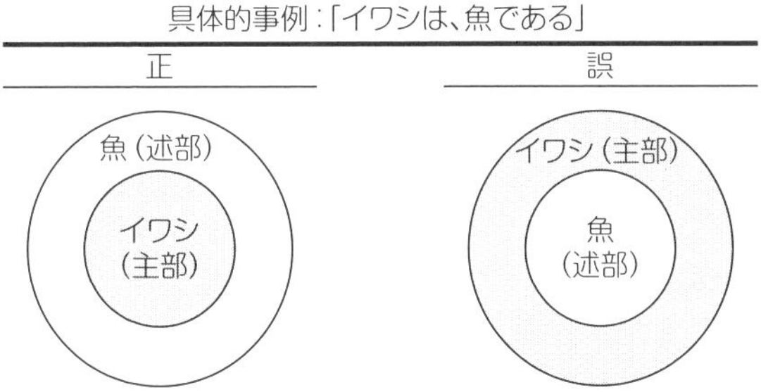

具体的事例：「イワシは、魚である」

正：魚（述部）の中にイワシ（主部）

誤：イワシ（主部）の中に魚（述部）

　今度は「主部」がイワシ、「述部」が魚になりますので、図表3-2のとおり、イワシという概念が魚という概念に包含される形で図を描けることがわかると思います。なお、この場合も先ほどと同じように、「主部」と「述部」を入れ替えると図表3-2の右側のようになり、誤った意味となることを確認しておきましょう。

　最後に、結論について考えてみましょう。既に述べたとおり、演繹法とは、「一般命題（大前提）と個別命題（小前提）を組み合わせることで」、「そこから必然的に導かれる結論を推論する技法」ですから、まずは、大前提を表現した図表3-1と小前提を表現した図表3-2を組み合わせてみましょう。

　2つの図を組み合わせた図表3-3の下の図からは、必然的にどのようなことが言えるでしょうか？図表3-3では、「イワシ」という概念が、結果的に「水中を泳ぐもの」という概念に包含されていることがわかります。したがって、包含されている「イワシ」を「主部」とし、包含している「水中を泳ぐもの」を「述部」と捉えれば、「イワシは、水中を泳ぐ」と読み替えることができ、この命題はまさしく（結論）で書かれている文章と全く同じものです。

　このように、三段論法による演繹では、3つの概念や命題を重ね合わせることで、結論を推し量るという方法が取られます（図

図表 3-3　大前提と小前提の組み合わせ

大前提「魚は、水中を泳ぐ」　　　小前提「イワシは、魚である」

水中を泳ぐもの（魚）　＋　魚（イワシ）

↓ 組み合わせ

結論「イワシは、水中を泳ぐ」

水中を泳ぐもの（魚（イワシ））

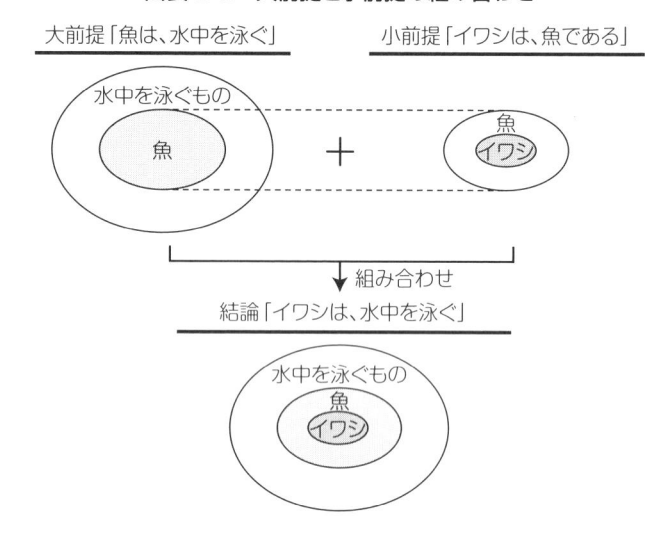

　表3-3の上の図を見ると、なぜ2つの前提を「大前提」と「小前提」と呼ぶのか、下の図を見ると、なぜこの推論手法を「三段論法」と呼ぶのかがおわかりいただけると思います）。なお、この事例の結論では、大前提や小前提で述べられている魚という概念が一切出てきていません。なぜならば、そもそも三段論法の本質は、大前提と小前提に共通して取り上げられる概念（この事例では魚）を糸口にし、その概念とのつながり（魚と水中で泳ぐもの、魚とイワシのつながり）をもとに、それ以外の概念（水中で泳ぐものとイワシ）の関係性を推論する点にあるからです。このように、大前提と小前提のつながりを媒介する概念（この事例では魚）のことを、「媒概念」と呼びます。

　ここまで、最も基本的な演繹法の技法である三段論法[5]について説明しましたが、この基本的な考え方は他のさまざまな演繹的推論にも応用できるものです。まず、次の事例を見てください。

（大前提）視界が悪くなると、交通事故が増える
（小前提）雨が降ると、視界が悪くなる
➤（結論）雨が降ると、交通事故が増える

　先ほどの事例よりも少し複雑になったように感じるかもしれません。しかし、先ほどの事例との違いは、先ほどは「主部」と「述部」が名詞（名辞）だったのが、この事例では文章（命題）に変わったという点だけで、基本的構造は全く同じです[6]。したがって、先ほど

図表 3-4　命題を構成要素とする三段論法の事例

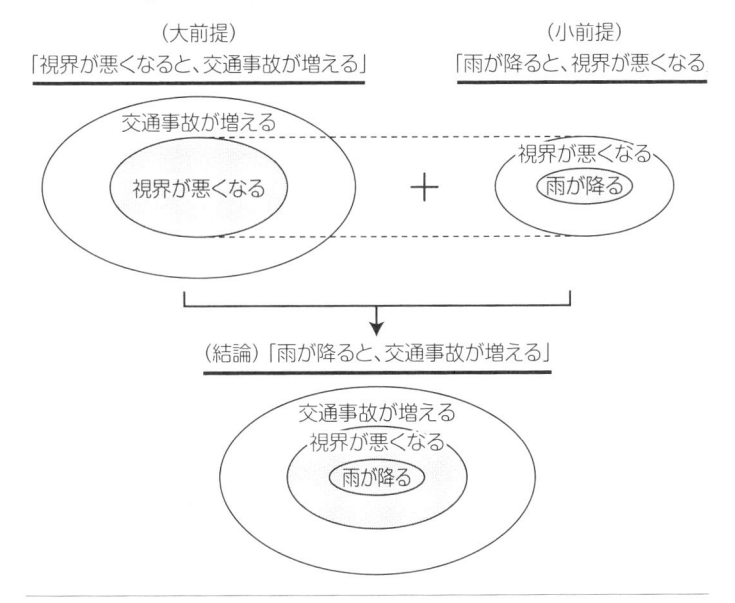

（大前提）　　　　　　　　　　　　　　　（小前提）
「視界が悪くなると、交通事故が増える」　　「雨が降ると、視界が悪くなる」

交通事故が増える
視界が悪くなる
　＋
視界が悪くなる
雨が降る

↓

（結論）「雨が降ると、交通事故が増える」

交通事故が増える
視界が悪くなる
雨が降る

---

[5] ここで説明した三段論法は、アリストテレスが唱えた最も古典的な演繹的推論の手法で、主に名詞で表現される概念＝名辞（魚、イワシ、泳げるものなど）を取り扱います。論理学の世界では、このような三段論法を定言的三段論法と呼びます。
[6] この事例のように、命題を構成要素とする三段論法のことを、論理学では仮言的三段論法と呼びます。

と同じように図を使うことで演繹的な推論を行うことができます。

図表 3-4 に示すとおり、大前提では、「視界が悪くなる」という命題が「交通事故が増える」という命題に包含される関係性（つまり、「視界が悪くなると、交通事故が増える」という一般的な法則）を示しています。一方、小前提では、「雨が降る」という命題が「視界が悪くなる」という命題に包含される関係性（つまり、「雨が降ると、視界が悪くなる」という一般的な法則）を示しています。そして、それらの関係性を組み合わせると、「雨が降る」という命題が、「交通事故が増える」という命題に包含されること（つまり、「雨が降ると、交通事故が増える」という関係性）が必然的に導かれるのです[7]。

次に、以下の事例を見てみましょう。
（前提１）原油の取引相場が上がれば、ガソリン価格が上昇する
（前提２）ガソリン価格が上昇すれば、消費者物価全体が上昇する
（前提３）消費者物価全体が上昇すれば、景気に悪影響が及ぶ
（前提４）景気に悪影響が及べば、企業の業績は悪化する
（前提５）企業の業績が悪化すれば、日経平均株価は下落する
　➢（結論）原油の取引相場が上がれば、日経平均株価は下落する

今度は、これまでの事例とは異なり、前提が５つも存在します。しかし、この事例も基本的な構造はこれまでの「主部」と「述部」の包含関係で表現することができますので、同様に図表 3-5 のような図を使って推論することができます。

---

7 この事例では、小前提が個別命題ではなく一般命題の表現となっていますが、このように、演繹法では一般命題同士だけの組み合わせでも推論が可能です。

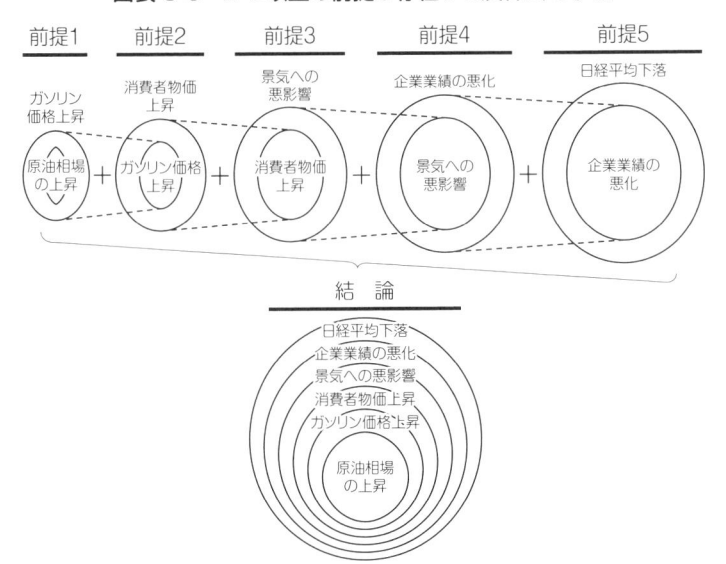

第 3 章　論理的思考の基礎技法②：演繹法と帰納法

図表 3-5　3 つ以上の前提が存在する演繹法の事例

前提1／前提2／前提3／前提4／前提5

ガソリン価格上昇／消費者物価上昇／景気への悪影響／企業業績の悪化／日経平均下落

原油相場の上昇＋ガソリン価格上昇＋消費者物価上昇＋景気への悪影響＋企業業績の悪化

結　論

日経平均下落／企業業績の悪化／景気への悪影響／消費者物価上昇／ガソリン価格上昇／原油相場の上昇

　この事例では、媒概念が複数存在し、それぞれの概念同士とのつながりを引き継いでいく形になっています。結果的に図表 3-5 の下の図にあるとおり、この事例では全部で 6 つの概念を重ね合わせることで推論を行っていますので、言わば六段論法と呼ぶことができます。このように、演繹法では必ずしも前提が 2 つとは限らず、複数の一般命題を重ね合わせることでも推論を行うことができるのです。ただし、複数の前提を重ねる場合でも、基本はあくまで前述した三段論法[8]ですので、三段論法の基礎はしっかりと習得するようにしてください。

---

[8] この事例も、複数の三段論法に分けて捉えることが可能です。つまり、まず前提 1 と前提 2 から仮結論 1 を導き、仮結論 1 と前提 3 から仮結論 2 を導き…、と三段論法を繰り返し行っていくことで、全く同じ結論を導くことができます。

最後に、もう1つ別の事例を見てみましょう。

（前提1）春が来ると、公園の花が咲く
（前提2）春が来た
➤（結論）公園の花が咲く

この推論は、三段論法の形式を取っていますが、これまでのものとは若干構造が異なります。前提1は「もしAならば、Bである」というこれまでと同様の一般命題を示しますが、前提2は、「Aである」という簡素な命題の形式をとっています。その結果、結論は「Bである」と、一般命題の述部をそのまま結論づける形式となっているものです[9]。しかし、このような場合でも、図表3-6に示すとおり、先ほどから用いている図を活用して推論を行うことができます。

図表3-6　典型的な三段論法の事例

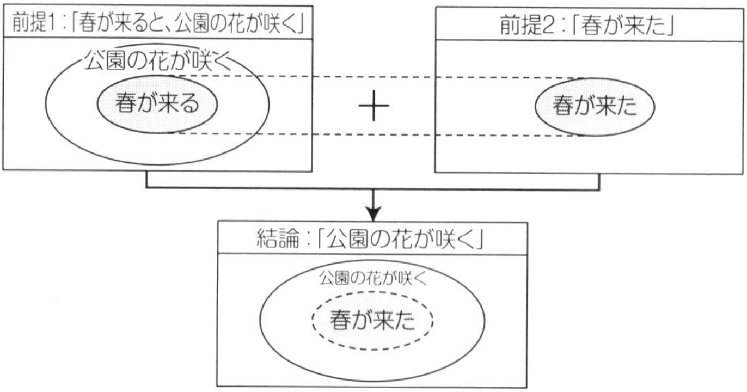

※結論においては、媒概念を点線で表記

---

9 このような「AならばBである」＋「Aである」⇒「Bである」というような推論の方法も仮言的三段論法の一種です。なお、この推論は一般命題の主部にあたるA部分を肯定する形式で推論を行うため「前件肯定式」と呼ばれることもあります。

第3章　論理的思考の基礎技法②：演繹法と帰納法

第2節　演繹法の命題(仮言命題)に関する基本法則

　演繹法では、「一般的な命題と個別の観察事象・事実を組み合わせて推論を行う」と述べましたが、ここではそれらのうち「一般的な命題」についてもう少し深く考えてみたいと思います。先ほどから見てきたとおり、一般的な命題は、通常「もしAならば、Bである」といった形で表現することができますが、このように表現される命題を「仮言命題(かげんめいだい)」と呼びます。そして、仮言命題では、上記のAとBを変形・入れ替えることで、図表3-7に示すように左上の命題から、右上(「逆」)・左下(「裏」)・右下(「対偶(たいぐう)」)の計3パターンに言い換えを行うことができます。

図表 3-7　仮言命題の言い換えに見られる基本法則

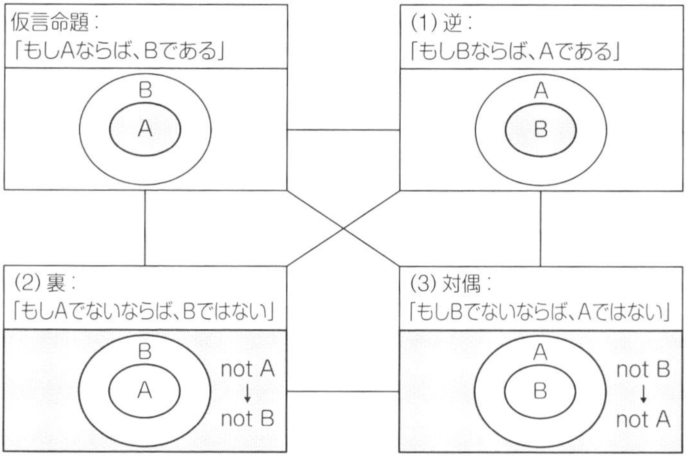

仮言命題： 「もしAならば、Bである」	(1) 逆： 「もしBならば、Aである」
(2) 裏： 「もしAでないならば、Bではない」	(3) 対偶： 「もしBでないならば、Aではない」

（各命題：BのなかにAが入る図、AのなかにBが入る図、裏では not A → not B、対偶では not B → not A）

※アミ部分は、各命題が直接的に指示／表現している部分を示す

ここでは仮に、出発点となる仮言命題を「もしネズミが増えたならば、ネコは大忙しである」として、それぞれの言い換えのパターンについて考えてみましょう。

(1) 逆：「もしBならば、Aである」
　逆とは、元の命題の主部（A）と述部（B）を入れ替えた命題のことです。
　具体的事例でいえば、「もしネコが大忙しならば、ネズミが増えたのである」が逆の命題となります。では、この逆の命題は正しいと言えるでしょうか？　ネコが大忙しな理由は、必ずしもネズミだけとは限りません（エサを食べることに大忙しなのかもしれませんし、あるいはタンポポの種を追いかけるのに大忙しなのかもしれません）。つまり、仮に元の命題が正しいとしても、逆の命題は必ずしも正しいとは限らないのです。このことは、図表3-7の右上の図を見ると明らかです。元の命題の主部（A）と述部（B）の関係性と逆の命題における両者の関係性は全く異なり、したがって両者は異なる主張を行う別々の命題であることがわかります。

(2) 裏：「もしAでないならば、Bではない」
　裏とは、元の命題の主部（A）と述部（B）をそれぞれ否定形に変形した命題のことです。
　具体的事例でいえば、「もしネズミが増えていないならば、ネコは大忙しではない」が逆の命題となります。この命題は、元の命題と同じことを意味しているのでしょうか？　一見しただけでは少しわかりにくいのですが、図表3-7の左下の図を見るとわかるとおり、実は裏の命題も最初の命題とは異なる主張を行う、全く

(3) 対偶：「もしBでないならば、Aではない」

対偶とは、元の命題の主部（A）と述部（B）を入れ替えた上で、さらに両者を否定形に変形した命題のことです。

具体例で言えば、「もしネコが大忙しでないならば、ネズミは増えていない」となります。実は、図表3-7の右下の図を見るとわかるとおり、この命題が表現していることは、AとBの関係性において言えば、最初の命題と全く同じことになります。このように、仮言命題を言い換える場合には、元の命題の主部（A）と述部（B）を入れ替えた上で、さらに両者を否定形に変形する、すなわち対偶を作ることで、簡単に元の命題と同じ意味の命題が出来上がるのです。このことは、論理学における重要な論理証明の手段である「背理法[10]」の中でも用いられる非常に大切な概念ですので、ぜひ覚えておきましょう。ちなみに、図表3-7の右上と左下の図におけるAとBの関係性を見ると明らかなように、前述した逆と裏も互いに対偶の関係にあるのです。

実は、このような仮言命題と逆・裏・対偶との関係性は、いわゆる詭弁と言われるような論理的に誤った主張の中でも、よく使われます。例えば、以下の主張について、皆さんならどう思われますか？

（前提1）代々この家を継いできたのは、長男である

---

[10] 背理法とは、ある命題が正しいこと（真）を前提に推論すると、その命題とは矛盾した結論が生じるときに、その命題が正しくない（偽）ことを結論付けるという証明手法のことです。その中では、この事例で示した「ある命題が正しければ、その対偶も正しい」という法則が活用されています。

（前提2）言うまでもなく、お前はこの家の長男である
　　➢（結論）したがって、お前はこの家を継がなければならない
　一見すると、お金持ちの家系を題材にしたドラマでよく聞かれそうなセリフで、何ら違和感はないように感じるかもしれません。しかし、この主張は論理的には正しいとは言えません。なぜなら、図表3-8の右下の図に示すように、これらの前提からは何ら正しい結論を導くことはできず、したがって先の結論（図表3-8の左下の図）は誤りになるからです。

図表3-8　「逆」の命題を用いた論理不成立の事例

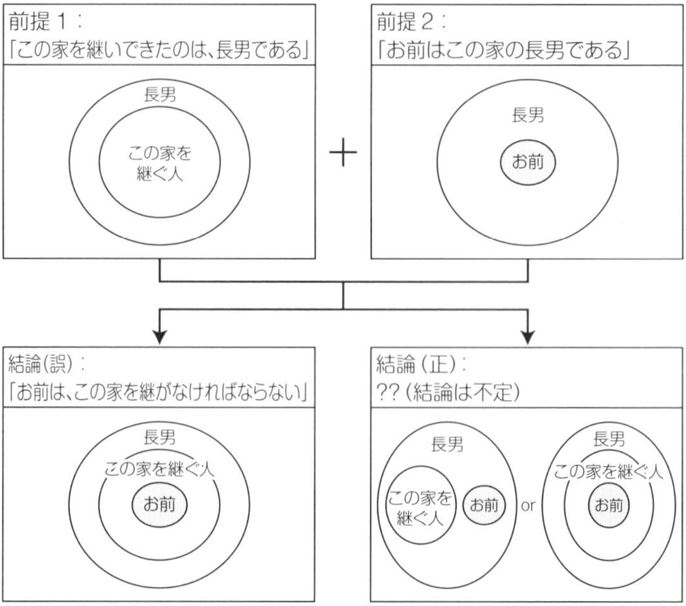

前提1： 「この家を継いできたのは、長男である」	前提2： 「お前はこの家の長男である」
長男 ⊃ この家を継ぐ人	長男 ⊃ お前

＋

結論（誤）： 「お前は、この家を継がなければならない」	結論（正）： ??（結論は不定）
長男 ⊃ この家を継ぐ人 ⊃ お前	長男 ⊃ (この家を継ぐ人, お前) or 長男 ⊃ この家を継ぐ人, お前

　この事例で、正しい演繹法を成立させるためには、前提1は、「もし長男ならば、必ずこの家を継がなければならない」という命

題であるべきです。しかし、上記の事例では、この命題とは「逆」の関係性にある命題が用いられているため、結果的に誤った論理になってしまっているのです。もちろん、発言者が論理的思考を理解していない場合に、意図せざる結果として、このような誤った主張がなされることもあります（この事例は恐らくそうでしょう）。しかし、残念ながら現実には、時にこのような説明を意図的に使うような（悪意を持った）人が存在するのも事実です（論理的に正しくないことをもっともらしく説明することで、意図的に人を欺こうとする行為を詭弁と呼びます）。皆さんはそのような誤った発言に惑わされることのないよう、しっかりと論理的思考法を学び、詭弁を見抜ける力を身に付けてください。

　もう1つ、次の事例ではどうでしょうか？
　（母親）「お手伝いをしなかったら、お駄賃をあげませんよ」
　（子供）「お手伝いをしたから、お駄賃をちょうだい」
　（母親）「お手伝いしたらお駄賃あげるなんて、言っていませんよ」
　皆さんには、この母親は論理的に矛盾していることを言っているように聞こえるかもしれません。しかし、論理的にはこの母親は何ら間違ったことを言ってはいないのです。上のやりとりを少し整理してみましょう。
　（前提1）もし君がお手伝いをしなかったら、私は君にお駄賃を
　　　　　あげない
　（前提2）君はお手伝いをした
　先ほどの母親と子供のやりとりは、上記2つの前提から、どのような結論を導くかという推論の問題に置き換えて考えることができます。それぞれの前提を図で表すとどうなるのか、図表3-9で見てみましょう。

図表 3-9 「裏」の命題を用いた論理不成立の事例

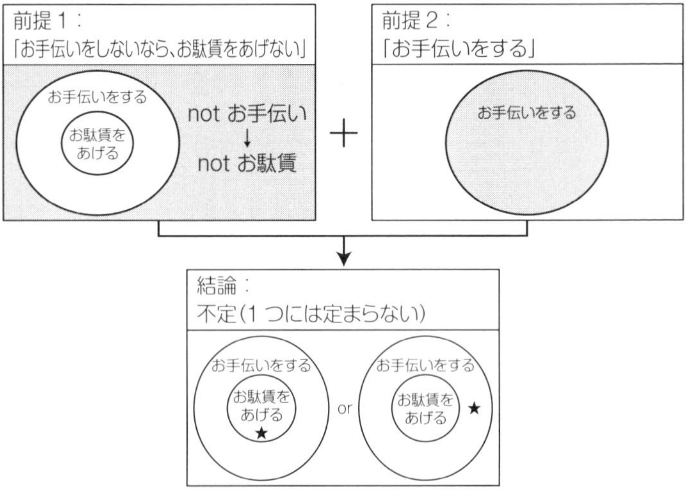
前提 1：
「お手伝いをしないなら、お駄賃をあげない」
お手伝いをする
お駄賃を
あげる
not お手伝い
↓
not お駄賃
＋
前提 2：
「お手伝いをする」
お手伝いをする
結論：
不定(1 つには定まらない)
お手伝いをする
お駄賃を
あげる
★
or
お手伝いをする
お駄賃を
あげる
★

※星印は可能性を示す(この場合は、「お駄賃をあげるかあげないかわからない」を意味する)

図にしてみるとわかるとおり、実は前提 1 と前提 2 を組み合わせても 1 つの結論を必然的に導き出すことはできません（つまり、お駄賃をあげる場合もあげない場合も起こりえるというのが結論です）。したがって、先ほどの母親の「お手伝いしたらお駄賃あげるなんて、言っていませんよ」という言葉は、論理的には正しいことになるのです。

では、この事例を（子供にも納得がいく形で）適切に修正するにはどうしたらよいでしょうか？　ここでは、図表 3-10 にあるとおり、前提 1 を「もし君がお手伝いをしたら、私は君にお駄賃をあげる。」と言い換えるのが適切です。実は、図表 3-9 では、前提 1 が適切な論理展開（図表 3-10 の前提 1）の「裏」になっていたため、先ほどのような問題（論理的には間違っていないが、

子供の納得が得られない）が起きていたのです。

図表 3-10　より適切な論理展開の例

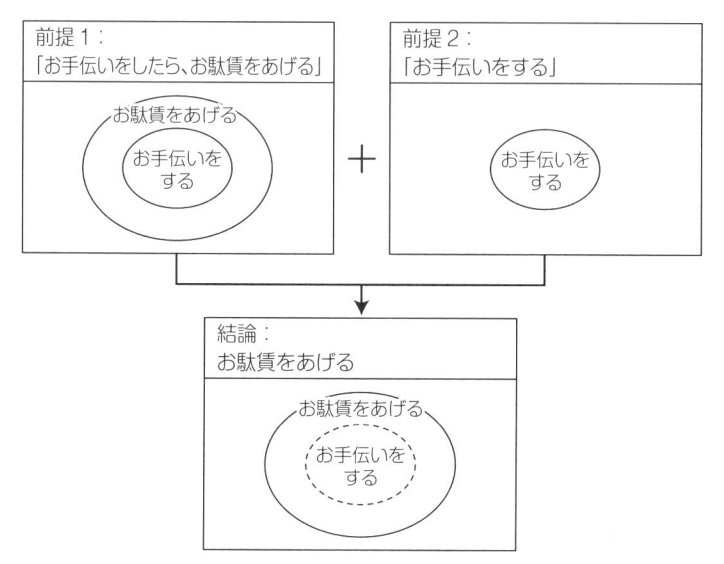

```
前提1：                       前提2：
「お手伝いをしたら、お駄賃をあげる」   「お手伝いをする」

  （お駄賃をあげる                    （お手伝いを
    （お手伝いを            ＋          する）
      する））

                    ↓
            結論：
            お駄賃をあげる
              （お駄賃をあげる
                （お手伝いを
                  する））
```

　最後に、逆・裏・対偶からは少し外れますが、もう1つだけ別の事例を見ておきます。
　（大前提）独身ならば、結婚していない
　（小前提）吉川さんは、独身である
　　➢（結論）吉川さんは、結婚していない
　この三段論法は論理的に正しいでしょうか？
　形式を見る限りは、典型的な三段論法の要件を満たしているように見えます。しかし、この事例における小前提と結論は、よく見ると全く同じことを言っているように感じないでしょうか？
　そうなのです。この事例では、小前提と結論は単なる言い換えになってしまっており、全く同じことを意味しています。なぜ、こ

のようなことが起きたのでしょうか?

　この事例では、大前提において、「主部」(独身) と「述部」(結婚していない)が、全く同じことを意味する単なる言い換えになってしまっている点に原因があります。このように、実は対偶以外にも、ある命題を同じ意味を持つ別の命題に言い換える方法はたくさんあります(この事例のように、ある物事を定義するような命題は、まさに言い換えの典型例です)。

　こうした言い換え(独身＝結婚していない)は、推論の手がかりになるような意味のある情報を何らもたらしておらず、論理的思考においては排除すべきものです。このような言い換えのことを、論理学では「トートロジー(同語反復)」と呼びます。

> トートロジーの定義
> トートロジーとは、「AならばB」という仮言命題において、AとBが同義語、類語、同語の関係になっている命題を指す。トートロジーの命題は、いかなる場合にも形式上は論理的に正しいが、何ら意味ある推論にはならない

　先ほどの事例では、大前提の命題がトートロジーになっているために、結果として小前提と全く同じ意味の結論が導かれてしまっているのです。先ほど「命題においては、主部と述部は原則として等式の関係にはならない」と書きましたが、実はトートロジーの場合には、主部と述部が例外的に等式になっており、そのために意味のある結論を導くことができなくなってしまうのです。

　このように、私たちの日常生活には、論理的に正しくない主張であっても、正しいと思い込んでしまう事例が数多く見受けられます。それは、私たちが言葉をその表面的な意味だけでなく、言葉から直感的に受け取るイメージや過去の経験、その場の文脈な

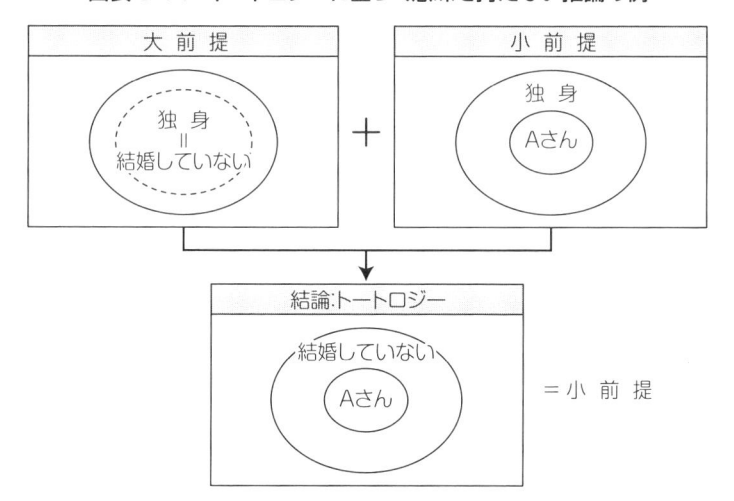

第3章 論理的思考の基礎技法②：演繹法と帰納法

図表3-11 トートロジーに基づく意味を持たない推論の例

```
┌─ 大前提 ──────────┐     ┌─ 小前提 ──────────┐
│   ╭─────────╮    │     │   ╭─────────╮    │
│   │  独 身  │    │  ＋  │   │  独 身  │    │
│   │   ＝    │    │     │   │ ╭───╮   │    │
│   │結婚して │    │     │   │ │Aさん│   │    │
│   │いない   │    │     │   │ ╰───╯   │    │
│   ╰─────────╯    │     │   ╰─────────╯    │
└──────────────────┘     └──────────────────┘
           │                        │
           └───────────┬────────────┘
                       ▼
        ┌─ 結論：トートロジー ──┐
        │   ╭─────────╮        │
        │   │結婚していない│     │   ＝ 小 前 提
        │   │ ╭───╮   │        │
        │   │ │Aさん│   │       │
        │   │ ╰───╯   │        │
        │   ╰─────────╯        │
        └──────────────────────┘
```

ども含めて解釈しているからに他なりません。もちろん、通常の生活では、厳密な論理性を求められる機会は少ないと思います（むしろ、日常生活で厳密な論理性を保ちながら、1つひとつのコミュニケーションを行っていたのでは、とても効率が悪くなります）。しかし、そうした厳密性を欠く発言により、知らない間に間違った理解やトラブルを招いてしまう可能性は否定できません。私たちは、日常生活におけるこのような論理の不十分さを認識し、時にはしっかり確認を取りながらコミュニケーションを取れるようにならなければならないのです。

第3節　演繹法による推論の具体的方法論

　前節では、演繹法の持つ意味と基本的な考え方について、事例とともに学びました。本節では、皆さんが実際に演繹法を使って推論する際に、どのようにすれば正しく推論することができるのかを具体的に見ていきます。

　第1章の論理的思考の類型で述べたとおり、因果・論決における推論のアプローチには、ボトムアップ型（「原因→結果」「理由→帰結」）とトップダウン型（「結果→原因」「帰結→理由」）の2種類があります。このうちボトムアップ型の推論を行う技法が演繹法であり、その逆方向の推論技法は仮説と呼ばれます。

図表 3-12　因果・論決の推論における演繹法の位置づけ

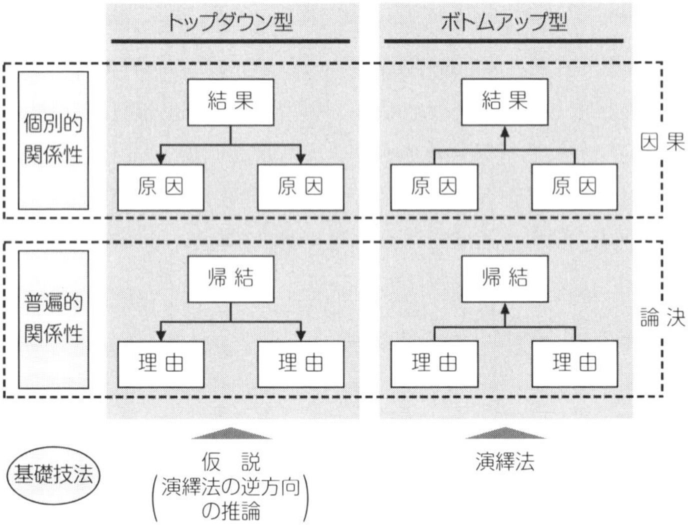

	トップダウン型	ボトムアップ型	
個別的関係性	結果 → 原因／原因	結果 ← 原因／原因	因果
普遍的関係性	帰結 → 理由／理由	帰結 ← 理由／理由	論決
基礎技法	仮　説（演繹法の逆方向の推論）	演繹法	

ところで、ボトムアップ型とトップダウン型は、どのように使い分ければいいのでしょうか？　そのカギは論点（イシュー）にあります。論点が「結果」や「帰結」を明らかにするようなものであれば、「原因」や「理由」を手がかりに推論するボトムアップ型を取り、逆に論点が「原因」や「理由」を明らかにするようなものであれば、「結果」や「理由」を手がかりに推論するトップダウン型を取ればよいのです。

　本節では、このうちボトムアップ型の推論技法である演繹法について、具体的な方法論を説明します。

　先に説明したとおり、演繹法は、「結果」や「帰結」を推論する場合に用いられます。以下の事例で見ていきましょう。

　（論点）中田さんの体重は、この先どうなってしまうのか？

　この事例では、論点が「帰結」ないしは「結果」を明らかにするものですから、演繹法で推論を行うことになります。具体的には、中田さんに関する個別命題と広く一般に認められる一般命題とを組み合わせて、そこから導かれる中田さんの体重変化の動向について結論付けます。この事例では、

　（大前提）カロリーの高いものを過度に摂取すれば、体重が増加する

　（小前提）中田さんは、カロリーの高いものを過度に摂取している

という一般命題・個別命題が明らかになれば、必然的に以下のような結論が導かれます。

　　➢（結論）中田さんは、体重が増加する

　このような演繹法の推論を使いこなせるようになるためには、まず演繹法の基本パターンを覚えた上で、前節で既に説明したよ

うな概念図を活用しながら考えるのがよいでしょう。ここでいう、演繹法の基本パターンとは、図表3-13に分類するように、一般命題と個別命題のそれぞれの種別に応じた4種類を指します。

図表3-13　演繹法による推論の基本パターン

		(前提1)　一般命題	
		「もしBならば、Cである」 (肯定文)	「もしBならば、Cではない」 (否定文)
(前提2) 個別命題	「(全ての)Aは、 Bである」 (全称文)	パターン①： (結論)「(全ての)Aは、 Cである」	パターン②： (結論)「(全ての)Aは、 Cではない」
	「あるAは、 Bである」 (特称文)	パターン③： (結論)「あるAは、 Cである」	パターン④： (結論)「あるAは、 Cではない」

以下では、パターン①～④のそれぞれについて、対応する図とともに見ていきましょう。

①「もしBならば、Cである」+「(全ての)Aは、Bである」⇒「(全ての)Aは、Cである」

これは、前節でも取り上げた典型的な三段論法の形です。例えば、以下の事例が当てはまります。

（前提1）昆虫ならば、足が6本ある
（前提2）(全ての)トンボは、昆虫である
　➢（結論）(全ての)トンボは、足が6本ある

このような論理展開パターンを図で表現すると図表3-14のようになります[11]。

---

[11] 以降の図表では、特に断ることなく、結論の欄における媒概念の位置付けを点線で表現することとします。

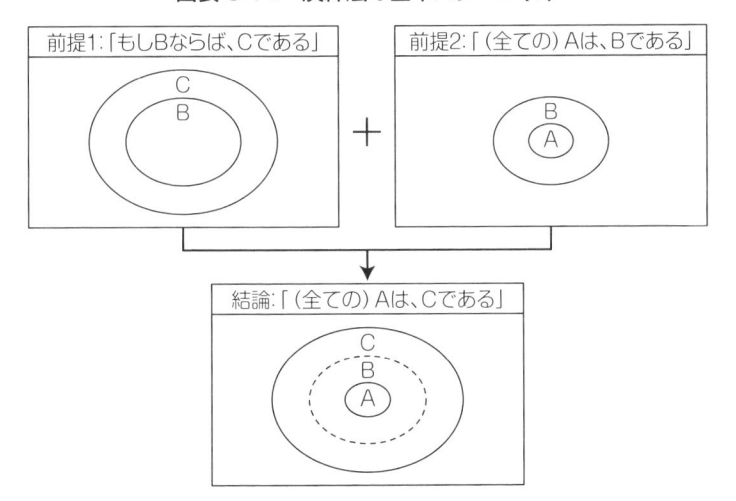

第3章　論理的思考の基礎技法②：演繹法と帰納法

図表3-14　演繹法の基本パターン(1)

前提1:「もしBならば、Cである」

（図：大きな楕円C、その中に楕円B）

＋

前提2:「(全ての) Aは、Bである」

（図：楕円B、その中に楕円A）

↓

結論:「(全ての) Aは、Cである」

（図：楕円C、その中に破線の楕円B、その中に楕円A）

　既に見たように、前提1ではBがCに包含され、前提2ではAがBに包含されていますので、結論では必然的にAがCに包含されるという関係性が導かれます。

②「もしBならば、Cではない」＋「(全ての) Aは、Bである」
　⇒「(全ての) Aは、Cではない」

　これは、①のうち、一般命題が否定文になったものです。結果として、結論も否定文の形になっています。具体例で示せば、
　（前提1）昆虫ならば、足が6本ではない
　（前提2）(全ての) トンボは、昆虫である
　　➢（結論）(全ての) トンボは、足が6本ではない
　となります。このような論理展開パターンを図で表現すると図表3-15のようになります。

図表 3-15　演繹法の基本パターン②

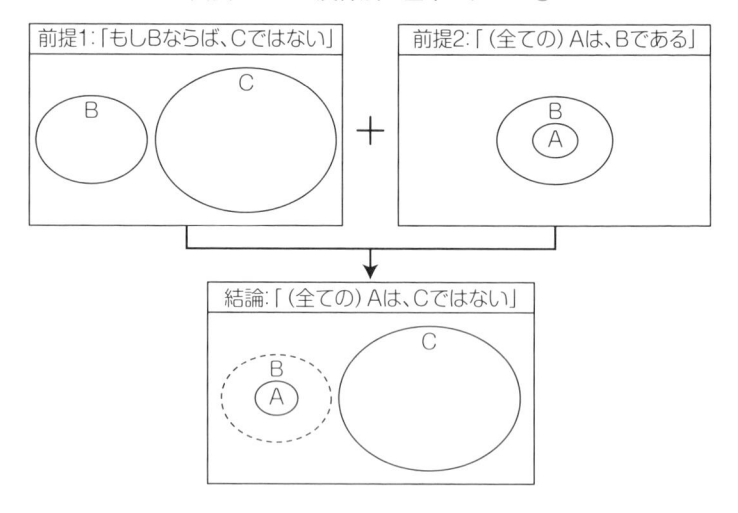

前提1:「もしBならば、Cではない」 ＋ 前提2:「(全ての) Aは、Bである」

↓

結論:「(全ての) Aは、Cではない」

　このパターンでは、前提1でBとCに一切関係性がないことが示されますので、前提2でAがBに包含されることが示されると、結論としてAとCに一切関係性がないことが確実に言えることがわかります。

③「もしBならば、Cである」＋「あるAは、Bである」⇒「あるAは、Cである」

　これは、①のうち、個別命題が全称文（あるもの全てについて何かを主張する文）から特称文（あるものの中から何か特定のものの存在を主張する文）に置き換わったものです。結果として、結論も特称文の形になっています。例えば、以下のような論理展開が当てはまります。

　（前提1）株式を上場しているならば、業績を公開する義務がある

第3章　論理的思考の基礎技法②：演繹法と帰納法

（前提2）ある企業は、株式を上場している
　➤（結論）ある企業は、業績を公開する義務がある

　パターン①と異なり、前提2は全ての概念（全企業）に対して主張しているのではなく、ある特定の概念（ある企業）についての主張を行っています。このようなパターンを図で表現すると図表3-16のようになります。

図表3-16　演繹法の基本パターン③

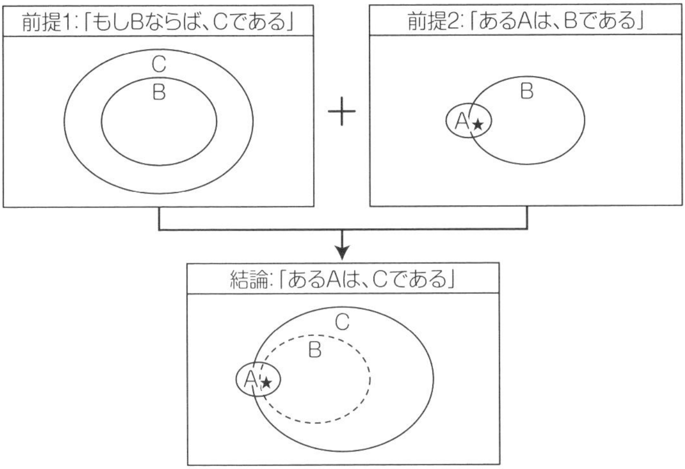

前提1:「もしBならば、Cである」　　前提2:「あるAは、Bである」

結論:「あるAは、Cである」

※★印は、「あるA」の存在を示す

　このパターンでは、前提1ではBはCに包含される関係性がわかる一方、前提2でAとBは少なくとも部分的な関係性（一部重複）があることが示されていることから、結論として、AとCに少なくとも部分的な関係性（一部重複）があることが推論できます。

④「もしBならば、Cではない」+「あるAは、Bである」⇒「あるAは、Cではない」

これは、パターン③のうち、一般命題が肯定文から否定文に置き変わったものです。パターン②と同様に、結果として結論も否定文の形になっています。例えば、以下の事例が当てはまります。

（前提1）株式を上場しているならば、未公開情報に基づいた自社株売買を行ってはならない
（前提2）ある企業は、株式を上場している
　➢（結論）ある企業は、未公開情報に基づいた自社株売買を行ってはならない

このようなパターンを図で表現すると図表3-17のようになります。

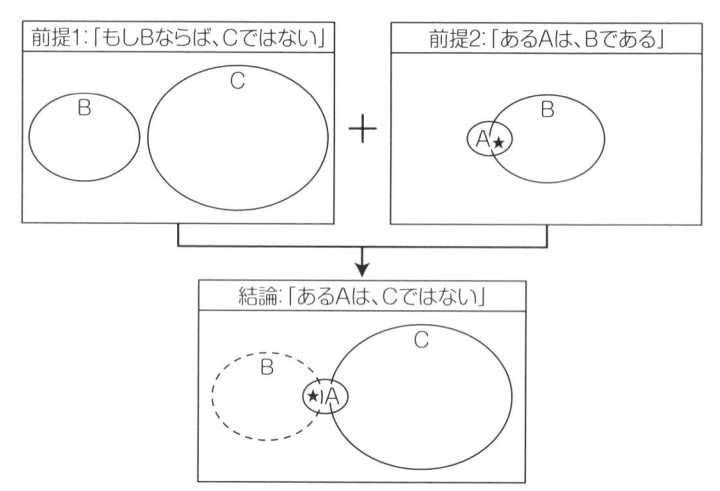

図表3-17　演繹法の基本パターン④

※★印は、「あるA」の存在を示す

このパターンでは、③と同様に前提2でA（この事例では、企

業一般)とB(この事例では、上場企業)は少なくとも部分的な関係性(一部重複)があることが示されていますが、一方で前提1ではB(上場企業)とC(未公開情報に基く自社株取引が許される企業)には一切関係性がないことも分かっています。これらのことから、AとCには少なくとも部分的には重複しない領域がある(つまり、企業のうち一部については、未公開情報に基づく自社株取引を行ってはならない)と言えます[12]。よって、(結論)として少なくとも"あるA"については、C(未公開情報に基づく自社株取引が許される企業)ではないことが推論されます。

以上のような、4つのパターンを図とともに用いることで、演繹法はさまざまなバリエーションの推論に活用できます。

以下の事例を見てみましょう。

(前提1)証券業者であるならば、景気変動による業績への影響が大きい
(前提2)鈴木工業(ある企業)は、景気変動による業績への影響が大きくない
　➤(結論)鈴木工業(ある企業)は、証券業者ではない

この事例は、一見すると基本パターン③とよく似ていますが、前提2の個別命題が否定文に変わっている点が異なり、基本パターンをそのまま用いることはできません。このような場合には、まず前提1と前提2を図に表現して、それらの組み合わせの図を導き、そこから結論を読み解きます。

---

[12] この可能性を明らかにするために、本書では特称文を含む演繹法の推論を図表で表現する際には、集合円と星印を併記する形式をとっています(図表3-16および3-17、3-18を参照)。

図表3-18 演繹法の基本パターンの応用例

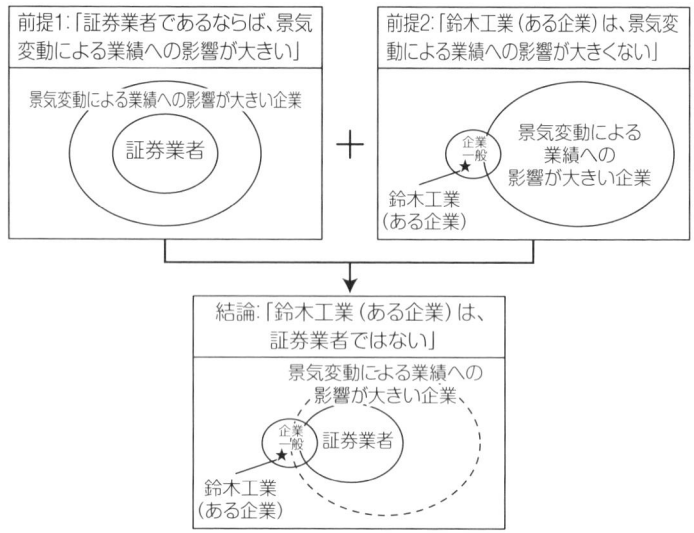

前提1:「証券業者であるならば、景気変動による業績への影響が大きい」

前提2:「鈴木工業（ある企業）は、景気変動による業績への影響が大きくない」

結論:「鈴木工業（ある企業）は、証券業者ではない」

※★印は、「あるA」の存在を示す

　２つの前提を図に表し、それらを組み合わせると図表3-18の下の図のようになります。この図から「鈴木工業（ある企業）は、証券業者ではない」という結論を読み解くことができます。

　このような演繹法の推論では、前提が正しい限り、必ず正しい結論をもたらしてくれます。そのため、演繹法は論理的思考法の中でも、極めて力強い（最も堅い論理を担保できる）技法であると位置付けられています。

[補足説明] 演繹法と反対方向（トップダウン型）の推論方法

　演繹法では、複数の「原因」や「理由」から１つの「結果」や「帰結」を推論しましたが、反対に１つの「結果」や「帰結」か

ら、その背景にある「原因」や「理由」を推論する手法が仮説にあたります。

仮説の技法は非常に幅広いものですが、以下では、このような演繹法と逆方向の推論を行う際の具体的方法について説明します。以下の事例を見てみましょう。

（結果：事実）中田さんは、体重が増加した
（論点）中田さんの体重は、なぜ増加したのか？

この事例では、論点が上記の「結果」の「原因」を明らかにするものとなっています。したがって、演繹法とは反対に、「結果」（上位概念）から「原因」（下位概念）を推論するトップダウンアプローチを取る必要があります。

ただし、この場合、「原因」にあたる事象としては、さまざまなものが推論できます。

例えば、以下のような原因が推論できます。

想定原因1：（前提1）脂肪分の多いものを過度に摂取すれば、体重が増加する＋（前提2）中田さんは、脂肪分の高いものを過度に摂取していた

想定原因2：（前提1）糖分の多いものを過度に摂取すれば、体重が増加する＋（前提2）中田さんは、糖分の多いものを過度に摂取していた

想定原因3：（前提1）適度な運動を行わなければ、体重が増加する＋（前提2）中田さんは、適度な運動を行わなかった

このように、トップダウンアプローチの場合は、ボトムアップアプローチの場合と異なり、唯一無二の結論を推論することは原則としてできません。したがって、ここでは一旦、考えられうるさまざまな「原因」や「理由」の可能性を列挙する必要があります。

それでは、トップダウン型では、具体的にどのような方法で推論を行えばいいのでしょうか？ トップダウン型の場合には、原則として以下の2段階で推論を行っていきます。

(1) 所与の「結果」「帰結」について、考えられる「原因」「理由」のディメンション（軸）を設定し、MECE に分類する

 トップダウン型では、いきなり演繹法の考え方を用いるのではなく、まず考えられる可能性を抜け・漏れ重複なく抽出するために、MECE の手法を用いて分類を行います。

 以下の例で説明しましょう。

 （結果）大河原さんは、ポケットの中に財布が見つからない

 第2章で学んだ MECE な分類の手法の中から「A or not A」を用いて、ここでは以下の (a) ～ (d) の4項目に分類を行うことにします。

- 大河原さんが身に付けている (= (a) ポケット以外の身辺)
- 大河原さんが身に付けていない
  - 大河原さんの管理下にある（= (b) 自宅、会社の机）
  - 大河原さんの管理下にない
    - 大河原さんが落とした（= (c) 外出先）
    - 大河原さんは落としていない（= (d) 盗難）

(2) 分類した各項目について、結論を導くために必要な一般命題と個別命題の組み合わせを推論する

 次に、(1) で分類された各項目について、考えられる原因を演繹法の考え方を使って推論していきます。推論にあたっては、一般命題と個別命題をうまく組み合わせて、各項目に合致した結論を導かなければなりませんが、その際には特に個別命題がヒント

になることが多いです。つまり、客観的な事実として何らかの個別命題がわかれば、それを手がかりに、関連する一般命題を掛け合わせることで、各分類の推論について見当をつけることができるのです。

例えば、以下のように推論することにします。

(a) ポケット以外の身辺

もし、「大河原さんは、今日は薄着をしている」という事実が個別命題としてわかっているとすれば、関連する一般命題と掛け合わせて以下の推論が可能です。

（前提1）薄着をするならば、財布はカバンにしまう
（前提2）大河原さんは、今日は薄着をしている
　➤（結論）大河原さんは、財布をカバンにしまっている

(b) 自宅、会社

もし、大河原さんが会社と自宅以外に滞在する場所がなく、しかも「大河原さんは、今日は会社に立ち寄っていない」という事実が個別命題としてわかっているとすれば、関連する一般命題と掛け合わせることで以下の推論ができるでしょう。

（前提1）会社に立ち寄っていないならば、財布を会社に忘れることはない
（前提2）大河原さんは、今日は会社に立ち寄っていない
　➤（結論）大河原さんは、財布を会社には忘れていない（財布を自宅に忘れた）

(c) 外出先

もし、「大河原さんは、今日病院で健康診断を受けた」という個別命題がわかっているならば、関連する一般命題と掛け合わせることで以下の推論ができるでしょう。

（前提1）病院で健康診断を受ける際には、貴重品（財布を含

　　　　　　　　　　　む）をロッカーに預ける
（前提2）大河原さんは、今日病院で健康診断を受けた
　　➢（結論）大河原さんは、貴重品（財布を含む）をロッカー
　　　　　　　に預けた（財布を病院のロッカーに置き忘れた）

（d）盗難

　これまでと同様、もし、「大河原さんは、今日満員電車に乗った」という個別命題がわかっていれば、関連する一般命題と掛け合わせることで以下の推論ができます。

（前提1）満員電車に乗ると、スリによる財布盗難の被害に遭う
　　　　　可能性がある
（前提2）大河原さんは、今日満員電車に乗った
　　➢（結論）大河原さんは、スリによる財布盗難の被害に遭っ
　　　　　　　た可能性がある（財布をスリに盗まれた）

　以上のプロセスから、最終的にこの事例における推論をまとめると、以下のようになります（★印を付した命題は、論理的整合性を担保するために新たに加えた一般命題です）。

（結果）大河原さんは、ポケットの中に財布が見つからない
　　➢（原因a-1）財布をカバンにしまっているならば、ポケッ
　　　　　　　　 トの中に財布は見つからない（★）
　　➢（原因a-2）大河原さんは、財布をカバンにしまっている
　　　　✧（前提a-1）薄着をするならば、財布はカバンにしまう
　　　　✧（前提a-2）大河原さんは、今日は薄着をしている
　　➢（原因b-1）財布を自宅に忘れたならば、ポケットの中に
　　　　　　　　 財布は見つからない（★）
　　➢（原因b-2）大河原さんは、財布を自宅に忘れた
　　　　✧（前提b-1）会社に立ち寄っていないならば、財布を会

社に置き忘れることはない
- ◇（前提 b-2）大河原さんは、今日は会社に立ち寄っていない
- ➢（原因 c-1）財布を病院のロッカーに置き忘れたならば、ポケットの中に財布は見つからない（★）
- ➢（原因 c-2）大河原さんは、財布を病院のロッカーに忘れた
  - ◇（前提 c-1）病院で健康診断を受ける際には、貴重品（財布を含む）をロッカーに預ける
  - ◇（前提 c-2）大河原さんは、今日病院で健康診断を受けた
- ➢（原因 d-1）財布をスリに盗まれたならば、ポケットの中に財布は見つからない（★）
- ➢（原因 d-2）大河原さんは、財布をスリに盗まれた
  - ◇（前提 d-1）満員電車に乗ると、スリによる財布盗難の被害に遭う可能性がある
  - ◇（前提 d-2）大河原さんは、今日満員電車に乗った

なお、本来「大河原さんは、なぜ財布がポケットに見当たらないのか？」という論点だとすれば、これら複数の「原因」候補の中から、最も適切と判断されるものを絞り込む必要があります（もちろん、推論対象によっては、全ての原因が適切と判断される場合もあります）。しかし、「大河原さんは、ポケットの中に財布が見つからない」という事実だけでは、この絞り込みを論理的に行うことはできません。なぜなら、絞り込みを行う場合には他の情報と組み合わせて判断する必要があるのです。

例えば、新たに次の事実が判明したとしたらどうでしょうか？
- ●大河原さんは、財布をカバンにしまっていない（ポケットを

探す前にカバンを確認した)
- 大河原さんは、財布を自宅に置き忘れていない(自宅を出た直後にポケットの中にあるのを確認した)
- 大河原さんは、財布をスリに盗まれていない(電車を降りた後に確認した)

もし上記が事実だとすれば、先ほど可能性としてあげた原因 a-2、原因 b-2、原因 d-2 の命題がいずれも正しくないことになり、結果として、この事例では残された可能性がある原因 c が先ほどの「結果」をもたらした「原因」として結論付けられることになります。

(結果)大河原さんは、ポケットの中に置き財布が見つからない
- ➤ (原因 c-1) 財布を病院のロッカーに忘れたならば、ポケットの中に財布は見つからない
- ➤ (原因 c-2) 大河原さんは、財布を病院のロッカーに置き忘れた
  - ◇ (前提 c-1) 病院で健康診断を受ける際には、貴重品(財布含む)をロッカーに預ける
  - ◇ (前提 c-2) 大河原さんは、今日病院で健康診断を受けた

このように、トップダウンアプローチでは、MECE な分類から導かれたさまざまな可能性を絞り込むために、何らかの基準による取捨選択が必要になります[13]。上記の事例では、考えられる可能性の1つひとつについてその真偽を確認していき、最終的に残る可能性を結論として採用しましたが、このような絞り込みの仕方は消去法と呼ばれています。

---

[13] 推論結果の絞り込みは、トップダウン型の推論に共通する難しい問題です。消去法以外の絞り込みの方法については、第6章で学ぶこととします。

第3章　論理的思考の基礎技法②：演繹法と帰納法

第4節　生活・仕事における演繹法の活用事例

　第1節から第3節では、演繹法の概要とその方法論について学んできました。本節では、日常生活や仕事の場面で、具体的にどのようにして演繹法が活用されるのかについて、事例をもとに見ていきます。

(1) 日常生活における演繹法の活用場面

> 　遠山さんは、買い物に出かけると次第に空が厚い雲で覆われ暗くなっていくのに気がつきました。また、遠くの方では雷の音が聞えます。「雨だ！」遠山さんはそう叫ぶと、あわてて自宅に帰り、洗濯物を取り込みました。さて、この時、遠山さんの頭の中では、どのような推論が行われたのでしょうか？

　皆さんも似たような経験をされたことがあるかもしれない事例です。推論の出発点は、事実として観察された以下の2つの個別事象になります。
　（前提1）空が厚い雲で覆われ、暗くなった
　（前提2）遠くの方で、雷の音が聞こえる
一方、おそらく遠山さんの頭の中には、過去の経験から以下のような一般命題が思い浮かんだものと思われます。
　（前提3）もし空が厚い雲で覆われ暗くなると、しばらくして雨が降る
　（前提4）もし遠くの方で雷の音が聞こえると、しばらくして雨が降る
これらのうち：前提1と前提3、前提2と前提4を組み合わせ

105

ると、演繹法によりいずれも以下の結論が導かれます。

　➤（結論）しばらくすると、雨が降る

　また、遠山さんの頭の中では、さらに以下のような推論も行われたと考えられます。

（前提１）しばらくすると、雨が降る
（前提２）もし雨が降ると、干してある洗濯物が雨にぬれる
　➤（結論）しばらくすると、洗濯物が雨にぬれる

　上記も、前提１の個別命題と前提２の一般命題を組み合わせた演繹法の推論になります。遠山さんがあわてて自宅に帰ったのは、このような複数の演繹法の推論を組み合わせて、「洗濯物が雨に濡れる」という論理的帰結を導いたためでしょう。

(2) ビジネスにおける演繹法の活用場面

> 食品メーカーＸ社に勤める片口さんは、今朝のテレビで、競合企業のＹ社が賞味期限を偽装していたというニュースを見ました。「なんてひどいことだ！　Ｙ社は、企業として存続することはできないだろう」。片口さんは、同じ業界に属する企業として、非常に悲しい気分になりました。このとき、片口さんの頭の中では、どのような推論が行われていたのでしょうか？

　まず、論点から確認しましょう。ここでの論点は「Ｙ社が賞味期限を偽装したら、Ｙ社にどのような影響が及ぶのか？」ですから、推論したい内容は「原因」から「結果」を導くことにあると考えられます。したがって、ボトムアップで演繹法の推論を行えばよいことになります。現状わかっていること（「原因」にあたる事実）は、

（前提１）食品メーカーＹ社は、賞味期限を偽装した

という個別命題です。よって、これに関連する一般命題を組み合わせることで、演繹的な推論を行っていきます。ここでは、例えば、以下のような一般命題を組み合わせることができます。

（前提2）賞味期限を偽装するならば、顧客を欺くことになる
（前提3）顧客を欺くならば、企業としての信用を失う
（前提4）企業としての信用を失うならば、事業を継続することはできない
（前提5）事業を継続することができなければ、企業として存続することはできない

そして、これら（前提1～5）を全て重ね合わせると、以下のような結論が導かれることになります。

➤（結論）食品メーカーY社は、企業として存続することはできない

以上のことから、片口さんが言っていた「Y社は、企業として存続することはできないだろう」という推論は、「Y社が、賞味期限を偽装した」という事実に加えて、上記のような前提2～5の4つの一般命題を組み合わせることで成立することがわかります。

このように演繹法は、日常生活や仕事の中で、将来の合理的な予測や推論などの場面で多く活用されます。

第5節　演繹法を用いる際の留意点

　前節までで、演繹法の基本的な概念と推論の手法や具体的事例などについて見てきました。演繹法は、堅い論理を導く上で有効な推論手法と言えますが、一方で、使用するにあたっては、いくつか留意すべき点もあります。以下では、演繹法で見落とされがちな3つのポイントについて説明します。

(1) 推論の出発点となる命題が、必ず正しいもの（真）であること

　これは、演繹法のみに限ったことではありませんが、論理的思考では、つながりをたどることで推論を行っていきますので、その大本となる命題が間違いであれば、推論のプロセスがどんなに論理的に堅いものであったとしても、正しい結論を導くことができなくなってしまいます。

　例えば、以下のような推論は、正しいと言えるでしょうか？
　（前提1）自動車であれば、空を飛べる
　（前提2）相撲取りは、自動車である
　　➤ （結論）相撲取りは、空を飛べる

　もちろん、一目見て内容的に間違った推論だとわかります。しかし、この事例は、演繹法の基本パターンに該当しますので、形式的には正しい推論と言えるのです。このように、形式的に図を描いて判断しただけでは、その推論が論理的に本当に正しいかどうか見分けることはできません。

　私たちは、推論を始める前に、まずその出発点となっている命題が内容的に正しいことをしっかり確認する必要があるのです。このことは、演繹法に限らず全ての論理的思考における大前提とな

ります。

(2) 先入観や偏見に基づく前提や推論を排除すること

　人間は、つい先入観や偏見を持って物事を判断、表現してしまい、その結果、誤った命題を提示していることに気つかないことがよくあります。このことは、命題が誤っているという点においては（1）と同じですが、（1）に比べて、より見分けがつけにくいという点でよりやっかいな問題です。

　以下の２つの命題を見てください。
　（前提１）鳥であれば、空を飛べる
　（前提２）ニワトリは鳥である

　多くの方が、これを読んであまり違和感を持たなかったはずです。しかし、ここから導かれる結論は、
　　➢（結論）ニワトリは、空を飛べる
となり、内容的に正しくないものであることがわかります。この事例も、前の事例同様に演繹法の基本パターンに該当しますので、形式的には正しい推論と言えます。しかし、一般命題である前提１が、私たちの先入観に基づく誤った（不正確な）命題になっているため、結果的に結論も誤ったものになってしまっているのです。

　一方、以下の事例は、偏見により推論のプロセスで間違いを犯してしまったものです。
　（前提１）運動神経が良い人は、スポーツ万能である
　（前提２）下山さんは、スポーツ万能である
　　➢（結論）下山さんは、運動神経が良い

　これも、特に気を使わないで読み進めると、あまり違和感のない主張に見えます。しかし、この事例では、演繹法の論理展開に

誤りがあります。次の図表で確認してみましょう。

図表 3-19　先入観や偏見に基づく、誤った推論の例（演繹法）

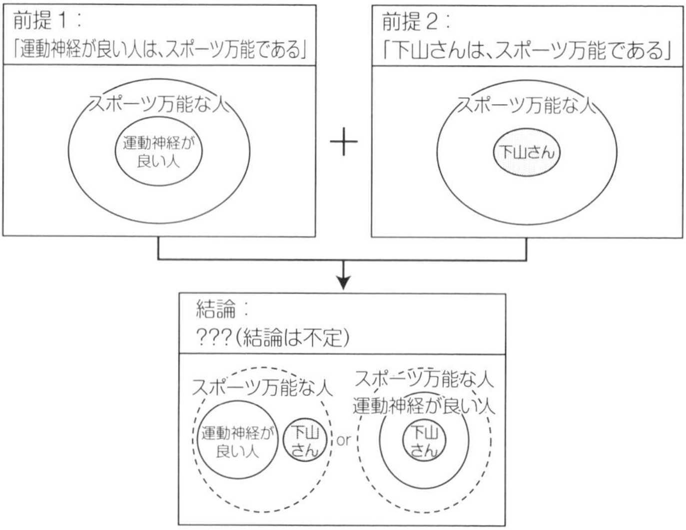

前提1：
「運動神経が良い人は、スポーツ万能である」

スポーツ万能な人
運動神経が良い人

＋

前提2：
「下山さんは、スポーツ万能である」

スポーツ万能な人
下山さん

結論：
???（結論は不定）

スポーツ万能な人
運動神経が良い人　下山さん

or

スポーツ万能な人
運動神経が良い人
下山さん

　図表 3-19 からわかるとおり、この事例では、1 つの必然的な結論を導き出すことができません。したがって、前述の結論は誤り（不正確）ということになります。

（3）一般命題を省略することによる論理の飛躍を回避すること

　日常生活においても、「論理の飛躍」というフレーズは、誤った論理展開を示す言葉としてよく用いられます。既に述べたとおり、論理的思考は、言葉のつながりをたどることで推論を行うものですが、わかりやすく言えば、「論理の飛躍」とは、そのつながりが途中で途切れてしまっている状態を指します。

以下の事例を見てください。

（前提a）我が社は、運送業者である

（前提b）田辺さんは、力が弱い

　➢（結論）我が社は、田辺さんを採用しない

この事例も、一見すると内容的には大きな違和感がないように感じられます。しかし、よく見るとわかるとおり、前提aと前提bには、言葉のつながりを示す共通の媒概念が存在していません。したがって、論理的には、前提aと前提bは全く別々のことを述べており、これらの情報から意味のある結論を導くことはできません。実は、この事例では、いくつかの一般命題を省略してしまっているのです。先ほどの前提にさらに2つの前提を加えると、以下のように正しい論理のつながりができます（★印は、先ほどの事例で省略されていた一般命題です）。

（前提1）我が社は、運送業者である

（前提2）運送業者ならば、重い荷物を運べる人だけを採用する（★）

　➢（結論1）我が社は、重い荷物を運べる人だけを採用する（★）

（前提3）田辺さんは、力が弱い

（前提4）力が弱い人は、重い荷物を運ぶことができない（★）

　➢（結論2）田辺さんは、重い荷物を運ぶことができない（★）

　　✧（最終結論）我が社は、田辺さんを採用しない

この論理展開は少し複雑になりますので、次ページの図表3-20で確認しておきましょう。

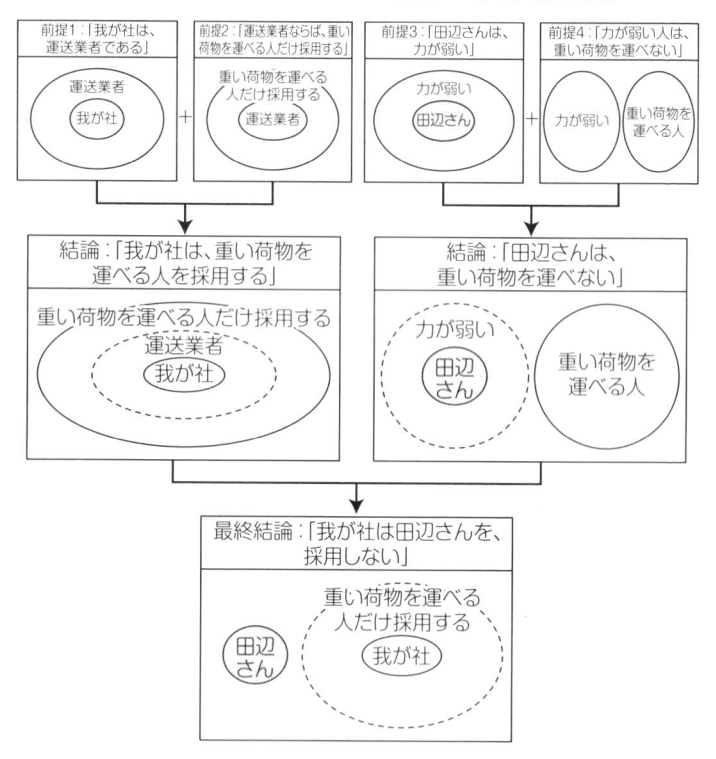

図表3-20 「論理の飛躍」を補完した事例（演繹法）

前提1：「我が社は、運送業者である」
前提2：「運送業者ならば、重い荷物を運べる人だけ採用する」
前提3：「田辺さんは、力が弱い」
前提4：「力が弱い人は、重い荷物を運べない」

結論：「我が社は、重い荷物を運べる人を採用する」
結論：「田辺さんは、重い荷物を運べない」

最終結論：「我が社は田辺さんを、採用しない」

　なお、この事例のように、論理展開が1階層だけではなく2階層以上に連なるケースもよく見受けられますが、基本的には1階層で行う推論を繰り返すだけですので、あまり難しく考える必要はありません。

　ちなみに、ここでは、前提の中に複数の一般命題が欠けているという「論理の飛躍」に加えて、前提2や前提4の命題には先入観・偏見が介在していると考えられるため、仮に論理の形式を整

えても、内容的には正しいとは言えないでしょう。

　本節であげた3つの留意点は、演繹法のみならず他の論理的思考の技法にも共通して当てはまるものばかりです。しかし、演繹法の場合は、形式的に正しいものであると、内容的にも正しいという錯覚を起こしてしまいがちです。そのため、上記の3点は特に演繹法において間違うことが多い傾向にあります。
　ここまでをまとめると、演繹法では特に、（1）推論の出発点となる命題が間違っている場合や、（2）先入観や偏見に基づく間違った前提を適用してしまう場合、そして（3）一般命題を省略してしまうことで論理の飛躍をもたらしてしまう場合などが、典型的な失敗パターンと言えます。
　皆さんも、演繹法を用いる際には、特にこれらの点に留意しましょう。

第6節　帰納法とは

　前節までで学んだとおり、演繹法では、主に「原因→結果」「理由→帰結」の関係性をもとにした推論の類型（因果・論決）を扱います。
　一方、本節以降で学ぶ帰納法という手法は、因果・論決に加えて、解析（「表層→本質」や「部分→全体」の関係性をもとに推論を行うもの）にも用いられる、汎用性の高いものです。
　帰納法は、以下のように定義付けることができます。

> **帰納法**の定義
> 帰納法とは、複数の個別の観察事象に基づいて、それらに共通する一般的・普遍的な法則・規則を推論する技法のこと

　そもそも、帰納の「帰」という字は「元へ戻る」という意味を、「納」という字は「おさめる」という意味を指します。そのことからもわかるとおり、帰納法は、たくさんの事実を集めて、その「大元をたどり」、最終的にたどり着いたものを真理として「受け入れる」という推論です。その意味では、帰納法は経験や実地を重んじた推論手法であると言えます。
　例えば、以下の3つの命題から、皆さんならどんなことを結論付けるでしょうか？
　（前提1）スーパーやまだのX店では、販売価格が非常に安い
　（前提2）スーパーやまだのY店では、販売価格が非常に安い
　（前提3）スーパーやまだのZ店では、販売価格が非常に安い
　この事例は、「論決」という類型（「理由→帰結」の関係性から結論を導く推論）に該当する推論です。帰納法では、複数の個別

の観察事象から共通事項をくくり出し、それを一般化する形で推論が行われます。そこで、まずこれら３つの命題に共通している点を見てみると、「スーパーやまだのあるお店では、販売価格が非常に安い」という命題がくくり出されます。そして、この命題を一般化すると「スーパーやまだの全てのお店では、販売価格が非常に安い」となりますので、以下のように結論付けることができます。

> ➢（結論）スーパーやまだのお店では、販売価格が非常に安い

次に、「原因→結果」という関係性をもとに推論を行う「因果」の類型における帰納法の事例を見てみましょう。

（前提１）東さんは、睡眠不足が続いている
（前提２）東さんは、長時間労働が続いている
（前提３）東さんは、有給休暇を全く消化していない

この事例では、先ほどより共通項がくくりにくいかもしれませんが、「睡眠不足・長時間労働・有給休暇未消化」の３つに共通する事項として、例えば「疲労」という因子に着目すると、

> ➢（結論）東さんは、疲労がたまっている

という結論を導くことができます。あるいは、これらに共通する因子として「ストレス」に着目するならば、

> ➢（結論）東さんは、ストレスがたまっている

という別の結論を推論することもできるでしょう。

一方、「表層→本質」という関係性をもとに、個別の表層的な事象からその背景にある本質的命題を推論する「解析」という論理的思考の類型にも帰納法を用いることができます。

（前提１）水は、温度が100度以上では、気体になる
（前提２）水は、温度が０度超100度未満では、液体である
（前提３）水は、温度が０度以下では、固体になる

この事例は、「水は、温度によって何らかの形（気体・液体・固体）に姿を変える」ということがくくり出されます。したがって、より一般化した表現としての結論は以下のようになり、これは水が持つ本質的な性質を示すものであることがわかります。
　➢（結論）水は、温度によって形態を変える
　最後にもう１つ、別の事例を見ておきます。皆さんは、以下の３つの言葉は何の仲間だと思いますか？
　・鉛筆・消しゴム・はさみ
　おそらく、多くの方が「文房具」と解答されたのではないかと思います。その際、皆さんの頭の中では、まず無意識に「鉛筆・消しゴム・はさみ」という３つの名詞に共通する概念として、さまざまな言葉（例えば、物、学校で使う物、机の中にある物など）が思い浮かんだはずです。そして、その中から最終的に最もぴったり当てはまり、具体性のある言葉として「文房具」という言葉を選び出すという作業が行われたのです。このような思考プロセスは、第２章で説明した「分類」の逆方向の推論であり、「個別→全体」という関係性をもとに、個別の事柄から全体像を推論する「解析」という論理的思考の類型に当てはまります。

　以上のような帰納法による推論は、皆さんが無意識のうちに日常的に使っている非常になじみの深い推論手法だと思います。私たちがよく口にする「経験則」という言葉は、「過去の経験に共通する事項をくくり、それを法則・規則と捉えて、それにしたがった判断をする」という意味を持ちますが、このことはまさに帰納法的な推論に基づく意思決定であるということができるでしょう。したがって、演繹法に比べると、比較的わかりやすく、また活用しやすい推論手法でもあります。

第 3 章 論理的思考の基礎技法②：演繹法と帰納法

第 7 節　帰納法による推論の具体的方法論

　前節では、帰納法の持つ意味とその具体例を見てきました。本節では、皆さんが帰納法を使って推論を行う場合に、どのようにすれば正しく推論できるのかについて、具体的な方法を学んでいきます。なお、図表 3-21 のとおり、帰納法はボトムアップ型で行う推論であり、その反対にトップダウン型の推論を行う場合には仮説と呼びます。以下では、帰納法の具体的な方法論を説明します。

図表 3-21　分類・解析、因果・論決の推論における帰納法の位置付け

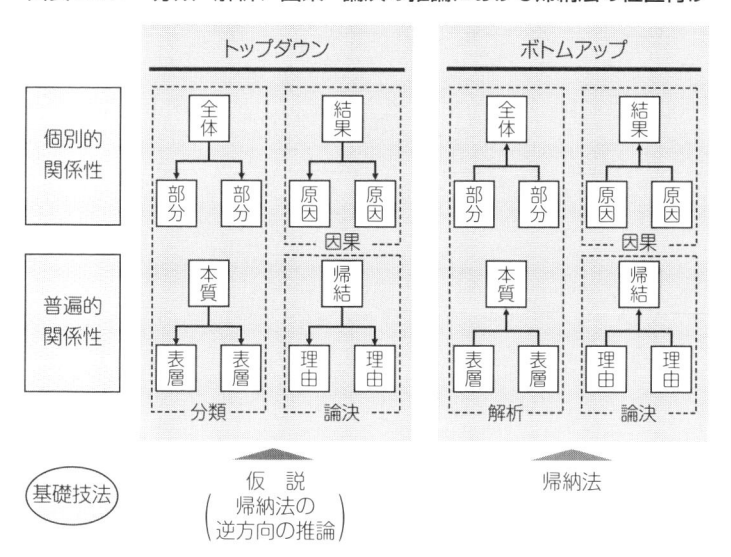

	トップダウン	ボトムアップ
個別的関係性	全体 → 部分・部分／結果 → 原因・原因（因果）	全体 ← 部分・部分／結果 ← 原因・原因（因果）
普遍的関係性	本質 → 表層・表層（分類）／帰結 → 理由・理由（論決）	本質 ← 表層・表層（解析）／帰結 ← 理由・理由（論決）
基礎技法	仮　説（帰納法の逆方向の推論）	帰納法

　帰納法は、論点が「全体」「本質」「結果」「帰結」を推論するようなものである場合に用いられます。

以下の事例を見てください。

（論点）宮田さんは、どのような食べ物が好きなのか？

この事例では、論点が「全体」ないしは「本質」を明らかにするものですから、「部分」または「表層」にあたる複数の事実や一般命題をもとに、そこから導かれる「全体」「本質」を推論する帰納法の手法を用います。仮に推論の前提として、

（前提1）宮田さんは、マンゴーが大好物だ

（前提2）宮田さんは、メロンが大好物だ

（前提3）宮田さんは、桃が大好物だ

という3つの事実がわかっているとします。前提1〜3の各命題をよく見てみると、「宮田さんは、〇〇が好物だ」という共通した部分と、「マンゴー・メロン・桃」という相違する部分に分かれることがわかります。帰納法では、これらのうち相違する部分にまず着目し、その中から共通する概念をくくり出します。この事例では、いくつかの概念が共通項として抽出できると思います（例えば、食べ物、果物、頭文字がマ行の食べ物、丸みを帯びた食べ物など）。次に、先ほど見た各命題に共通する部分である「宮田さんは、〇〇が大好物だ」に、くくり出した共通の概念を当てはめてみます。すると、

● 宮田さんは、食べ物が大好物だ
● 宮田さんは、果物が大好物だ
● 宮田さんは、頭文字がマ行の食べ物が大好物だ
● 宮田さんは、丸みを帯びた食べ物が大好物だ

というような、いくつかの命題が出来上がります。これらは、いずれも前提1〜3に共通する部分と共通する概念で形成された命題ですので、3つの前提から推論される結論の候補であると言えます。

最後に、この中から、そもそもの推論の目的や論点、文脈などに照らし合わせて最も適切と判断される命題を結論として採用します。おそらく、普通に考えれば、「宮田さんは、果物が大好物だ」が最も適切と考えられるでしょうから、最終的に以下が結論となります。

> （結論）宮田さんは、果物が好きである

この事例のように、帰納法においては、主に以下の5つのステップで推論を行います。

①複数の個別命題を、共通する部分と相違する部分に切り分ける
- 共通する部分：「宮田さんは、○○が大好物だ」
- 相違する部分：「マンゴー・メロン・桃」

②そのうち、相違する部分について共通する概念をくくり出す
- 食べ物、果物、マ頭文字が行の食べ物、丸みを帯びた食べ物など

③①の「共通する部分」と、②の「相違する部分における共通する概念」を結合し、より一般化された命題を抽出する
- 宮田さんは、食べ物が大好物だ
- 宮田さんは、果物が大好物だ
- 宮田さんは、頭文字がマ行の食べ物が大好物だ
- 宮田さんは、丸みを帯びた食べ物が大好物だ

④①・②で抽出される概念・命題が複数ある場合には、それらの中から、推論の目的・論点・文脈などに最も合致したものを選ぶ
- 宮田さんは、果物が大好物だ

⑤選んだ命題の表現を、論点に合わせて適宜変形し、言い換える

(論点)「宮田さんは、どんな食べ物が好きなのか?」
　➤ (結論)「宮田さんは、果物が好きである」

　本章の前半部分で、演繹法の推論では少なくとも形式的には必然的に1つの結論が導き出されるということを説明しました。しかし、先ほどの事例でもわかるとおり、帰納法による推論では、形式的に1つの結論を導き出すことはできず、必ず内容面の検証が必要になるのです。つまり、帰納法は、形式だけで自動的に答えが出るものはなく、内容について一定の判断を行う必要があるため、ある意味では恣意性を含んだ推論にならざるをえないものなのです。このことから、帰納法は、演繹法よりも「確からしさ」という点では劣る推論手法であるということができます。実は、第1章で触れたように、論理学の研究の歴史が演繹法に偏ったものであるのも、そのような理由によるものでした。

　しかし、その論理的な確からしさとは反対に、現実世界においては、演繹法よりも帰納法の方が頻繁に用いられます。なぜならば、推論の前提となる正しい情報が、常に全て明らかとなっている状況(演繹法が威力を発揮する状況)は、現実世界においてはあまり多くはなく、むしろ限られた情報をもとに推論しなければならない状況(帰納法や仮説が威力を発揮する状況)の方が圧倒的に多いからです。したがって、推論手法としての重要性という観点からは、帰納法は演繹法に負けず劣らず重要な手法であることを、ここでは改めて確認しておいてください。

　以上、帰納法の推論プロセスについて説明してきました。ところで、先ほども触れたとおり、帰納法は、演繹法に比べると論理性という観点からは確からしさがやや低く、したがって相対的に説得力が低くなりがちな傾向にあります。では、一体どうしたら

第３章　論理的思考の基礎技法②：演繹法と帰納法

少しでも帰納法による推論の説得力を高めることができるのでしょうか？　以下、帰納法による推論の説得力を高める３つのテクニックを見ておきましょう。

（１）個別命題の数を増やす

　帰納法では、全体・本質・結果・帰結にあたる命題を複数の部分・表層・原因・理由が支えるような論理構造になりますが、その際に、論理構造を支える「表層」「理由」「原因」にあたる個別命題の数が多ければ多いほど、推論の確からしさはより高まります。推論の確度を最高に高めようと思えば、考えられうる全ての個別事象をあげることが最も確実な手段です。

図表 3-22　帰納法における個別命題の数と推論の確からしさの関係性

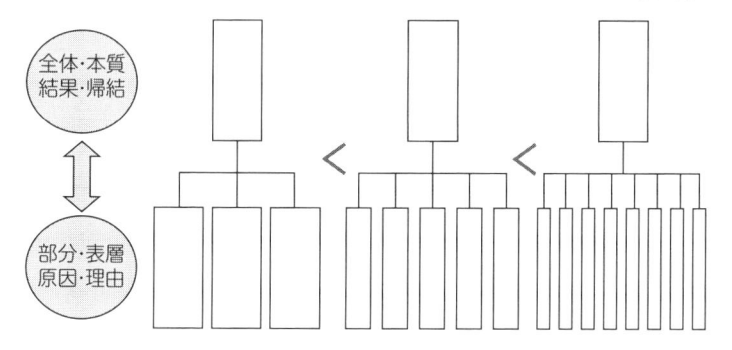

　ただし、現実問題として全ての事象を調査・確認することは困難であるため、現実的な範囲においてなるべく多くの事例を高めることが、推論の確度を上げる最も一般的な方法です。

（２）数字の力を借りる

　例えば、皆さんは以下の２つの命題のうち、どちらの方がより

説得力があると感じますか？

①国民の多くは、増税に反対している

②国民の87％が、増税に反対している

恐らく、②の方がより説得力があると感じるのではないでしょうか？　このように、一般に全く同じことを表現する場合でも、定量表現を加えることでその命題の説得力は高まる傾向があります。

帰納法における推論でも、定量表現が持つこのような説得力を用いることで、仮に少ない個別命題しかなくても、より説得力を高めることが可能です。

例えば、以下の事例を見てください。

【パターン①】

（理由1）A事業部の多くの人が、新人事制度に反対している

（理由2）B事業部の多くの人が、新人事制度に反対している

（理由3）C事業部の多くの人が、新人事制度に反対している

　➤（帰結）当社の多くの社員が、新人事制度に反対している

【パターン②】

（理由1）A事業部の73％が、新人事制度に反対している

（理由2）B事業部の91％が、新人事制度に反対している

（理由3）C事業部の88％が、新人事制度に反対している

　➤（帰結）当社の多くの社員が、新人事制度に反対している

パターン①と②では、結論は同じですが、それを支える根拠に定量表現を含む②の方がより説得力を感じられるはずです。

（3）権威の力を借りる

ここで言う権威とは、推論の前提条件となる情報源として、一般に信頼性の高い人物・機関・事物などのことを指します。

例えば、次の事例を見てください。

(理由1) X大学の環境学教授である石田教授は、地球の温暖化は驚異的スピードで進んでいると語った
(理由2) Y新聞の特集記事には、地球の温暖化は驚異的スピードで進んでいると書かれていた
(理由3) Z省の環境レポートで、地球の温暖化は驚異的スピードで進んでいると発表された
➤（帰結）地球の温暖化は驚異的スピードで進んでいる

　この事例では、下線を引いた部分が信頼するに足る権威を持っているため、これらの権威的主体を発信源とする情報についても確からしいものであると推論することができます。上記のように、根拠として、たった3つの個別命題しかない帰納法による推論にもかかわらず一定の説得力を持って受け止められるのは、そのような情報源としての信頼性が裏付けとなるためです。

第8節　帰納法と反対方向（トップダウン型）の推論方法

　帰納法は、複数の「原因」や「表層」から1つの「結果」や「本質」を推論する手法でした。

　一方、反対に1つの「結果」や「本質」から、その背景にある「原因」や「表層」を推論する手法は、演繹法と同様に仮説と呼ばれます。以下では、このような帰納法と逆方向の推論を行う際の具体的方法について考えます。

　まず、以下の事例を見てください。

　（帰結：事実）山田産業の社員は、高学歴だ

　（論点）なぜ、山田産業の社員は高学歴だと言えるのか？

　この事例の論点は、「帰結-理由」の関係性のうち、「理由」を明らかにするものです。したがって、「帰結」に該当する客観的観察事象を推論の出発点とし、そこから「理由」を導くトップダウンアプローチを取る必要があります。

　この場合、「理由」にあたる事象としては、非常にたくさんの事例（理論上は、山田産業の全社員数分）が考えられます。そして、その数が多ければ多いほど、推論としての確度が上がるのです。ただし、あまり数多くの事例をあげるのは現実的ではありませんので、以下のように代表的な事例のみを取り上げることになるでしょう。

　（理由1）（山田産業X事業部の）河野さんは、高学歴である

　（理由2）（山田産業Y事業部の）滝沢さんは、高学歴である

　（理由3）（山田産業Z事業部の）永田さんは、高学歴である

　もちろん、仮に山田産業の社員が100名いたとしたら、河野

さん・滝沢さん・永田さんだけの個別事象を取り上げて、山田産業の社員全員に適用してしまうのは少し乱暴かもしれません。しかし、山田産業がX・Y・Z事業部の3部署から構成され、かつそれぞれの部署の代表的な社員が河野さん・滝沢さん・永田さんだったとしたら、全社員から3人を無作為に選んで語る場合に比べて、より説得力を感じるはずです。

このように、トップダウン型の推論では、結論を支える「理由」や「原因」の中でも、なるべく代表的・典型的なものを複数あげる必要があります。

では、このようなトップダウン型の推論では、具体的にどのような手順で推論を行うのでしょうか？　基本的には、以下の2段階に分けて推論していきます。

(1) 所与の結果・全体などについて、考えられる原因・個別などのディメンションを設定し、MECEに分類する

トップダウン型の推論では、思いついた個別事象を片っ端からあげるのではなく、まず考えられる可能性を抜け漏れ・重複なく抽出するために、MECEの手法を用いて分類を行います。先ほどの事例では、山田産業の部署をディメンションとして、X事業部・Y事業部・Z事業部の3つにMECEな分類を行っていました。

ただし、既に学んだとおり、ディメンションの設定の仕方は一様ではなく、推論の目的や論点、文脈などにしたがって最も適切と判断されるものを選定することが必要です。この事例では、他にも、例えば年齢軸や役職軸といった異なるディメンションでMECEに分類することが可能です。

(2)(1)で分類された各項目について、結論を導くために必要な代表的個別事象を列挙する

　次に、(1)で分類された各項目について、結論を支える個別事象を帰納法の考え方を用いながら推論していきます。その際、各項目の代表例・典型例を採用することで、「原因」や「個別」の持つ説得力が増します。先ほどの事例では、河野さん・滝沢さん・永田さんは、各事業部の典型的な社員であることを想定していました。さらに確からしさを増すためには、例えば各事業部の分類を異なる役職や年齢層に細分化し、それらの中から典型的な社員の例を調べることなどが有効でしょう。

第3章　論理的思考の基礎技法②：演繹法と帰納法

第9節　生活・仕事における帰納法の活用事例

　前節までの説明で、帰納法の基本的考え方と推論の方法論について理解できたと思います。本節では、日常生活や仕事の中で、帰納法が具体的にどのような場面で活用されるのかについて、事例をもとに見ていきます。

(1) 日常生活における帰納法の活用場面

> 　福島さんの隣の家のご主人は、自営業を営んでいるようです。どのような業種の商売であるのか、具体的には知りません。しかし、隣の家の奥さんからは、「主人のお店の余りものですが、よろしければどうぞ」と、頻繁に以下のような食べ物を頂いています。
> 　●クロワッサン
> 　●食パン
> 　●バターロール
> 　隣の家のご主人は、どのような商売をしているのでしょうか？　皆さんも推察してみてください。

　この事例では、論点が「隣の家のご主人は、どのような商売をしているのか？」ですので、推論したい内容は「帰結」であると考えられます。したがって、ここでの推論は、「理由」から「帰結」を導くものになります。
　現状わかっていること（ここでは「理由」にあたる事実）は、
　（理由１）隣の家の奥さんは、よく店の余りもののクロワッサン
　　　　　をくれる

（理由２）隣の家の奥さんは、よく店の余りものの食パンをくれる
　　（理由３）隣の家の奥さんは、よく店の余りもののバターロール
　　　　　　をくれる
という個別命題です。ここからまず、各命題に共通する部分として、「隣の家の奥さんは、よく店の余りものの○○をくれる」を抽出します。次に、相違する部分である「クロワッサン・食パン・バターロール」という事柄に共通する概念をくくり出します。例えば、「食べ物、パン、小麦粉でできた食べ物、ベージュ色の食べ物」などです。

　これらの各概念に、先ほどの各命題に共通する部分を組み合わせると、以下のような命題が出来上がります。
●隣の家の奥さんは、よく店の余りものの食べ物をくれる
●隣の家の奥さんは、よく店の余りもののパンをくれる
●隣の家の奥さんは、よく店の余りものの小麦粉でできた食べ物をくれる
●隣の家の奥さんは、よく店の余りもののベージュ色の食べ物をくれる

これらの中から、論点や文脈を考慮して、最も適切な命題を選べば、「隣の家の奥さんは、よく店の余りもののパンをくれる」になるはずです。

　しかし、ここで、最初の論点を思い出してみると、

（論点）隣の家のご主人は、どのような商売をしているのか？

でしたから、先ほどの命題を論点に合わせて言い換えると、最終的に以下のような結論が導かれるでしょう。

　　➢（結論）隣の家のご主人は、パン屋さんである

(2) ビジネスにおける帰納法の活用場面

> 山中さんは、部品加工メーカーＸ社の調達部に勤めるビジネスパーソンです。
>
> 山中さんは、先日、上司から調達先の集約について指示を受け、現在複数の既存調達先メーカーとの過去の取引実績について調査を行っています。調達先の絞り込みにあたっては、納期を遵守できることを最も重視する方針ですが、調査の結果、以下のことが判明しました。
>
> - 島川商事は、昨年に納期遅れは全くなかった
> - 島川商事は、２年前に納期遅れは全くなかった
> - 島川商事は、３年前に納期遅れは全くなかった
>
> これらの情報から、山中さんは、今年の調達先について、島川商事へ取引を集約することを上司に提言しました。山中さんは、一体どのような推論を行ったのでしょうか？

この事例の論点は「島川商事は、納期を遵守できる企業か？」ですので、推論したい内容は「帰結」であると考えられます。したがって、「理由」（下位概念）から「帰結」（上位概念）をボトムアップで推論する帰納法の手法を用いることになります。

山中さんの調査の結果、わかっている事実（理由）は、
（理由１）島川商事は、昨年に納期遅れは全くなかった
（理由２）島川商事は、２年前に納期遅れは全くなかった
（理由３）島川商事は、３年前に納期遅れは全くなかった
という３つの命題です。ここから、帰納法の手順にしたがって結論を導くには、まず各命題に共通する部分と相違する部分を分けることから始めます。共通するのは「島川商事は、○○に納期遅れは全くなかった」という部分になり、一方「昨年・２年前・３

年前」の部分については相違することがわかります。次に、相違する部分について共通する概念をくくり出すと「近年」という言葉が当てはまりそうです（他にも、例えば「〇〇社長の在籍時」とか、「景気低迷時」などでくくられる可能性もありますが、ここではそれらに関連する情報がないため割愛します）。すると、先ほどの共通する部分と組み合わせて、「島川商事は、近年、納期遅れは全くなかった」という命題が出来上がります。

　一方、論点は「島川商事は、納期を遵守できる企業か？」でしたから、論点にしたがって命題を言い換えれば、

　　➢（帰結）島川商事は、納期を遵守できる企業である

と結論付けることができます。

　なお、この事例では、過去3年という限られた情報に基づく帰結ですので、推論の確度という観点からはやや弱いかもしれません。例えば、もし過去5年あるいは10年にわたって納期遅れゼロという事実が判明すれば、上記の結論は、より説得力を持って受け入れられることでしょう。

第3章　論理的思考の基礎技法②：演繹法と帰納法

第10節　帰納法を用いる際の留意点

　既に述べたとおり、演繹法であげた留意点（前提となる命題が正しいこと、先入観・偏見を排除すること、論理の飛躍を避けること）は、帰納法にもそのまま当てはまります。本節では、それら以外で、帰納法に特有な5つの留意点を説明します。

(1) 共通する事項は、内容的に意味のあるものを選定すること

　帰納法は、「複数の個別事象に共通する事項をくくり出して、そこから一般的な法則・規則を導くこと」と定義付けしましたが、その際にくくられる「共通する事項」は、意味があるものでなければなりません。

　以下は、第7節で取り上げた事例です。
　（前提1）宮田さんは、マンゴーが大好物だ
　（前提2）宮田さんは、メロンが大好物だ
　（前提3）宮田さんは、桃が大好物だ
　もし、これらの前提から、以下のような結論を導いたとしたら、皆さんはどう感じますか？
　　➢（結論）宮田さんは、頭文字がマ行の食べ物が大好物だ
　常識的に考えて、この結論は全く意味のない内容であると言えるでしょう。
　このように、帰納法では、演繹法と異なり形式面だけでなく、内容面も考慮に入れながら推論を行わなければ、正しい推論ができないのです。

(2) 前提が正しいからといって結論が正しいとは限らないこと

演繹法の場合（ボトムアップ型）には、複数の個別命題・一般命題から、必然的に1つの論理的帰結を導くことができました。

しかし、帰納法の場合には、必ずしも推論結果が1つに絞られるわけではなく、複数の選択肢が考えられることも多く、その中から結論を導く際には一定の判断を行わなければなりません。

例えば、以下の前提に帰納法を用いると、どのような結論が導けるか、皆さんも考えてみてください。

（前提1）今年の夏は、海水浴場に人がたくさんいる
（前提2）今年の夏は、かき氷がよく売れている
（前提3）今年の夏は、電力消費量が多い

これらの命題に共通する概念として「暑い」をくくり出した場合には、以下のような結論が導かれるでしょう。

➢ （結論1）今年の夏は、暑い

一方、「人々の活動量が多い」という側面に着目した場合には、以下のような別の結論を導くことが可能です。

➢ （結論2）今年の夏は、経済（景気）が好調だ

いずれも形式的には帰納法の形態を取っており、正しい推論であるといえます。どちらを選ぶのかは、私たちの過去の経験や文脈などに応じた判断次第で変わるでしょう。

このように、帰納法では推論に恣意性が介在する余地があり、そのため、場合によっては、前提が正しくてもそこから誤った結論を導いてしまうこともある点には注意が必要です。

(3) 事例のサンプル数が少ないと推論の確度が下がること

第7節で述べたとおり、帰納法による推論の確度は、結論を支える根拠としての個別事象の数が多ければ多いほど高まるという

性質を持っています。裏返して言えば、帰納法の場合には、全事例を網羅するか、それと同等の論理証明をしない限り、導かれた結論は(一定の確度はあるとしても)確実な真理とは言えない点が、演繹法と比較した場合の大きな違いと言えます。

(4) サンプルの内容に偏りがあると推論の確度が下がること

帰納法の根拠となる事例(サンプル)は、その量の面だけでなく、質の面でも推論の確度に影響を及ぼします。

次にあげるある高校の学力テストの結果に関する推論の事例を見てください。

> 本田先生の所属するX高校では、先日3年生全員に学力テストを行いました。3年生は1組〜4組までありますが、本田先生は、自分の担当している3年1組から国立大学への進学を志望している5名の生徒を選び、その生徒たちの学力テストの結果を全国平均と比べてみました。
>
> すると、驚くことに、その生徒たちの平均点は、全国の高校3年生の平均点と比べて10点も高かったのです。本田先生は、「X高校の3年生は、全国でもとても優秀な生徒たちばかりだ」と胸を張って自慢し始めました。本田先生の推論は正しいと言えるでしょうか?

この事例では、本田先生は自分の担当するクラスの生徒5名の平均点数が全国平均点よりも10点高いという事実をもって、X高校の3年生全員が、全国の他の高校生よりも優秀であると結論付けています。確かに、5人の生徒と3年生全員との間には「X高校に通学している高校3年生」というつながりがあります。しかし、本田先生のクラス(3年1組)という偏った集団の中の、

しかも国立大学進学志望者という偏った生徒に関する個別事象を、学年全体に当てはめて一般化しているため、推論結果の確からしさを大幅に弱めています。

　この事例は、あくまで意図しない偏りの例ですが、現実社会では、ときに意図的にある命題を持ち出し、その命題に適合する事例だけを示すことで、命題が正しいことであるかのように装うような詐欺の手口もあります（例えば、必ず値上がりする株ですといって、過去に価格が上昇した時期の取引価格だけを示すような手口などです）。私たちは、帰納法を使う場合だけでなく、帰納法に基づく主張を聞き入れる場合にも、こうしたサンプルの偏りに注意しなければなりません。

図表 3-23　本田先生が行った推論の概念図

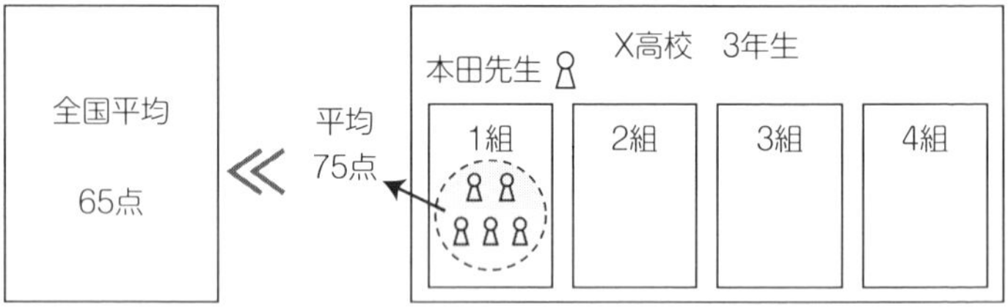

| 全国平均
65点 | ≪ | 平均
75点 | 本田先生　X高校　3年生
1組　2組　3組　4組 |

(5) 権威ある者の主張を過信すると誤った推論をもたらす可能性があること

　第7節で述べた帰納法の説得力を高める手法の中で、権威の力を活用するパターンを説明しました。しかし、権威ある情報源が、常に正しい情報を提示するというわけではありません。新聞やテレビであっても誤報はあるでしょうし、大学などの学術機関や政府機関などでも、誤った発表を行うことは多々あります。もちろん、それらは意図して行っているわけではなく、最新のニュース

や最先端の研究を扱うがゆえの意図せざる誤りであり、避けることが難しいものです。

　したがって、私たちが帰納法の根拠としてそうした権威ある主体からの情報を活用する際には、それらの主張を鵜呑みにするのではなく、情報自体の確からしさをできる限り確認する必要があるのです。また、現実社会においては、発信源が権威ある主体であることを偽って商品を不当販売する詐欺の手口も見受けられます（例えば、政府機関から認可を受けたと偽って健康食品を販売するなど）。このように、私たちが帰納法を用いる場合、あるいは帰納法に基づく主張を受け入れる場合には、権威を過信してそれらの主張を鵜呑みにするのではなく、情報自体の確からしさをできる限り自分自身の目で見極めていく必要があるのです。

第11節　因果に基づく推論が成立する条件

演繹法・帰納法では、「原因 - 結果」の関係性を手がかりに結論を導く論理的思考の類型（因果）を取り扱うことを説明してきました。しかし、厳密な意味で2つの異なる事象間に因果関係が存在することを結論づけるためには、実は、これまでまだ説明していない2つの条件を満たす必要があります。以下では、そのような因果関係の成立要件について見ておきます。

（1）2つの異なる事象（原因と結果）が、「直接的な共変関係」にあること

以下の図表に示すとおり、一般に、2つの異なる事象の間の関係性は、大きく「独立・（単純）相関・因果」の3つのパターンに分類することができます。

図表 3-24　2つの事象間の関係性の分類

```
                        ┌── （単純）相関 [狭義]
              ┌─ 相関 [広義] ─┤
2つの事象間の関係 ─┤             └── 因果関係
              └─ 独　立
```

独立とは、2つの事象が全く無関係の状態にあること、相関とは、2つの事象が同じような動きをする関係性にあることを示します。実は因果とは、このうち相関の中の特殊な状態を示します。その特殊性の1つの要素が、「直接的な関係性を持つ」という点です。これが何を意味するのか、次の事例で見てみましょう。

（前提1）谷口さんのクラスでは、国語の点数が高い人は、数学の点数も高い

（前提2）谷口さんのクラスでは、国語の点数が低い人は、数学の点数も低い

> （結論）国語の点数と数学の点数の間には、因果関係が存在する

　この結論は正しいでしょうか？　いいえ、正しくありません。この事例においては、数学の点数と国語の点数の間には相関関係（共に同じ方向に動く）は見られるようですが、「直接的な関係性」があるようには思えません。なぜなら、国語と数学は、全く異なる学問領域である（独立している）ため、国語の点数が上がった結果として数学の点数が上がる、あるいは数学の点数が上がった結果として国語の点数が上がるといった、片方の要素が直接もう片方の要素の原因になるような関係性が存在するとは考えにくいからです（一方、例えば、数学と算数や数学と物理といった科目の場合には、一定の直接的関係性が認められる可能性はあります）。

　因果関係が成立するためには、このように片方の事象がもう片方の要素に直接的に作用することで同じ方向に動く（＝直接的な共変関係）ということが1つめの必要条件となります。

　ちなみに、先ほどの事例では、例えば「頭の良さ」といった別の因子が主原因となり、国語の点数と数学の点数の両方に影響を与えていたと考える方が、より自然な推論だと思われます。

（2）2つの異なる事象（原因と結果）が、原因が先、結果が後という「時間的順序」にあること

　因果関係が成立するためのもう1つの条件は、「時間的順序」の存在です。原因と結果の因果関係が成り立つ場合には、必ず原因

が先で結果が後というように、時間の前後関係が存在している必要があります。

例えば、以下の関係性を見てください。

(前提1) バスケットボール選手の伊藤さんは、身長が198cmある
(前提2) バレーボール選手の清水さんは、身長が200cmある
(前提3) 走り高跳び選手の堀口さんは、身長が195cmある
➤ (結論) 高くジャンプするスポーツをすると、身長が伸びる

この推論は正しいでしょうか? いずれも高くジャンプするスポーツであり、その選手がみな身長が高いという事実からすると、一見結論は正しいように思えます。しかし、これらの命題では、スポーツと身長との時間的な関係性について明らかではありません。もし両者の間に、結論で述べているような因果関係が存在しているとすれば、「高くジャンプするスポーツをする」という原因が先で、「身長が伸びる」という結果が後に起こっている必要があります。しかし、一般的に考えると、むしろその関係性は逆である(つまり、身長が高いから、高くジャンプできる人が有利なスポーツを始める)ように思われます[14]。

このように、一見因果関係が成立していると思われる推論であっても、因果の正しさを検証するためには「時間的順序」が正しいこと(原因が先、結果が後であること)を確認する必要があります。

---

14 現実社会を考えても、バスケットボールやバレーボールなどの高く跳ぶスポーツの選手が全員高いというわけではありませんので、この事例では、前節で述べた「サンプルの偏り」が存在するという問題点があると考えられます。

第3章のまとめ

1. 演繹法

(1) 演繹法とは

一般命題と個別命題を組み合わせることで、そこから必然的に導かれる結論を推論する技法

(2) 演繹法による推論を行う方法

基礎：4種類の基本パターンを活用する

		(前提1) 一般命題	
		「もしBならば、Cである」（肯定文）	「もしBならば、Cではない」（否定文）
(前提2) 個別命題	「(全ての) Aは、Bである」（全称文）	パターン①：（結論）「(全ての) Aは、Cである」	パターン②：（結論）「(全ての) Aは、Cではない」
	「あるAは、Bである」（特称文）	パターン③：（結論）「あるAは、Cである」	パターン④：（結論）「あるAは、Cではない」

応用：オイラー図を活用する

(3) 演繹法を用いる際の留意点

- 推論の出発点となる命題が、必ず正しいもの（真）であること
- 先入観や偏見に基づく前提や推論を排除すること
- 一般命題の省略による論理の飛躍を回避すること

2. 帰納法

(1) 帰納法とは

複数の個別の観察事象に基づいて、それらに共通する一般的・普遍的な法則・規則を推論する技法

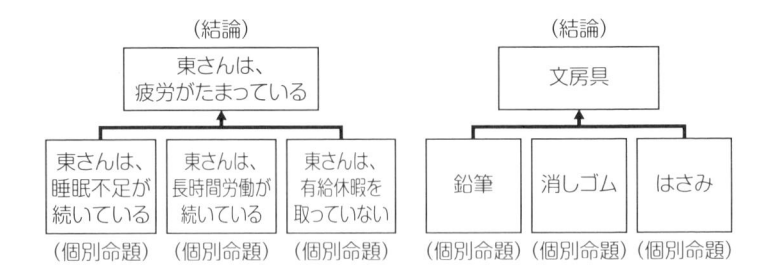

```
                    (結論)                           (結論)
              ┌─────────────┐                  ┌─────────────┐
              │ 東さんは、    │                  │   文房具     │
              │ 疲労がたまって │                  │             │
              │ いる         │                  │             │
              └─────────────┘                  └─────────────┘
                ↑   ↑   ↑                      ↑    ↑    ↑
       ┌──────┐┌──────┐┌──────┐          ┌────┐┌──────┐┌──────┐
       │東さんは││東さんは││東さんは│          │鉛筆 ││消しゴム││はさみ │
       │睡眠不足が││長時間労働が││有給休暇を│          └────┘└──────┘└──────┘
       │続いている││続いている││取っていない│
       └──────┘└──────┘└──────┘
       (個別命題)(個別命題)(個別命題)          (個別命題)(個別命題)(個別命題)
```

（2）帰納法による推論を行う方法

　　①複数の個別命題を、共通部分と相違部分に切り分ける

　　②相違部分の共通概念をくくり出す

　　③①と②から、より一般化された命題を抽出する

　　④③のうち、推論の目的・論点・文脈に合うものを選ぶ

　　⑤④を論点に合わせる形で、適宜言い換える

　　※　帰納法による推論の説得力を高めるテクニック

　　①個別命題の数を増やす

　　②数字の力を借りる

　　③権威の力を借りる

（3）帰納法を用いる際の留意点

・共通する事項は、内容に意味のあるものを選定すること

・前提が正しくても、結論が正しいとは限らないこと

・事例のサンプル数が少ないと、推論の確度が下がること

・サンプルの内容に偏りがあると、推論の確度が下がること

・権威者を過信すると誤った推論をもたらしえること

3．因果に基づく推論が成立する条件（演繹法・帰納法共通）

（1）原因と結果が、「直接的な共変関係」にあること

（2）原因が先、結果が後という「時間的順序」にあること

第**4**章

論理的思考の基礎技法③:
仮説

本章では、限られた情報量の中で、最も可能性が高いと判断される結論を導く「仮説」という推論手法について学びます。

第1節　仮説とは

　前章でも触れたとおり、現実社会では推論に必要なすべての前提が事実としてそろっていることは多くはありません。そのため、私たちは、多くの場合、不足する情報を何らかの方法で補完しながら推論を行っているのが現実であり、そのような推論手法を仮説と呼びます。

> 仮説の定義
> 仮説とは、ある命題を仮定し、その命題とそれ以外の事実を前提に何らかの結論を導く推論手法のこと

　言葉だけだとわかりづらいと思いますので、事例で確認してみましょう。以下の事例は仮説に基づく推論の1つです。

　（前提）犬は、嗅覚が人間よりもはるかに鋭い
　　➤（結論）オオカミは、嗅覚が人間よりもはるかに鋭いだろう[15]

　この事例では、たった1つの個別命題を前提に1つの結論を推論しています。しかも、結論で述べられていることは、前提では一切語られていないオオカミに関する個別命題です。この推論では、一体どのような論理展開が行われているのでしょうか？　ヒントは、結論となる命題（オオカミは、嗅覚が人間よりもはるかに鋭い）が、個別命題となっている点にあります。

---

[15] 本章以降では、仮説に基づく推論における結論は、文末表現を「…だろう」に、補完命題は、文末表現を「…はずだ」に統一し、その他の推論との識別がつくようにしています。なお、これはあくまで学習効果の促進を意図したものであり、それらの文末表現をつけた場合とつけない場合で、命題の意味内容に違いが出るわけではありません。

基本的な推論技法のうち、1つの個別命題を結論として導く手法は演繹法だけでした。したがって、この推論は演繹法に基づくものであり、そのうち一部情報が欠落している状態であることが推察されます。では、欠落している情報は何でしょう？　演繹法の推論では、前提条件として個別命題と一般命題をとりますが、先の事例では、個別命題（犬は、嗅覚が人間よりもはるかに鋭い）のみがあげられています。だとすれば、ここでは一般命題が情報として不足していることがわかります。具体的には、ここで不足している一般命題（補完命題）は、以下のようなものです。

　（補完命題）本質的特徴において、犬とオオカミは似ているはずだ

　上記の命題は、犬とオオカミの一般的性質を述べているという点で、一般命題の性質を持つものです。この命題は前提として明示されてはいませんが、一般に犬とオオカミは、同じ犬科の動物であり、その風貌も似ていることが知られていますので、私たちの経験と照らし合わせても、それほど大きな違和感のある命題ではないと言えるでしょう。そしてこの補完命題を、冒頭にあげた「犬は、嗅覚が人間よりもはるかに鋭い」という命題と組み合わせることで、必然的に「オオカミは、嗅覚が人間よりもはるかに鋭い」という結論を導くことができるのです。

　上記の事例のように、仮説による推論では、一部不足する情報を何らかの手段（主に、私たちの知見や経験則など）で補うことにより結論を導くという方法を取ります。そしてその際には、これまで学んださまざまな推論の技法（MECE・演繹法・帰納法）を活用します。ただし、補完する情報は事実に基づくものではないため、推論の確からしさという点では、演繹法や帰納法に比べて劣る手法と言えます。

このように、仮説による推論の特徴は、情報が十分そろわない状態において、それら不足する情報を別の手段で補完しながら、考えられうる最も確からしい結論を導き出すという点にあり、それゆえに仮説は現実社会においても極めて頻繁に用いられる手法なのです。今日私たちの生活の根幹を支える科学技術の多くは、実は仮説による推論がきっかけとなり発展を遂げてきたものであることは、よく知られています。

　なお、仮説による推論には、さまざまなパターンが存在します（あらゆる推論のうち、情報が不完全な中で推論を行うものは、おしなべて仮説による推論と言えます。前章で説明した演繹法・帰納法の逆方向のトップダウン型の推論も仮説の一種でした）。本章では、それらの中から典型的な3つを取り上げます。

（1）アナロジー（前提から結論を導く）

　アナロジーとは、日本語で類推（類比推論）と呼ばれる推論の方法です。その言葉のとおり、アナロジーでは物事の類似性を根拠に推論を行います（なお、アナロジーはボトムアップアプローチにのみ用いられます）。

> アナロジーの定義
> アナロジーとは、2つの事物が互いに類似していることを根拠にして、一方が有する特徴・性質を他方にも適用する形で結論を導く推論手法のこと

　冒頭で見た、犬とオオカミの事例は、まさにこのアナロジーに基づく推論であり、演繹法の推論がベースとなっています。つまり、先ほどの事例は、所与の命題に加えて、犬とオオカミが互いに類似しているという私たちの経験的な情報を一般命題として補

い、犬の性質がオオカミの性質にも当てはまるということを結論付けていたのです（図表 4-1 参照）。

図表 4-1　アナロジーによる推論の論理展開①（概念図）

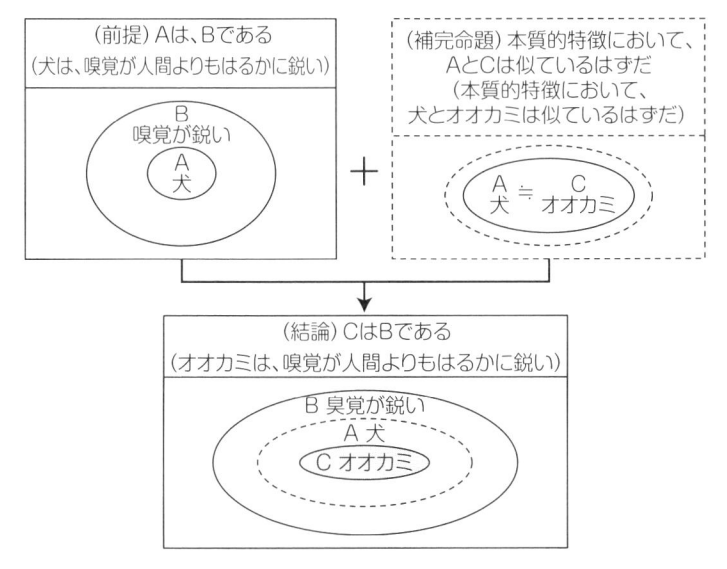

```
(前提) AはBである              (補完命題) 本質的特徴において、
(犬は、嗅覚が人間よりもはるかに鋭い)   AとCは似ているはずだ
       B                        (本質的特徴において、
    嗅覚が鋭い                   犬とオオカミは似ているはずだ)
       A                    +
       犬                          A  ≒  C
                                   犬    オオカミ

              ↓

       (結論) CはBである
   (オオカミは、嗅覚が人間よりもはるかに鋭い)
        B 嗅覚が鋭い
         A 犬
          C オオカミ
```

一方、以下の事例もアナロジーによる推論に分類されます。

（前提）犬は、嗅覚が人間よりもはるかに鋭い

　➢（結論）犬科の動物は、嗅覚が人間よりもはるかに鋭い

先ほどの事例に似ていますが、少し構造が異なります。先ほどの事例は、「犬」に関する命題を「オオカミ」に援用するという、同じディメンションにおける異なる 2 つの概念（犬とオオカミ）の間での類似性を扱っていました。一方、この事例では、「犬」に関する命題を「犬科の動物」という上位概念に援用しているのです。ここで不足している一般命題は、以下のようなものです。

（補完命題）本質的特徴において、犬は犬科の動物の中で代表的
　　　　　事例であるはずだ

このことは、概念図で表すとより明確になります。

図表 4-2　アナロジーによる推論の論理展開②（概念図）

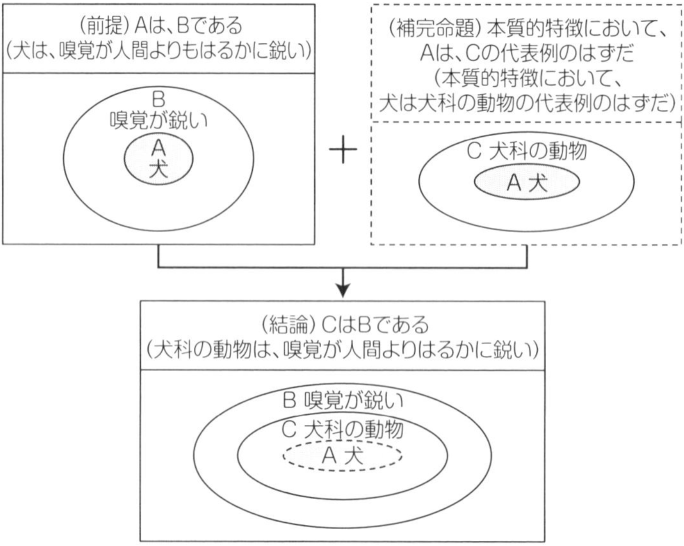

```
(前提) AはBである              (補完命題) 本質的特徴において、
(犬は、嗅覚が人間よりもはるかに鋭い)    AはCの代表例のはずだ
                              (本質的特徴において、
   ┌─ B ─┐                    犬は犬科の動物の代表例のはずだ)
   │嗅覚が鋭い│
   │ ┌A┐ │          ＋        ┌─ C 犬科の動物 ─┐
   │ │犬│ │                    │   ┌ A 犬 ┐    │
   │ └─┘ │                    │   └────┘    │
   └────┘                    └──────────┘
```

↓

```
(結論) CはBである
(犬科の動物は、嗅覚が人間よりはるかに鋭い)

   ┌─ B 嗅覚が鋭い ──┐
   │ ┌ C 犬科の動物 ┐ │
   │ │ ┌ A 犬 ┐  │ │
   │ │ └───┘  │ │
   │ └──────┘ │
   └────────┘
```

　図表4-1と図表4-2を見比べるとわかるとおり、両者はいずれも類似性を手がかりにした推論ですが、その方向性が同じディメンション内の異なる概念に対するもの（犬⇒オオカミ）なのか、一段上のディメンションの概念に対するもの（犬⇒犬科の動物）なのかという点で違いが見られます [16]。

　以上のことから、アナロジーの形式は図表4-3のように2種類のパターンに一般化することができます。

---

[16] このようなアナロジーのパターンは、帰納法による推論の不完全な形であると捉えることもできます。つまり、本来の帰納法では「犬」以外に、「コヨーテ」「キツネ」などの複数の事例が列挙されるべきところですが、事例が1つしかあげられていない不十分な状態のため適切な帰納法形式になっていないと考えることができるのです。

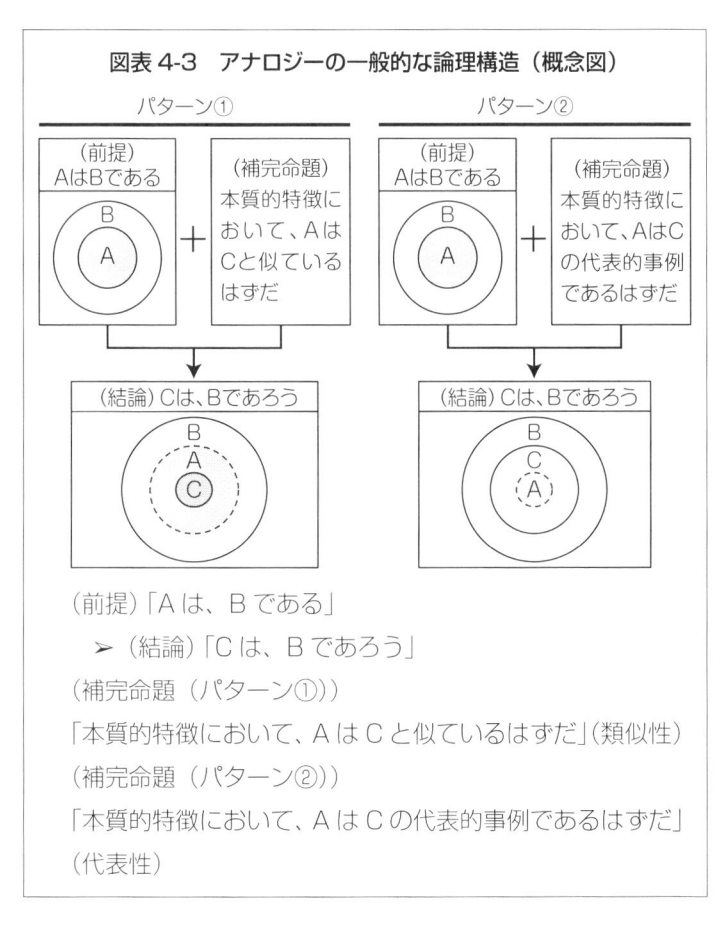

第4章 論理的思考の基礎技法③:仮説

> **図表4-3 アナロジーの一般的な論理構造(概念図)**
>
> **パターン①**
>
> (前提) AはBである + (補完命題) 本質的特徴において、AはCと似ているはずだ
>
> ↓
>
> (結論) Cは、Bであろう
>
> **パターン②**
>
> (前提) AはBである + (補完命題) 本質的特徴において、AはCの代表的事例であるはずだ
>
> ↓
>
> (結論) Cは、Bであろう
>
> (前提)「Aは、Bである」
> ➤ (結論)「Cは、Bであろう」
> (補完命題(パターン①))
> 「本質的特徴において、AはCと似ているはずだ」(類似性)
> (補完命題(パターン②))
> 「本質的特徴において、AはCの代表的事例であるはずだ」
> (代表性)

これまで見たとおり、アナロジーでは、2つの事物の類似性(先ほどの事例では、犬とオオカミ、あるいは犬と犬科の動物)が推論のカギになりますが、両者の類似性に関する情報は、前提情報としては明示されておらず、必ずしも明確な事実に基づくものではありません(つまり、先ほどの補完命題はあくまで思考者による独自の情報補完です)。したがって、そうした類似性を根拠とす

ることで間違った結論をもたらす危険性も十分にあるという点には留意が必要です。例えば、次の推論は正しいでしょうか？

（前提）トマトは、原産地が南米である

➤（結論）イチゴは、原産地が南米であろう

ここでは、トマトとイチゴがいずれも「赤い食べ物」であるという類似性を根拠に、両者の原産地が同じであると結論付けています。したがって、形式的には、正しいアナロジーのように見えます。しかし、トマトとイチゴは植物としての属性が異なります（ナス科 vs バラ科）し、両者が共通して持つ特徴である「色」（色素）と、この事例で結論付けられている「原産地」との間にも、何ら直接的な関係性があるとは考えにくいでしょう。

このように、形式的に類似性を持っているからといって、単純にアナロジーを適用してしまうと、時に間違った結論をもたらしてしまう可能性があるという点には留意が必要です。

(2) アブダクション

アブダクションは、米国の哲学者チャールズ・サンダース・パース(Charles Sanders Peirce, 1839-1914)によって提唱された比較的新しい推論の手法です。パースは演繹法・帰納法に対する第3の推論として、以下のように定義される手法のことをアブダクションと名付けました（なお、アブダクションもアナロジーと同様、ボトムアップアプローチにのみ用いられます）。

> アブダクションの定義
> アブダクションとは、ある観察事象（個別命題）とそれを引き起こす可能性のある一般的な法則・規則（一般命題）をもとに、別の個別事象（個別命題）を推論する手法のこと

第4章　論理的思考の基礎技法③：仮説

言葉だけではわかりづらいので、以下の事例で説明しましょう。
（命題1）メロンならば、おいしい[17]
（命題2）この果物は、おいしい
　➢（結論）この果物は、メロンだろう

一見するとこの推論の手法は演繹法に似ていますが、実は正しい演繹法にはなっていません。以下の図で確認してみましょう。

図表4-4を見るとわかるとおり、アブダクションによる推論で

図表4-4　アブダクションと演繹法の形式面における違い①

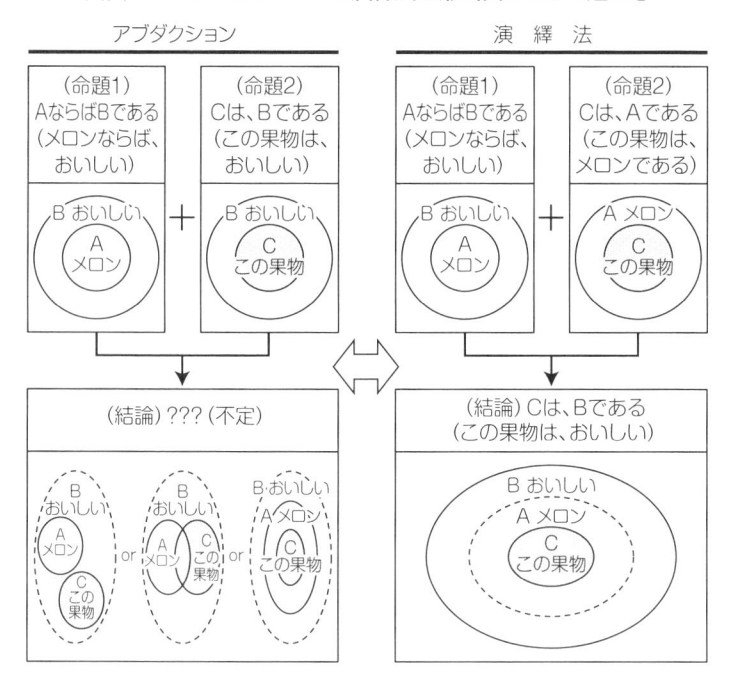

アブダクション	演繹法
（命題1）AならばBである（メロンならば、おいしい） ＋ （命題2）Cは、Bである（この果物は、おいしい）	（命題1）AならばBである（メロンならば、おいしい） ＋ （命題2）Cは、Aである（この果物は、メロンである）
（結論）???（不定）	（結論）Cは、Bである（この果物は、おいしい）

17「メロンならば、おいしい」は日本語としては少しおかしな表現ですが、本章では、一般命題を「…ならば、…である」、個別命題は「…は、…である」と表記することで、両者の区別を表現することにします。

は、演繹法のように形式的にただ1つの解が必然的に導かれるわけではありません。では、アブダクションでは、どのような場合により確からしい推論を導くことができるのでしょうか？ポイントは、2つあります。

1つめのポイントは、比較対象となる2つの概念／命題間の意味的な類似性にあります。先ほどの事例では「メロン」と「この果物」が、果物という同じカテゴリーに入ることから、明らかに類似性を持つことがわかるものでした。しかし、以下のような場合には、結論が正しくなくなります。これは、「メロン」と「この商売」の概念の間に意味的な類似性が存在しないためです。

（命題1）メロンならば、おいしい
（命題2）この商売は、おいしい
　➤（結論）この商売は、メロンだろう

一方、2つめのポイントは、比較対象となる2つの概念と媒概念との意味的な類似性や因果関係の強さです。図表4-4の左側の図を見るとわかるとおり、先ほどの事例は、「おいしい」という言葉を媒概念として、「メロン」と「この果物」の同一性を推論するという論理構造になっています。したがって、（命題1）の一般命題において、媒概念である「おいしい」と「メロン」の間の意味的な結び付きがより強ければ強いほど、アブダクションによる推論の確からしさが高まることになります。以下の事例を見てください。

（命題1）メロンならば、緑色の網目模様がある
（命題2）この果物には、緑色の網目模様がある
　➤（結論）この果物は、メロンだろう

先ほどの事例に比べて、こちらの方がより納得感の高い結論になっているはずです。なぜならば、（命題1）における「メロン」

と「緑色の網目模様」の間における意味的な結び付きは非常に強い（他に同種のものがあまり想定されない）ため、（命題2）において「緑色の網目模様」であることが述べられた場合、その事柄が「メロン」であると推察されやすいのです。

このように、上記の事例のようなアブダクションが一定の確からしさを持つためには、前提として与えられた命題以外に、以下のような補完命題が成立することが必要となります。

- 本質的特徴において、メロンは、果物の代表例であるはずだ
- 本質的特徴において、メロンは、緑色の網目模様があるものの代表例であるはずだ

一方、日常生活においてよく行われる以下のような推論もアブダクションに分類されます。

（命題1）春が来るならば、公園の花が咲く

（命題2）公園の花が咲いた

　➤（結論）春が来たのだろう

この事例は、一見するとあまり違和感がないように見えるかもしれません。実は、この事例は、前章でも取り上げた演繹法の事例を変形させたものです。しかし、図表4-5の左側の図を見てもわかるとおり、演繹法としては正しい推論にはなっていません[18]。

---

[18] この事例のアブダクションに見られる「AならばBである」＋「Bである」⇒「Aである」というような推論形式は、演繹法における「前件肯定式」に対して、「後件肯定式」と呼ばれます。形式面から言えば、正しい演繹法の推論とは言えません。

図表 4-5　アブダクションと演繹法の形式面における違い②

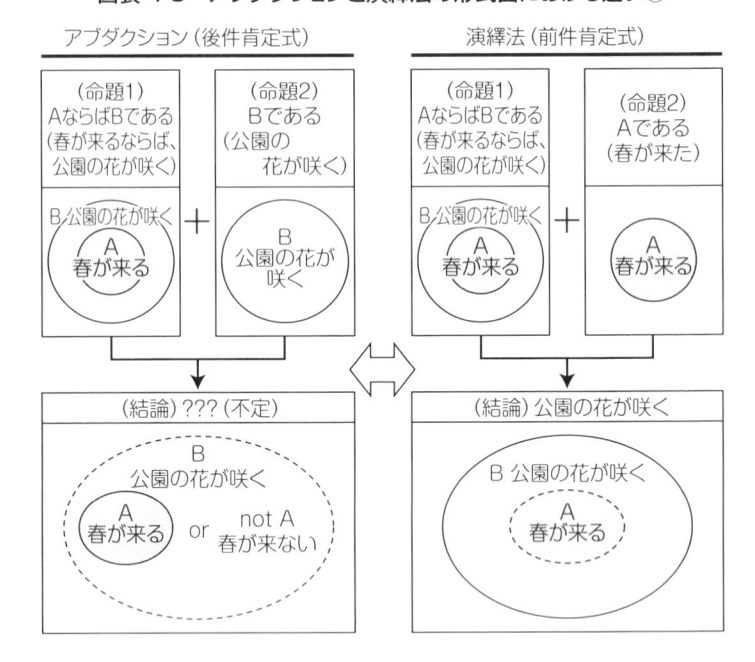

アブダクション（後件肯定式）

（命題1）
AならばBである
（春が来るならば、
公園の花が咲く）

（命題2）
Bである
（公園の花が咲く）

B／公園の花が咲く
A／春が来る

＋

B
公園の花が咲く

↓

（結論）???（不定）

B
公園の花が咲く
A 春が来る　or　not A 春が来ない

⇔

演繹法（前件肯定式）

（命題1）
AならばBである
（春が来るならば、
公園の花が咲く）

（命題2）
Aである
（春が来た）

B／公園の花が咲く
A／春が来る

＋

A
春が来る

↓

（結論）公園の花が咲く

B 公園の花が咲く
A 春が来る

　では、形式的には正しい演繹法が成立していないにもかかわらず、なぜ先ほどの事例にそれほど違和感を抱かなかったのでしょうか？　その理由は、一般命題における前件の命題（「AならばB」のA、この事例では「春が来る」）と後件の命題（「AならばB」のB、この事例では「公園の花が咲く」）との関係性にあります。このような推論では、一般命題の前件と後件の間の類似性や因果関係が強ければ強いほど、推論の確からしさも増すことになるのです（先ほどの「メロン」と「緑色の網目模様」も全く同じです）。この事例で推論が一定の確からしさを持つためには、先ほどの事例と同じように、以下のような補完命題が成立する必要があります。

第4章　論理的思考の基礎技法③：仮説

- （論理的関係性において）春が来ることは、公園に花が咲くことの代表的な原因であるはずだ

　以上のことから、アブダクションの形式は以下のように2種類のパターンに一般化することができます。

【アブダクションのパターン①】

図表4-6①　アブダクションの一般的な論理構造①（概念図）

（命題1）AならばBである ＋ （命題2）CはBである

（補完命題1）本質的特徴において、CはAと似ているはずだ and／or （補完命題2）本質的特徴において、AはBの代表的事例・原因であるはずだ

↓

（結論）Cは、Aであろう

（前提1）「Aならば、Bである」
（前提2）「Cは、Bである」
　➢（結論）「Cは、Aであろう」
（補完命題）「本質的特徴において、CはAと似ているはずだ」and/or「本質的特徴において、AはBの代表的事例・原因であるはずだ」

【アブダクションのパターン②】

図表 4-6 ②　アブダクションの一般的な論理構造②（概念図）

```
（命題1）           （命題2）              （補完命題）
AならばBである      Bである               論理的関係性に
                                         おいて、AはBの
  ┌─B─┐     +    ┌─B─┐       +    代表的事例・原
  │ A │          │   │              因であるはずだ
  └───┘          └───┘
         │                │                │
         └────────────────┼────────────────┘
                          ▼
              （結論）Aであろう
                ┌─B─┐
                │ A │
                └───┘
```

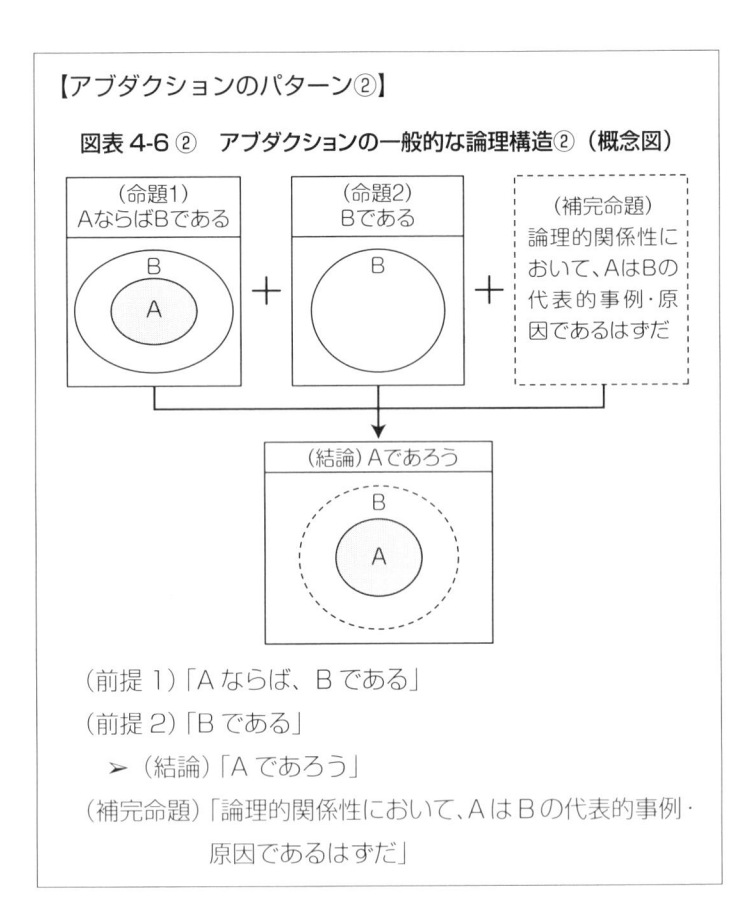

（前提1）「Aならば、Bである」
（前提2）「Bである」
　➤（結論）「Aであろう」
（補完命題）「論理的関係性において、AはBの代表的事例・
　　　　　　原因であるはずだ」

　このように、アブダクションによる推論が一定の確からしさを持つためには、さまざまな前提条件（補完命題）が必要になります。このため、アブダクションはこれまで見てきた他の方法論に比べて、論理性という観点ではより弱い推論手法であるといえます。

（3）仮説演繹法

　仮説に基づく推論の3つめは、仮説演繹法と呼ばれる推論手法で

す。

> **仮説演繹法**の定義
> 仮説演繹法とは、いくつかの個別事象をもとに帰納法で一般命題を推論し、当該一般命題と別の個別命題とを組み合わせて演繹法で結論を導いた上で、その結論と実際に観察される個別事象が合致するかを確認する推論方法のこと

この手法は、単なる推論だけではなく推論の結果を検証するプロセスまで含んでいる点で、これまでの推論手法とは性質が異なります。以下の事例を見てみましょう。

（前提1）重工メーカーA社は、設備増強で収益が改善した
（前提2）重工メーカーB社は、設備増強で収益が改善した
➤（結論：仮説1）重工メーカーが設備を増強すれば、収益が改善するだろう

ここでは、まず2つの前提から帰納法で一般命題を結論として導き出しています[19]。しかし、一般化するには前提となる個別事象が少ないため、確からしさという点ではまだ不十分に見えます（したがって、上記の結論は仮説の位置付けになります）。そこで、上記の結論（一般命題）に個別命題を組み合わせ、演繹法により新たな結論を仮説として導きます。

（前提1：一般命題）重工メーカーが設備を増強すれば、収益が改善する
（前提2：個別命題）重工メーカーである当社は、a工場で設備増強を行った
➤（結論：仮説2）a工場の収益が改善するだろう

---

[19] この事例では、帰納法を支える事例を2つとしていますが、必ずしも2つである必要はなく、1つでも3つ以上でも構いません。

ここで、もし実際にａ工場で設備増強を行い、その結果収益が改善すれば、仮説２が検証されたことになりますが、そのことは同時に仮説１で掲げた一般命題の確からしさを支える根拠にもなります。このような検証作業を繰り返し（例えばｂ工場、ｃ工場など）、いずれも仮説を裏付ける結果が出れば、最終的に仮説１が正しいことが結論付けられます。
　➢（最終結論）重工メーカーは、設備増強で収益が改善する
　このような一連のプロセスを経て行う推論手法を仮説演繹法といいます。なお、上記全体の流れを図表4-7にまとめてありますので、確認しておきましょう。

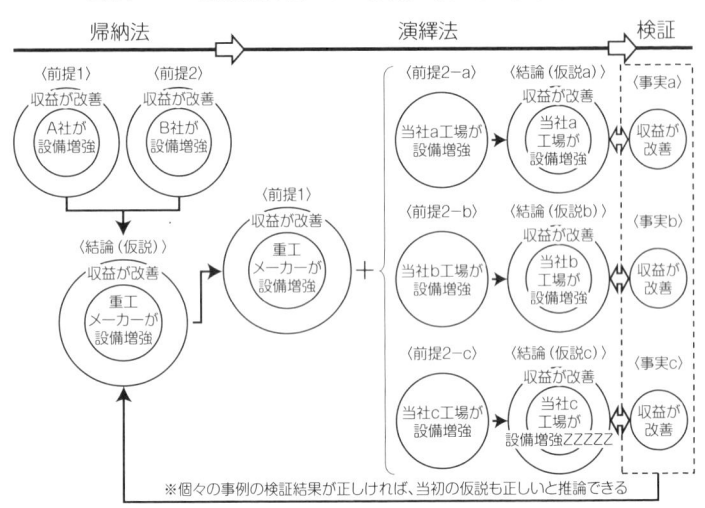

図表4-7　仮説演繹法による推論の論理展開（概念図）

　こうしてみるとわかるとおり、仮説演繹法は、本質的には帰納法で推論した結果を仮説とし、その仮説を演繹法の手法を用いて検証する手法に他なりません。一般に、帰納法による推論の検証は、

サンプル数を増やすという方法で行われることが多いのです。しかし、そのような検証が難しい場合も多く（例えば、そもそもサンプルが限られていたり、新たに入手するのが不可能な状況だったりするなど）、そうした場合にはこの事例のように演繹的なアプローチを用いて検証を行うことが有効になります。

第2節 仮説による推論の具体的方法論

既に見たとおり、仮説による推論は、帰納法や演繹法による推論が不十分な状態(例えば、情報が不足していたり、形式面で適切でなかったりする状態)であるため、それらを補完する情報が必要になります。そして、そのような不足情報を補完する際の手がかりとして、所与の前提とそれ以外の事象との間で比較(「対象→類似例」)が行われることになります。

以下では、前節で見た3種類の典型的な仮説による推論手法について、それぞれの具体的な方法論を学びます。

(1) アナロジー

既に見たとおり、アナロジーでは一部でも類似性があればそこから幅広く推論が広げられるため、演繹法や帰納法に比べてはるかに自由度が高い推論であると言えます。なお、先ほどアナロジーには2つのパターンがあると述べましたが、いずれも基本的な推論のプロセスは同じです。

以下では、その具体的プロセスを見てみましょう。

①まず、ある命題を推論の出発点として取り上げる

例えば、以下の命題を取り上げることにします。

(前提)野球の監督は、自チームの勝敗の全責任を負う

② ①の命題の意味内容のうち、主部または前件命題に着目し、それと本質的な特徴において似ている、事柄を抽出する

ここでは、主部にあたる「野球の監督」に着目します。それに対して本質的に似ているものは大きく2種類考えられます。1つは同じディメンション(例:「スポーツの監督」)において並列関

係にあるものです（例：「サッカーの監督」「バレーボールの監督」など）。そして、もう1つは一段上のディメンション、すなわち上位概念にあたるもの（例：「指導者」「リーダー」）です。ここではそのうち「リーダー」という概念を取り上げてみましょう。

③次に、もとの命題のうち、主部または前件を②で抽出した事柄に入れ替え、命題の一部をそれにあわせて適切に言い換える形で結論を導く

先ほどは、主部の「野球の監督」に着目しましたので、当該部分を「リーダー」に置き換えて、以下のように結論付けます。

> ➢（結論）リーダーは、自らが率いる組織の成果の全責任を負うだろう

④最後に、推論の過程でその類似性や代表性に着目した2つの概念について、類似性や代表性の観点から検証を行う

①～③までで、形式的なアナロジーの論理展開は構築できました。しかし、仮説による推論の確からしさを高めるためには、形式面だけではなく内容面についても検証する必要があります。アナロジーの場合には、推論の過程でその類似性に着目した2つの概念（上記事例では、「野球の監督」と「リーダー」）について、以下いずれかに当てはまることを確認してください。

- 本質的特徴において、両者はよく似ているものか？（類似性）
- 本質的特徴において、片方はもう片方の代表的な事例となっているか？（代表性）

以上のプロセスをアナロジーの2つのパターン別に表すと、図表4-8のようになります。

図表 4-8　アナロジーによる推論のプロセス（概念図）

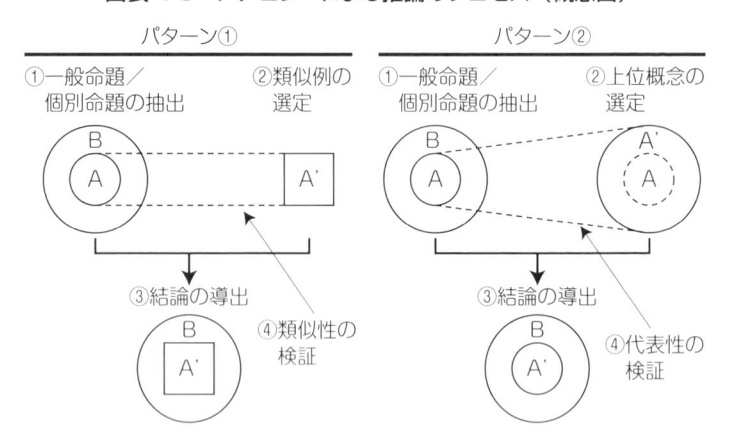

パターン①／パターン②
① 一般命題／個別命題の抽出　② 類似例の選定（パターン①）／上位概念の選定（パターン②）
③ 結論の導出
④ 類似性の検証（パターン①）／代表性の検証（パターン②）

（2）アブダクション

　アブダクションもアナロジー同様、演繹法をベースとした推論であるため、演繹法をしっかり理解できていれば、比較的簡単にアブダクションの推論形式を作ることができます。

　なお、既に見たとおり、アブダクションのベースとなる演繹法の形式には2種類あり、以下それぞれのパターンに分けて簡単に説明していきます。

【パターン（1）：「AならばB」＋「CならばB」⇒「CならばA」】

①まず、ある一般命題を推論の出発点として取り上げる

　　　ここでは、事例として以下の命題を取り上げることにします。
　（前提1）変温動物ならば、冬眠をする

②次に、①の命題のうち述部または後件命題に着目し、同じ述部／後件命題を持つ別な個別命題を新たな前提として加える

　ここでは、述部である「冬眠をする」に着目し、これに該当す

る個別命題として以下を前提に掲げます。

　（前提2）カエルは、冬眠をする

③ ②の主部/前件命題ならば①の主部/前件命題であることを結論付ける

　②の主部は「カエル」で、①の主部は「変温動物」ですので、以下のように結論付けられます。

　　➤（結論）カエルは、変温動物だろう

④最後に、意味内容面の確認として、各前提の主部/前件命題と述部/後件命題の結び付きの強さ（代表性）を検証する

　①〜③までで、形式的なアブダクションの論理展開は出来上がりました。しかし、仮説による推論では、確からしさという観点から、形式面だけではなく内容面についてもよく精査する必要があることについては、既に触れたとおりです。つまり、前提1について、「変温動物」が「冬眠をする」動物の代表例であるか否かを検証します。両者の結び付きが強ければ強いほど結論の確からしさも高くなります。

【パターン（2）：「AならばB」＋「Bである」⇒「Aであろう」】
①まず、ある一般命題を推論の出発点として取り上げる

　例えば、以下の命題を取り上げることにします。

　（前提1）日本の南方で大型の熱帯低気圧が発生するならば、日本に台風が上陸する

②次に、①の命題のうち後件命題を個別命題として、新たな前提に掲げる

　ここでは、後件命題である「日本に台風が上陸する」から、以下の命題を前提に掲げます。

　（前提2）日本に台風が上陸した

③ ①の前件命題を結論として導く

①の前件命題は、「日本の南方で大型の熱帯低気圧が発生する」ですので、以下のように結論付けられます。

➢（結論）日本の南方で大型の熱帯低気圧が発生するだろう

④最後に、意味内容面の確認として、当初取り上げた一般命題における主部と述部の結び付きの強さ（代表性）を検証する

①～③までで、形式的なアブダクションの論理展開は出来上がっていますが、推論の確からしさという観点からは、内容面についてもよく精査する必要があります。

ここでは、一般命題である前提 1 について、「日本の南方で大型の熱帯性低気圧が発生する」という前件命題と「日本に台風が上陸する」という後件命題の間には、高い因果関係（代表性）が認められます。したがって、ある程度確からしい結論であることがわかります。

図表 4-9　アブダクションによる推論のプロセス（概念図）

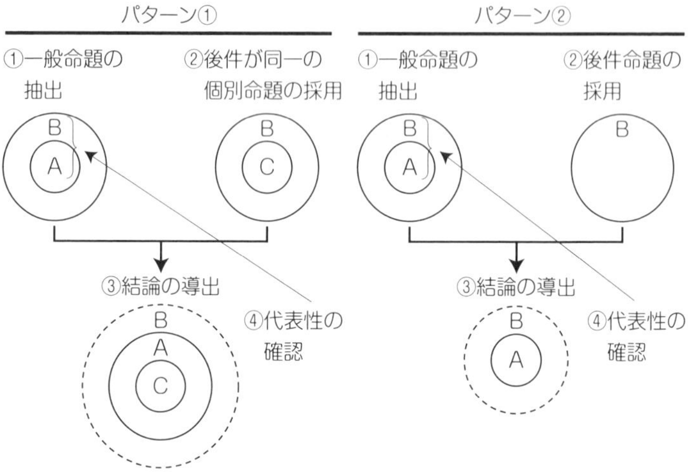
パターン①
①一般命題の抽出
②後件が同一の個別命題の採用
B
A
B
C
③結論の導出
B
A
C
④代表性の確認
パターン②
①一般命題の抽出
②後件命題の採用
B
A
B
③結論の導出
B
A
④代表性の確認

(3) 仮説演繹法

 既に述べたとおり、仮説演繹法による推論は、まず帰納法により一般命題の仮説を導き、その仮説と個別命題を組み合わせた結果、観察されるであろう事象を演繹法で推論し、さらにそれを事実と照合することで、もとの仮説の正しさを結論付けるアプローチを取ります。仮説検証のプロセスを内在するため、アナロジーやアブダクションとは異なりやや複雑ですが、一方で、形式的な推論のプロセスさえ押さえておけば、より確からしい推論を導くことが可能である点も特徴です。

 以下、そのプロセスについて順を追って説明します。

①まず、帰納法を用いて、いくつかの観察事象をもとに一般命題を仮説として推論する

 既に見たとおり、帰納法はもともと演繹法に比べて推論の確からしさという観点では劣る手法です。仮説演繹法はそうした帰納法の弱点を補強する手段として幅広く活用することができますが、特に帰納法のサンプルとなる事例が追加で集めにくい場合などには威力を発揮する手法です。

 ここでは、以下の事例（同様の事例を意図的に集めることが難しい事例）を取り上げましょう。

　（前提1）A社向け商品の不良品率が上昇した年には、A社向け売上が減少した
　（前提2）B社向け商品の不良品率が上昇した年には、B社向け売上が減少した
　➢（結論：仮説）顧客向け商品の不良品率が上昇すると、顧客向け売上は減少するだろう

② ①で導かれた一般命題と関連する個別命題を組み合わせ、演繹法に基づき個別命題を新たな仮説として導く

仮説演繹法の最大の特徴は、帰納法の推論の確からしさを高めるために、演繹的な検証作業を組み合わせる点にあります。ただし、先ほどの事例の場合、一般命題にそのまま合致するような個別命題を設定するには、顧客に意図的に不良品を納品する必要があり、現実には難しいと言えます。では、どうすればよいのでしょう？

このような場合には、前章で学んだ「対偶」の考え方を用い、一般命題の意味を変えない形で言い換えてみます。先ほど立てた仮説の対偶は、以下のようになります。

➢ （結論：前提1）顧客向け売上が減少しなければ、顧客向け商品の不良品率は上昇しないだろう

このように言い換えると「顧客向け売上が減少しない」他の事例を抽出することで検証作業が可能となります。なお、検証はなるべく広範囲にわたり行うことが望ましいのですが、全ての事象を検証するのは困難なため、①と組み合わせる個別命題はなるべくMECEに抽出し、複数回検証を行うことが必要です。ここでは、サンプルとなる事例を企業規模別にMECEに抽出しています。

（前提2-a）大手企業X社向け売上は減少していない

➢ （結論：仮説a）大手企業X社向け売上が減少していなければ、X社向け商品の不良品率は上昇しないだろう

（前提2-b）中堅企業Y社向け売上は減少していない

➢ （結論：仮説b）中堅企業Y社向け売上が減少していなければ、Y社向け商品の不良品率は上昇しないだろう

（前提2-c）小企業Z社向け売上は減少していない

➢ （結論：仮説c）小企業Z社向け売上が減少していなければ、Z社向け商品の不良品率は上昇しないだろう

③ ②で仮説として導いた個別命題と事実を照合し、正しいかどうかを検証する

②で導いた仮説 a 〜 c について、1 つひとつ事実との照合を行います。

> - （事実 a：観察事象）大手企業 X 社向け商品の不良品率は減少していた：仮説 a に合致
> - （事実 b：観察事象）中堅企業 Y 社向け商品の不良品率は横ばいだった：仮説 b に合致
> - （事実 c：観察事象）小企業 Z 社向け商品の不良品率は減少していた：仮説 c に合致

この事例では、②の仮説がいずれも正しいことが検証されたことになります。

④ ③で照合した結果をもとに、①の仮説が正しいかどうかを結論付ける

③の照合結果が正しい場合には、①で構築した仮説も正しいことが結論付けられます。一方、照合結果が正しくなれば、当初の仮説は棄却されます。しかし、そのような場合でも、すぐにあきらめてはいけません。なぜならば、私たちは③の検証作業の中で新たな事実をサンプルとして収集できましたので、当初の前提と組み合わせることで、当初の仮説とは異なる新たな、あるいは一部修正した仮説を再度構築することが可能になるからです。新たな仮説が構築できれば、その仮説を再度②以降のプロセスで検証していきます。このように、検証作業を含む仮説演繹法においては、仮説および検証作業を何度も繰り返す（トライ＆エラー）中で、仮説の精度を高めていくことが非常に重要になります。

以上のプロセスを概念図でまとめると、図表 4-10 のようにな

ります。帰納法と演繹法を組み合わせた、やや複雑な多段階のプロセスになりますので、改めて確認しておきましょう。

図表4-10　仮説演繹法による推論のプロセス（概念図）

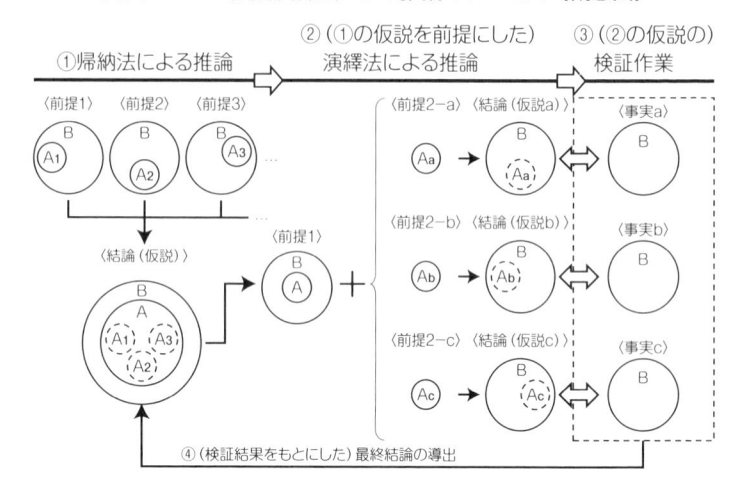

①帰納法による推論　②（①の仮説を前提にした）演繹法による推論　③（②の仮説の）検証作業

〈前提1〉〈前提2〉〈前提3〉

〈結論（仮説）〉

〈前提1〉

〈前提2-a〉〈結論（仮説a）〉　〈事実a〉

〈前提2-b〉〈結論（仮説b）〉　〈事実b〉

〈前提2-c〉〈結論（仮説c）〉　〈事実c〉

④（検証結果をもとにした）最終結論の導出

第4章　論理的思考の基礎技法③：仮説

第3節　生活・仕事における仮説の活用事例

　ここまでの内容から、仮説による推論の概要と具体的な方法論については、概ね理解できたかと思います。本節では、皆さんが日常生活や仕事のどのような場面で、仮説による推論を活用できるかについて、具体的な事例を取り上げながら見ていきます。

(1) アナロジーの具体的な活用事例

> 　ある企業の人事部に勤める人事担当者の山本さんは、若手社員の離職率がここ数年増加している上、10年前に比べて1人前になるまでの期間が長期化しているという問題に、ずっと頭を悩ませてきました。
> 　ある休日、山本さんが、近くの畑をぼんやりと眺めていると、太い支柱に支えられながら成長するトマトの苗木が目に入りました。「そうか！わかったぞ!!」休日明けに職場に戻った山本さんは、上司に対して、若手社員の問題解決策として、中堅社員を若手の指導・育成にあたらせるメンター制度を提案しました。山本さんは、なぜ突然このような案を思いついたのでしょうか？

この事例では、山本さんは畑のトマトの苗木を見て、若手社員の指導・育成のためのメンター制度を思いついたようです。そこには次のようなアナロジーによる推論が作用していたと考えられます。

　（前提）トマトの苗木は太い支柱に支えられれば、大きく成長する
　　➤（結論）若手社員はしっかりした中堅社員に支えられれば、
　　　　　　 大きく成長する

図表 4-11　山本さんによるアナロジーの推論の例（概念図）

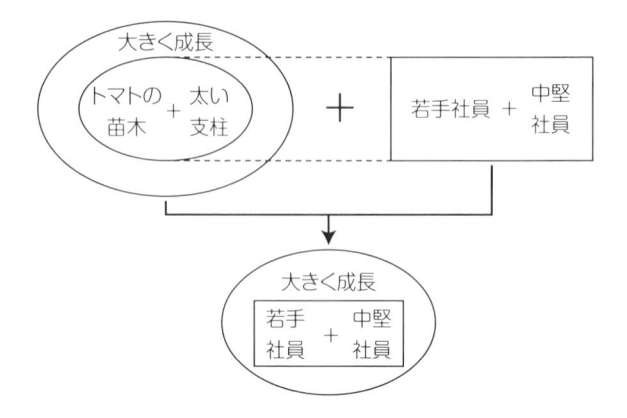

```
  ┌──大きく成長──┐
  │ トマトの  太い │        ┌──────────┐
  │  苗木  +  支柱 │   +    │ 若手社員 + 中堅 │
  │                │        │           社員 │
  └────────────────┘        └──────────────┘
              │
              ▼
        ┌──大きく成長──┐
        │ 若手  +  中堅 │
        │ 社員     社員 │
        └──────────────┘
```

　この事例では、「トマトの苗木と太い支柱の関係性」と「若手社員と中堅社員の関係性」の間に類似性を見いだし、同様の結論を導いていることがわかります。そして、上記では明示されていないものの、隠れた前提として想定されているものとして、次の命題が考えられるでしょう。

（補完命題）　本質的特徴において、若手社員とそれを支えるしっかりした中堅社員との関係性は、トマトの苗木と太い支柱との関係性に似ているはずだ

（2）アブダクションの具体的な活用事例

> 　大手メーカーで働く杉本さんは、非常に多忙で、帰宅時間が午後 12 時を過ぎることも多いのですが、そのような日には、必ず残業する旨を夕方奥さんにメールで連絡しています。
> 　ある日、専業主婦である杉本さんの奥さんは、自宅でご主人の帰りを待っていましたが、この日はメールがないにもか

第4章 論理的思考の基礎技法③：仮説

かわらず、午後10時を過ぎても杉本さんが帰ってきません。奥さんは、「きっと今日は残業なのね」と言って、先に就寝することにしました。しかし、実はこの日、杉本さんは同僚たちと深夜まで飲みに出かけていたのです。杉本さんの奥さんは、なぜ杉本さんが今日も残業だと思ったのでしょうか？

この事例では、杉本さんの奥さんは以下のようなアブダクションによる推論を行っていたと考えられます。
（前提1）残業ならば、帰りが遅い
（前提2）今日は、帰りが遅い
　➤（結論）今日は、残業だろう

そして、杉本さんの奥さんが、上記の結論を信じて疑わなかった理由は、杉本さんの日常の行動にあります。つまり、過去の経験から、ご主人の帰りが遅いときには、多くの場合、残業が原因だったということが前提となっているのです。したがって、杉本さんの奥さんは、以下のことを一般命題として捉えていたはずです。
（補完命題）本質的特徴において、残業は帰りが遅いことの代表
　　　　　　的な原因であるはずだ

図表4-12　杉本さんによるアブダクションの推論の例（概念図）

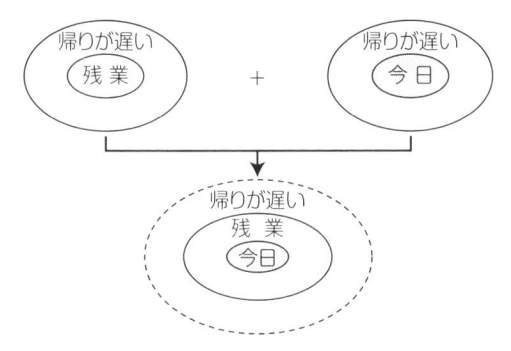

169

この事例では、杉本さんは「珍しく」同僚たちと飲みに出かけていましたので、この一般命題の例外にあたる行動を取っていたと言えます。このように、仮説による推論では、その論証性が弱いという特性ゆえに、例外的な事象では、結果的に結論が誤ってしまうケースも起こりえます。

　なお、この事例では、杉本さんの奥さんがもう少し慎重に推論を行っていれば、ご主人の例外的な行動を予測できたかもしれません。なぜなら、次のような推論も成立したはずだからです。

（前提1）残業ならば、事前にメールで連絡が来る
（前提2）今日は、メールで連絡が来なかった
　➤（結論）今日は、残業ではない

　実は、この場合には、図表4-13に示すように、アブダクションではなく、演繹法の形式で推論が成立（仮説ではなく論理的帰結）しており、確からしさという点では、先ほどよりもより信頼性の高い推論だったと言えるでしょう。

図表4-13　杉本さんの奥さんが推論しえた演繹法の例（概念図）

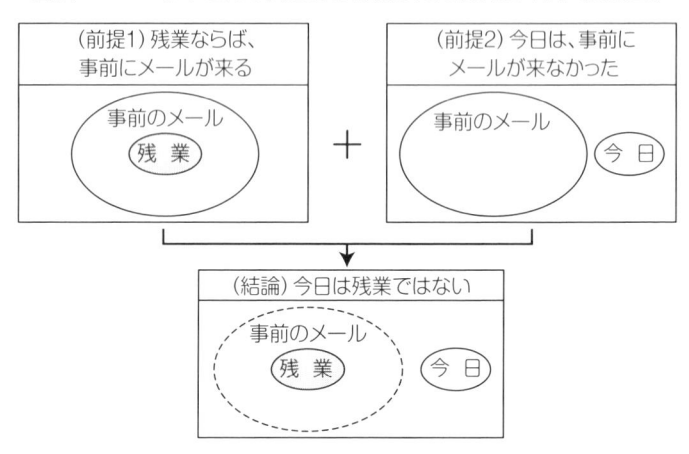

(3) 仮説演繹法の具体的な活用事例

> 建材加工メーカーに勤める若手営業マンの西口さんの主な使命は、顧客先の新規開拓ですが、着任してからまだ1件も新規開拓に成功していません。困った西口さんが、何人かの先輩に相談したところ、ある先輩は「お客さんの競合企業についての情報を持っていくと成功するかもしれないよ」と言い、またある先輩は、「そういえば、以前、建築技術の新着特許情報をいち早くあるお客さんに持ち込んだら、新規に成約できたことがあったな」と成功体験を語ってくれました。西口さんは、先輩社員からもらった助言をもとに「ひょっとすると、うまくいくかもしれない」と、何かヒントをつかんだ様子です。
>
> これらの事柄をもとに、西口さんは、前から狙っている東日本の営業先A社に対し、自社で研究中の基礎技術に関する情報を持ち込んで提案を行ったり、また西日本の営業先B社に対しては、業界関係者もあまり耳にしないような希少情報を定期的に送ったりしました。
>
> すると、1ヵ月後にA社からは、小口の取引をもらえた一方、B社からは、継続取引を前提とした口座開設にまでこぎつけることができました。西口さんは、先輩からの助言をどのように捉え、その後の行動につなげたのでしょうか？

この事例で西口さんは、先輩社員からのアドバイスを聞いて、まず次のような帰納法に基づく仮説を立てたものと思われます。

(前提1) 顧客の競合企業に関する情報を提供すれば、新規顧客から取引を受注できる

(前提2) 建築技術の新着特許情報を提供すれば、新規顧客から

　　　　取引を受注できる
　　➢（結論：仮説＝前提1）顧客の知らない情報を提供すれば、
　　　　　　　　　　　　　　新規顧客から取引を受注できる
　　　　　　　　　　　　　　だろう

　そして、この仮説に、現在売り込みを行っているA社・B社の状況を当てはめて、新たに別の仮説を導いたようです。

　（前提2-a）東日本のA社に対し、A社の知らない情報を提供
　　　　　　する
　　➢（結論：仮説a）A社から新規に取引を受注できるだろう
　（前提2-b）西日本のB社に対し、B社の知らない情報を提供
　　　　　　する
　　➢（結論：仮説b）B社から新規に取引を受注できるだろう

　そして、西口さんは、上記の仮説a・仮説bを検証するために、実際にA社とB社にとって目新しい情報を提供してみました。その結果、A社とB社の両方から新規取引を受注することに成功しています。これにより、仮説a・仮説bはいずれも正しいことが検証できたことになりますので、結果として当初構築した「顧客の知らない情報を提供すれば、新規顧客から取引を受注できるだろう」という仮説も同時に裏付けられたことになります。

　このように、西口さんは仮説演繹法の手法を用いることで、新規顧客開拓を成功させるための一般法則を導いたのです。これにより、西口さんはA社・B社だけでなく、今後、他の営業先へも「顧客の知らない情報を提供すれば、新規顧客から取引を受注できる」という成功の法則を用いて営業活動を行うことができるでしょう。

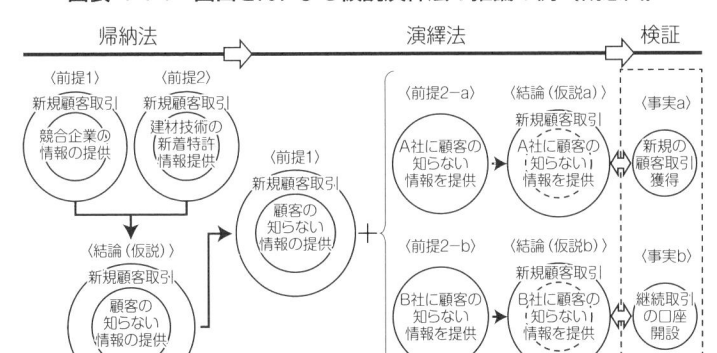

第4章 論理的思考の基礎技法③：仮説

図表4-14 西口さんによる仮説演繹法の推論の例（概念図）

帰納法

〈前提1〉新規顧客取引　競合企業の情報の提供
〈前提2〉新規顧客取引　建材技術の新着特許情報提供
↓
〈結論（仮説）〉新規顧客取引　顧客の知らない情報の提供

演繹法

〈前提1〉新規顧客取引　顧客の知らない情報の提供

＋

〈前提2-a〉A社に顧客の知らない情報を提供
〈結論（仮説a）〉新規顧客取引　A社に顧客の知らない情報を提供

〈前提2-b〉B社に顧客の知らない情報を提供
〈結論（仮説b）〉新規顧客取引　B社に顧客の知らない情報を提供

検証

〈事実a〉新規の顧客取引獲得
〈事実b〉継続取引の口座開設

検証結果が正しいため、当初の仮説も正しい

第4節　仮説を用いる際の留意点

　前節まで、仮説による推論の基本的なパターンと具体的な方法論について見てきました。仮説は、前提となる情報が不十分な状況の中で用いられますので、現実社会において非常に応用範囲が広い手法であると言えますが、一方で、活用するにあたっては、気をつけなければならない点もあります。以下では、仮説による推論の中でも、特に間違いが多いアナロジーとアブダクションを中心に、留意すべき2つのポイントについて説明します。

(1) 形式面だけではなく、内容面に十分留意して推論を行うこと

　既に述べたように、アナロジーやアブダクションは、演繹法や帰納法が不完全な形で用いられているものです。したがって、形式的な要件を整えるだけでは、確度の高い結論を導くことができません。結論の確度を高める上では、各命題に含まれる意味内容面を精査する必要があるのです。具体的には、アナロジーとアブダクションの論理展開において、それぞれ以下のような基本的な条件を備えることが、推論の確度を高めることにつながります。

①アナロジー

【アナロジーによる推論の確からしさを高めるための条件】
比較対象となっている2つの事象の「本質的特徴」について、「類似性」や「代表性」（片方がもう片方の代表的事例であること）が高いこと

　例えば、以下のような事例は、推論の確からしさという観点で問題があると言えます。

第4章　論理的思考の基礎技法③：仮説

（前提）ゾウならば、鼻が長い
　➤（結論）キリンならば、鼻が長いだろう

ゾウとキリンを比較した場合、動物という大きなくくりでは類似していますが、本質的特徴という観点からは十分な類似性が見いだせません。一方、

（前提）インドゾウならば、鼻が長い
　➤（結論）アフリカゾウならば、鼻が長いだろう

この場合には、比較対象である2つの事象の間に十分な類似性があることから、結果としてより確からしい推論を導くことができていることがわかります。

②アブダクション

【アブダクションによる推論の確からしさを高めるための条件】
一般命題における主部・述部、あるいは前件・後件の論理的関係性（分類・解析・因果・帰結・類似・統計など）について、「代表性」が高いこと

例えば、以下のアブダクションによる結論は、十分な説得力がありません。

（前提1）台風が来るならば、雨が降る
（前提2）雨が降った
　➤（結論）台風が来たのだろう

一般に、台風と雨との間には因果関係があると言えますが、雨が降るという事象の代表的な事例が台風であるとは言えません。なぜなら、台風以外の気象条件下でも雨が降ることが十分に想定されるからです。したがって、上記の結論は十分に説得力があるとは言えません。一方、次の事例はどうでしょう？

（前提1）台風が来るならば、看板が風で飛ばされる

（前提2）看板が風で飛ばされた
  ➢ （結論）台風が来たのだろう

この場合には、一般命題である前提1の前件命題「台風が来る」と後件命題「看板が風で飛ばされる」との間には、高い代表性が認められます。したがって、そこから導かれる結論も、より確からしいものであることがわかるのです。

これまで見てきたとおり、アナロジーとアブダクションは、内容面の制約条件を満たさない場合には、論理的な確からしさ（論証力）が低いものとなります。しかし、そのことはあくまで相対的な可能性の低さを示すだけで、必ずしもその推論自体が間違ったものであることを示しているわけではありません。現実社会におけるアナロジーやアブダクションは、限られた情報をもとに最も可能性の高い推論を導くための手段として用いられる場面が多く、したがって、上記のような前提条件がそろっていない場合でも頻繁に用いられることがあるのです（そして、そのような推論が往々にして新しい発見や正しい結論を導くことがあります）。ただし、そのような推論においては、私たち自身がその問題点を十分理解した上で扱う必要があることを忘れてはいけません。

（2）仮説は、できる限り多くの検証作業と併せて用いること

第4節で見た仮説演繹法は、その推論のプロセスの中に検証作業を含んでいました。しかし、アナロジーやアブダクションであっても、（その論証性が低い場合には特に）同様の検証作業を行うことが望ましいと言えます。そもそも、仮説とは基本的に必ずしも可能性の高くない推論ですから、その推論の重要性が高ければ高いほど、より確実性を高める努力が必要になります。そして、

その努力とは、仮説を検証する作業に他なりません。また、仮説演繹法の説明でも述べたとおり、仮説の構築とその検証は、決して一度限りのものではなく、何度も繰り返すことで少しずつ仮説を修正し、その精度を徐々に高めていくことが有効になります。

　なお、アナロジーやアブダクションによる推論では、不足する情報を補う必要がありますが、一般にその情報源は主に思考者の知識・経験による場合が多く、したがって仮説による推論結果は、各人の知識量や経験量などによって左右されがちであると言えます。そのため、仮説による推論の確実性をより高めるための検証作業では、外部情報の収集（例えば、自分の知らない事実情報を集める、より知見のある人にヒアリングするなど）や実験による客観事象の観察といったアプローチが大変重要になります。また、そのような検証作業においては、恣意性の排除という観点も忘れてはなりません。仮説検証の場面においては、時に自分の仮説に都合の悪い事例を検証対象から外してしまう人も見受けられます。しかし、検証作業においてむしろ重要なのは、あえて当初の仮説に反するような事例を深掘りすることです（このような批判的な姿勢で物事を捉える思考をクリティカルシンキングと呼びます）。私たちは、そうした検証作業を通じてこそ、仮説を昇華させることができ、結果としてより精度の高い推論を導くことができるのです。

第5節 仮説思考力を身に付けるために必要なこと

　本章で説明してきた仮説による推論を上手に行える人のことを、一般に「仮説思考力が高い人」と呼びます。仮説思考力とは、少ない情報からさまざまな事象を類推することができる力のことです。いわゆる「1を聞いて10を知る」とは、まさに仮説思考力が高い人のことを指すのです。そして、そのような仮説思考力の高さは、優秀なリーダーとしての重要な要件の1つでもあります。なぜなら、リーダーは、わずかな事象の中から将来の状況変化を適切に推論し、それに応じた適切な対処を先回りして行っていく必要があるからです。では、私たちはどうすれば仮説思考力を高めることができるのでしょうか？　ポイントは大きく2つあります。

　1つめのポイントは、「経験・知識の蓄積」です。既に述べたとおり、仮説による推論結果は、思考者の知識量や経験量などによって左右されます。したがって、同じ事象から、Aさんには適切な仮説を導くことができても、Bさんにはできないといった場面が往々にしてあります。これは、私たちの脳の中で、対象事象と過去の記憶の参照作業を行う際に、記憶に含まれる経験や知識量が多いほど、より多くの類似事例を参照することができるためです。したがって、1つの事象から広く深い仮説を導くことができるようになるためには、豊富な経験量や知識量が必要となります。本書の読者は、生活や仕事の中での経験を日々積み重ねながら、読書や学習を通じて貪欲に知識を吸収する姿勢が重要になるでしょう。

　一方、2つめのポイントは、「パターン認識力」です。パターン

認識力とは、個別の情報・事象からその背景にある抽象的事柄や本質を抽出し、他の事例にも適用できるパターンとして記憶する力です。どんなにたくさんの経験や知識を持っていても、それらの情報が全て別々の個別事象として記憶に蓄積されていたのでは、後から参照する場合にそれぞれの重要性がわからず、また情報量が多すぎて、適切な類似点を抽出することが難しくなります。このことは、皆さんの脳の中の「引き出し」に例えることができるでしょう。つまり、日々経験・学習した情報を脳の中に雑然とした状態で記憶するのではなく、同じような構造・性質を持つ情報を整理しながら同一の「引き出し」にしまっていくことで、後から参照する際に探しやすくするのです。そのためには、日々触れる情報について、表層的な部分ばかりなく、本質的な構造や性質に目を当て、それをパターン(「引き出し」)化していくような意識付けが重要になります。皆さんも、そのような意識を持ちながら、日々の生活を通じて少しずつ「引き出し」を増やしていくことができれば、より早く幅広い仮説を導けるようになるはずです。

> **コラム　今日の科学技術の発展は、先人たちの仮説思考のおかげ**

演繹法が内容面に依存しない論理構造を持ち、帰納法が多くの具体的事象を積み重ねることで論理性を高められる特性を持つのに対し、仮説による推論では、その確からしさが個別の推論の内容面に大きく依存することになり、両者に比べて論理性は弱いと言えます(それゆえ、論理学の世界では、かつてはほとんど扱われることはありませんでした)。にもかかわらず、現実社会、特に科学の分野においては古くから幅広く活用されている代表的な推

論手法でもあります。

　例えば、新薬開発などに従事する研究者が新薬の効果を試す際に、まずマウスに薬を投与する実験を行うことは、皆さんも聞いたことがあるでしょう。これは、マウスと人間の生物学的な類似性を根拠として、マウスにおける実験結果が人間にも当てはまるだろうと結論付けている、つまりアナロジーの考え方に基づいた推論であると言えるのです（もちろん、アナロジーに基づく推論は、その確からしさにおいて危うい面も持ちますので、そうした新薬開発の場面では、その後さらに臨床試験などで、実際の人間に対する薬の効果を確認するような検証作業を行います）。

　一方、歴史的に見ると、アブダクションに基づく推論も、科学の世界においてさまざまな貢献をしてきました。例えば、ニュートンによる万有引力の発見は、以下のようなアブダクションに基づく推論がきっかけとなったことは有名です。

（命題１）リンゴが、木から落ちた
（命題２）物体間に引き合う力（万有引力）が作用していれば、
　　　　　リンゴが木から落ちる
　➤（結論）物体間には引き合う力（万有引力）が作用しているのだろう

　また、ケプラーによる天体の楕円軌道説も、アブダクションによる推論の典型的な功績例と言われています。

（命題１）火星は、太陽の楕円軌道上を動いている
（命題２）太陽に対する惑星の軌道が円ではなく楕円であるなら
　　　　　ば、火星は太陽の楕円軌道上を動く
　➤（結論）惑星の軌道は、円ではなく楕円なのだろう

　さらに、仮説演繹法は、歴史的に科学の世界において優れた仮説検証手段として幅広く活用されてきました。例えば、有名なダー

ウィンの進化論はその実例となります。まずダーウィンは、帰納法的アプローチを用いて、さまざまな生物の観察結果をもとに生物の進化に関する数多くの一般命題を仮説として構築しました。
- 全ての生物には、変異がある
- 地域などにより環境には違いがあるため、地域などにより子孫を残しやすい変異も異なる
- 全ての生物は、共通の祖先から、異なる特徴と性質を持った複数の子孫へと分岐する

そして、このような仮説が正しければ観測されるであろう、さまざまな事実を1つひとつ当てはめて、気の遠くなるような膨大な検証作業を積み重ねていきました。例えば、生物の「属」やそこに含まれる「種」の数が「地域」の違いによってどう影響を受けるのかなど、考えられうるあらゆるディメンションについてサンプルをMECEに抽出し、それらが彼の提唱した進化論に当てはまるのかを丁寧に照合していったのです。こうしたプロセスは、まさしく仮説演繹法の検証作業に合致するものです。

このように、科学の発展の歴史は、仮説による推論に支えられてきたと言っても過言ではありません。では、論理性が弱い仮説という推論手法が、科学分野においてこれほど多くの実績を残してきたのは、一体なぜでしょうか？ それは、既に述べたとおり、現実社会では推論に必要な情報が全て入手でき、それらの情報から必然的に絶対解を導けるような状況はむしろ数少ないからです。つまり、現実社会で起こる事象の背景にある原理や法則を一般化・体系化するという科学の領域においては、不足する情報を類似する他の情報で補完しながら最も可能性の高い結論を導くという仮説に基づく推論のアプローチが必要不可欠だと言えるのです。

第 4 章のまとめ

1．アナロジー
(1) アナロジーとは
- 2つの事象が類似していることを根拠に、一方の特徴・性質を他方にも適用することで結論を導く推論手法

例：（前提）犬は人間より嗅覚が鋭い
➤ （結論）オオカミは人間より嗅覚が鋭いだろう

(2) アナロジーによる推論のプロセス

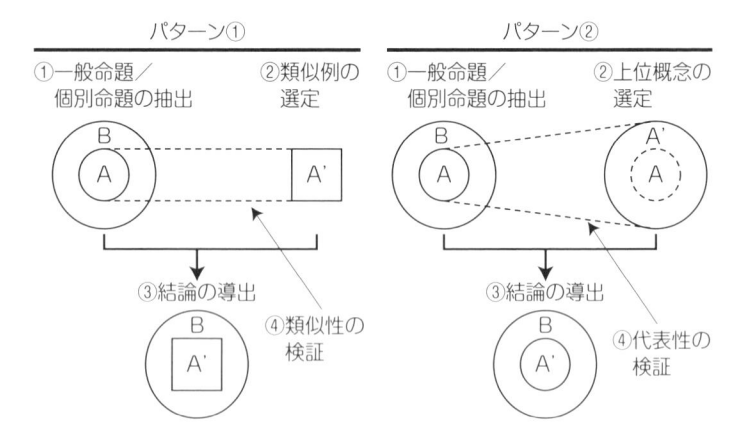

パターン①	パターン②
①一般命題／個別命題の抽出　②類似例の選定	①一般命題／個別命題の抽出　②上位概念の選定
③結論の導出　④類似性の検証	③結論の導出　④代表性の検証

(3) アナロジーを用いる際の留意点
- 形式だけでなく内容に留意して推論を行うこと
- 仮説は、できる限り数多くの検証と併せて用いること

2．アブダクション
(1) アブダクションとは
- ある個別命題とそれを引き起こす可能性のある一般命題をもとに、別の個別命題を推論する技法

第4章 論理的思考の基礎技法③:仮説

例:(前提1)メロンならば、おいしい(一般命題)
　　(前提2)この果物は、おいしい(個別命題)
　　➤(結論)この果物は、メロンだろう
(2) アブダクションによる推論のプロセス

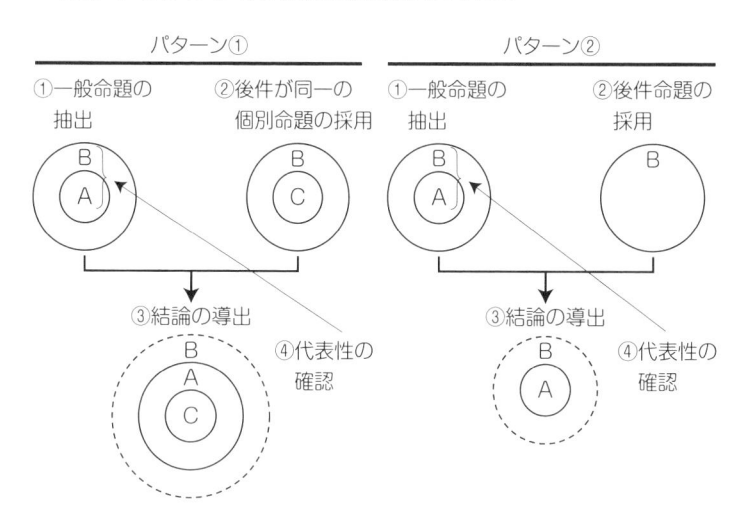

パターン①	パターン②
①一般命題の抽出　②後件が同一の個別命題の採用	①一般命題の抽出　②後件命題の採用
③結論の導出　④代表性の確認	③結論の導出　④代表性の確認

(3) アブダクションを用いる際の留意点
- 形式だけでなく内容に留意して推論を行うこと
- 仮説は、できる限り数多くの検証と併せて用いること

3. 仮説演繹法

(1) 仮説演繹法とは
- 複数の個別事象から帰納法で一般命題を推論し、別の個別命題と組み合わせて演繹法で結論を導いた上で、その結論と実際に観察される個別事象が合致するかを確認する推論方法

(2) 仮説演繹法による推論のプロセス

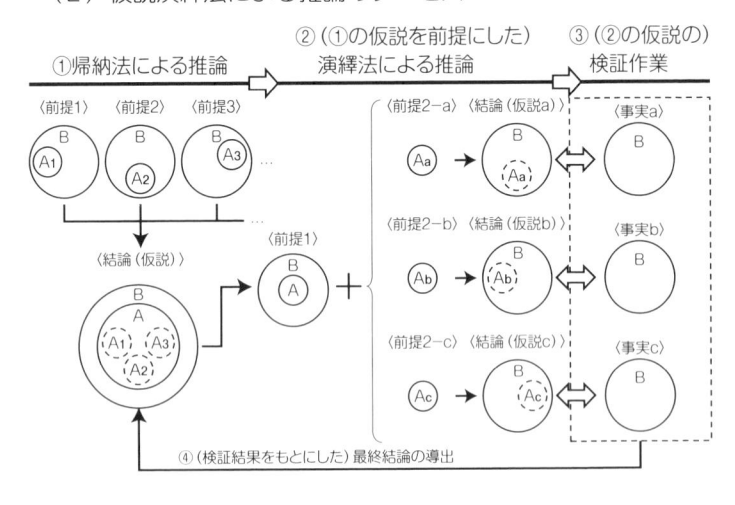

①帰納法による推論　②（①の仮説を前提にした）演繹法による推論　③（②の仮説の）検証作業

④（検証結果をもとにした）最終結論の導出

社会人のための考える力

第5章
論理的思考の基本ツール:
ロジックツリー

本章では、第2章から第4章で学んだ、MECE・演繹法・帰納法・仮説という4種類の論理的思考の技法を効果的に活用するための基本ツールとなるロジックツリーの使い方を学んでいきます。

第1節　ロジックツリーとは

　ロジックツリーとは、一言で言えば、何らかの推論における論理構造を示したツリー（木）状の情報整理図のことで、これは図表 5-1 のように表現されます。

図表 5-1　ロジックツリーの具体例

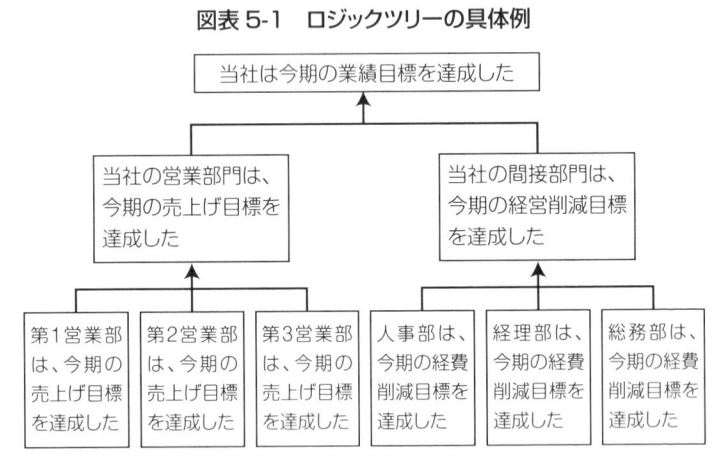

```
             ┌─────────────────────────┐
             │ 当社は今期の業績目標を達成した │
             └─────────────────────────┘
                  ↑              ↑
    ┌──────────────────┐   ┌──────────────────┐
    │ 当社の営業部門は、  │   │ 当社の間接部門は、  │
    │ 今期の売上げ目標を  │   │ 今期の経営削減目標 │
    │ 達成した          │   │ を達成した         │
    └──────────────────┘   └──────────────────┘
       ↑     ↑     ↑          ↑     ↑     ↑
```

| 第1営業部は、今期の売上げ目標を達成した | 第2営業部は、今期の売上げ目標を達成した | 第3営業部は、今期の売上げ目標を達成した | 人事部は、今期の経費削減目標を達成した | 経理部は、今期の経費削減目標を達成した | 総務部は、今期の経費削減目標を達成した |

　図表 5-1 の各ボックスには、概念や命題が入ります。ロジックツリーでは、上のボックスには結論が入り、その下のボックスにはそれを支える複数の根拠が入り、それら同士を線で結ぶことで、論理のつながりを示しています。見た目が、木の傘のような形をしているので「論理の木」（ロジックツリー）と呼ばれるのです。

　このような論理構造を示す方法として、私たちは既に集合を表す図の活用について学びましたが、ロジックツリーはより一般的かつ汎用的な論理構造図と言えます。では、一体なぜわざわざロジックツリーを用いる必要があるのでしょうか？　ロジックツ

リーを活用することには、次のような複数のメリットがあります。

（1）簡略に図式化されているため、複雑な論理構造でも全体像を容易に把握できる

　図表 5-1 を見るとわかるとおり、ロジックツリーの基本構造は四角い箱（ボックス）とそれを結ぶ矢印というとてもシンプルなものです（演繹法で用いた図と比べれば、簡素化された表現方法であることがわかりやすいと思います）。ロジックツリーを用いると、どんなに複雑で大掛かりな論理構造であっても、このシンプルな基本構造で表現されますので、問題の全体像が容易に把握できるようになります。

（2）結論と根拠との関係性が明確なため、直感的に理解できる

　ロジックツリーでは、根拠となる概念・命題と、そこから導かれる結論とが矢印で結ばれており、両者の論理的つながり（縦の関係性）が容易に理解できるように表現されています。また、同じ階層に複数の根拠がある場合には、それらが同じ高さに並列で表記されるため、相互の位置付け（横の関係性）も明確になっています。このように、全体の論理構造を構成する各命題の縦と横の関係性が直感的に理解できることは、ロジックツリーを活用する上での大きな利点と言えます。

（3）思考のプロセスが可視化されているため、論理的整合性が容易に確認・修正できる

　ロジックツリーでは、各概念・命題間の論理的な関係性だけではなく、各ボックスを矢印で結ぶことにより思考のプロセスも表現されています[20]。このため、出来上がったロジックツリーを後

からチェックする際には、矢印をたどりながら1つひとつのつながりの論理的整合性を確認することで、論理的な誤りを修正しやすくなります。そのため、1箇所に誤りが見つかった場合、そこから先の矢印で結ばれた論理構造全てについて修正が必要であることが明確になります。

このように、ロジックツリーは、一度組み立てた論理について、後からチェックしたり、修正したりする際にも、非常に使い勝手のよいツールであると言えます。

(4) 一般に広く使われているツールであるため、背景や文脈が異なる相手との間でも容易に理解し合える

ロジックツリーは、世界的にも幅広く使われている、論理的思考の汎用的なツールです。使い方は、人によって多少の違いはありますが、論理構造の全体像をツリー型に表記するという基本的手法は変わりません。したがって、仕事の場面で初めて顔を合わせる人との間であっても、ロジックツリーを用いて自らの主張を説明することで、比較的容易にお互いの論理を理解し合うことができるのです。

このように、文化や背景、文脈が異なる相手に対して自らの論理を説明しなければならないような場合に、ロジックツリーは特に威力を発揮することになるでしょう。

---

[20] ロジックツリーにおける概念・命題間のつながりは、矢印ではなく実線で表記されることもあります。そのような場合でも、論理展開の方向性(トップダウン or ボトムアップ)を確認することで、思考プロセスの順序がわかります。

第5章 論理的思考の基本ツール：ロジックツリー

第2節　ロジックツリーの使い方

　ロジックツリーは、大きく分けると用途に応じてWhatツリー、Whyツリー、Howツリーの3種類に分類することができます。形式面では、どのロジックツリーもあまり変わりありませんが、内容面では若干異なるため、論理の組み立ての際にはそれぞれの違いを認識しておく必要があります。以下では、それぞれのロジックツリーの特徴と使い方について見ていくことにします。

(1) Whatツリー

　Whatツリーは、論理的思考の類型上では、主に「分類」や「解析」にあたる論理展開の際に用いられるロジックツリーです。Whatツリーの形式上の最大の特徴は、各ボックスには命題ではなく名辞（概念を言葉で表現したもの＝名詞/名詞句）が記載される点にあり、この点で他の2つのツリーとは異なっています。また、Whatツリーでは、ツリーの上位には「全体」や「本質」にあたる概念が、下位には「部分」や「表層」にあたる概念が表記されます。

　図表5-2は、「分類」の論理展開をWhatツリーで表現したものです。第2章で学んだとおり、「分類」では推論の技法としてMECEが用いられますが、MECEな推論を行う際には、原則としてWhatツリーが用いられます。「分類」の場合、推論の方向性は「全体⇒部分」ですので、図表5-2のように、矢印の方向も上から下へのトップダウンで展開していくことになります。

　例えば、図表5-2では「A社の顧客」という概念が最上位にあり、それをMECEに分類した結果として導かれた結論がその下

図表 5-2　What ツリーの具体例（トップダウン型の場合）

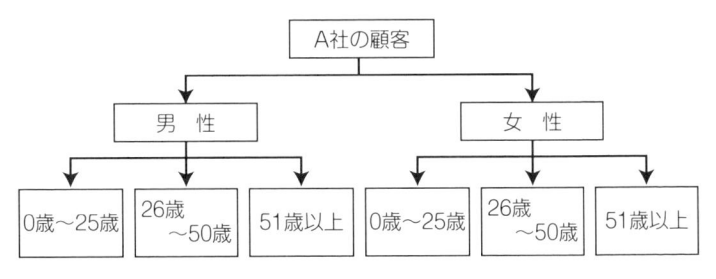

```
                    ┌─────────────┐
                    │  A社の顧客   │
                    └──────┬──────┘
              ┌────────────┴────────────┐
        ┌─────▼─────┐              ┌────▼──────┐
        │   男　性   │              │   女　性   │
        └─────┬─────┘              └─────┬─────┘
      ┌───────┼───────┐          ┌───────┼───────┐
  ┌───▼──┐ ┌──▼───┐ ┌─▼────┐ ┌───▼──┐ ┌──▼───┐ ┌─▼────┐
  │0歳～ │ │26歳  │ │51歳  │ │0歳～ │ │26歳  │ │51歳  │
  │25歳  │ │～50歳│ │以上  │ │25歳  │ │～50歳│ │以上  │
  └──────┘ └──────┘ └──────┘ └──────┘ └──────┘ └──────┘
```

の階層にある「男性」と「女性」という概念です（ここでは「A or not A」の手法により MECE な分類が行われています）。そして、さらに「男性」と「女性」という概念は、それぞれ「0歳~25歳」「26歳~50歳」「51歳以上」という3つの項目に MECE に分類され、それぞれの下層に表記されています（ここでは、「Others」の手法を用いて MECE な分類が行われています）。いずれの階層でも、下の階層の概念を全て合わせると上の階層の概念が構成されるという関係性にあることがわかります。

一方、ボトムアップ型の「解析」にあたる論理展開を What ツリーで表現した事例が図表 5-3 です。

「解析」は、物事の表層的な側面から、より本質的な事柄を抽出する推論です。したがって、推論の方向性は「表層⇒本質」となり、図表 5-3 にあるように、矢印の方向も下から上へのボトムアップとなります。この事例では、下位にある「鉛筆」や「ボールペン」から、それらに共通する本質的な事柄である「文字を書く道具」が上位に抽出され、同じように「消しゴム」と「修正ペン」から「消す道具」が、「ものさし」と「コンパス」から「線を引く道具」が抽出されています。さらに「文字を書く道具」「消す道具」「線を引く道具」の3つに共通する本質的な事柄として、

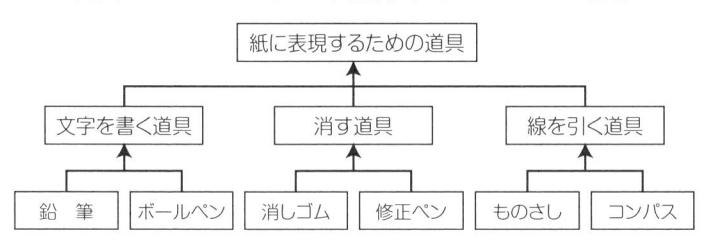

図表 5-3　What ツリーの具体例（ボトムアップ型の場合）

```
                    紙に表現するための道具
           ┌──────────────┼──────────────┐
      文字を書く道具        消す道具        線を引く道具
        ┌───┴───┐      ┌───┴───┐      ┌───┴───┐
       鉛筆　ボールペン  消しゴム　修正ペン  ものさし　コンパス
```

「紙に表現するための道具」（文房具）が最上部に導かれています。このように、What ツリーを活用し、ボトムアップで推論を行っていくことで、最下層にある 6 つの概念から、それらに共通する本質的な事柄が 1 つ解析されたことになります。

(2) Why ツリー

　Why ツリーは、「分類」を除くほぼ全ての論理的思考の類型で活用することのできる、最も頻繁に用いられるロジックツリーです。先ほどの What ツリーとの形式上の違いは、ツリーのボックス内に概念ではなく命題が入る点のみで、基本的な構造は変わりません。したがって、ツリーのより上位には「結果」「帰結」「本質」などが記載され、より下位には「原因」「理由」「表層」などが記載されます。典型的な事例として、図表 5-4 では、ボトムアップ型の「論決」の推論で Why ツリーを活用している事例を取り上げています。

　図表 5-4 の左側の最下層では、「上期の為替相場が円安ならば、下期はガソリン価格が上昇する」という一般命題に、「今年度の上期は、為替相場が円安で推移している」という個別命題を組み合わせ、両者を理由として演繹法の推論に基づき、1 つ上の階層で「今年度の下期は、ガソリン価格が上昇する」という帰結（個別命

図表 5-4　Why ツリーの具体例（ボトムアップ型の場合）

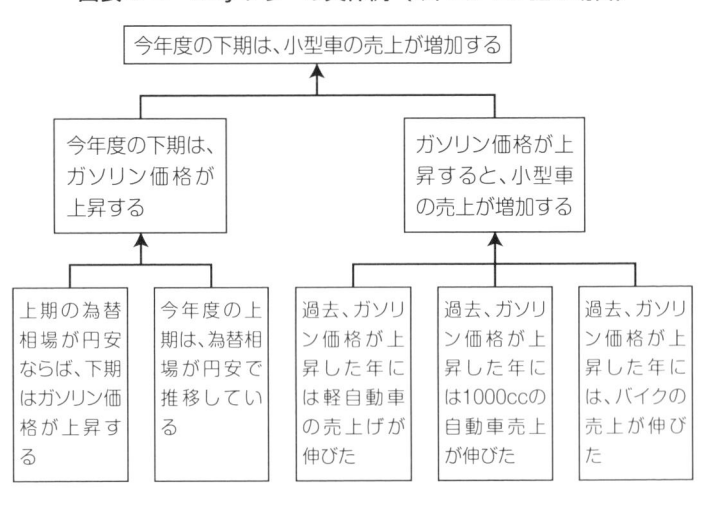

```
                  ┌─────────────────────────────────┐
                  │今年度の下期は、小型車の売上が増加する│
                  └─────────────────────────────────┘
                          ↑                ↑
          ┌───────────────────┐   ┌───────────────────┐
          │今年度の下期は、     │   │ガソリン価格が上    │
          │ガソリン価格が      │   │昇すると、小型車    │
          │上昇する           │   │の売上が増加する    │
          └───────────────────┘   └───────────────────┘
              ↑        ↑          ↑        ↑        ↑
    ┌──────┬──────┐ ┌──────┬──────┬──────┐
    │上期の為│今年度の│ │過去、ガ│過去、ガ│過去、ガ│
    │替相場が│上期は、│ │ソリン価│ソリン価│ソリン価│
    │円安　　│為替相　│ │格が上昇│格が上昇│格が上昇│
    │ならば、│場が円安│ │した年に│した年に│した年に│
    │下期は　│で推移し│ │は軽自動│は1000cc│は、バイ│
    │ガソリン│ている　│ │車の売上│の自動車│クの売上│
    │価格が上│　　　　│ │げが伸び│売上が伸│が伸びた│
    │昇する　│　　　　│ │た　　　│びた　　│　　　　│
    └──────┴──────┘ └──────┴──────┴──────┘
```

題）を導いています。一方、右側の最下層では、「過去、ガソリン価格が上昇した年には」、「軽自動車」と「1000ccの自動車」と「バイク」のいずれも「売上が伸びた」という事実をもとに、帰納法を用いて「ガソリン価格が上昇すると、小型車の売上が増加する」という一般命題を導いています。そして、図表5-4の中位の2つの命題から、演繹法の手法を用いて、最上位の「今年度の下期は、小型車の売上が増加する」という結論付けを行っています。

　このように、Whyツリーにおける論理展開では、帰納法と演繹法の技法を用いた複数の推論が組み合わされて最終的な結論が導かれることになります。改めてボトムアップ型のWhyツリーの論理展開を見渡すと、下位の階層の複数の命題と、より上位の命題が「したがって（therefore）」という接続詞で結び付けられる構造になっていることがわかります（例えば、「上期の為替相場が円安ならば、下期はガソリン価格が上昇する」and「今年度の上期は、

為替相場が円安で推移している」⇒ "したがって（therefore）"、「今年度の下期は、ガソリン価格が上昇する」）。

一方、トップダウン型の「因果」の推論にWhyツリーを用いた事例は、図表5-5に記載されています。

図表5-5　Whyツリーの具体例（トップダウン型の場合）

```
                    当社の粗利益が減少した
         ┌──────────────────┼──────────────────┐
    市場規模が          当社の市場シェ        当社の粗利率
    縮小した            アが減少した          が減少した
    ┌────┴────┐      ┌────┴────┐      ┌────┴────┐
国内市場が 海外市場が  国内シェア 海外シェア  法人向け商 個人向け商
縮小した   縮小した    が減少した が減少した  品の粗利率 品の粗利率
                                            が減少した  が減少した
```

このWhyツリーでは、「当社の粗利益が減少した」という事実を出発点とし、その原因と考えられる複数の命題をツリーの下の階層に展開していくプロセスが表現されています。第3章で学んだとおり、このようなトップダウン型の推論では、可能性として考えられるものをMECEな要素に分類した上で展開していく必要があります。この事例では、まず「当社の粗利益」を「市場規模」×「当社の市場シェア」×「当社の粗利率」という数式でそれぞれの要素にMECEに因数分解した上で、各要素について考えられる原因を帰納的な方法で推論しています。例えば、粗利益が下がった原因のうち「市場規模」の要素に関しては、「市場規模が縮小した」可能性が推論されます。そして、「市場規模が縮小した」原因をさらに探るため、「市場」を切り口に「国内市場」と「海外市場」（A or not A）というMECEな要素に分類した上で、

それぞれの要素について「国内市場が縮小した」「海外市場が縮小した」という原因を帰納的アプローチで推論しています。こうしてみると、トップダウン型のWhyツリーの論理展開の場合には、上位の階層の命題と、より下位の階層の複数の命題が「なぜならば（because）」という接続詞で結び付けられる構造になっていることがわかるでしょう（例えば、図表5-5の事例では、「市場規模が減少した」⇒"なぜならば（because）""国内市場が縮小した」and/or「海外市場が縮小した」から）。

（3）Howツリー

　Howツリーは、論理的思考の類型上では、主として「因果・論決」にあたる論理展開の際に用いられるロジックツリーです。論理展開という点ではWhyツリーに似ていますが、目的-手段という特殊な関係性を表現するという点にその特異性があります。言い換えると、Whyツリーでは、主にある命題同士の「静的な」関係性が表現される一方、Howツリーでは、主にある命題同士の「動的な」関係性が表現される点が異なります。言葉ではわかりにくいと思いますので、図表5-6でトップダウン型のHowツリーの具体的な事例を見てみましょう。

　トップダウン型のHowツリーでは、目的→手段の方向性で推論を行いますので、まず最終的な目的が最上位に記載されます。その際、掲げられる目的は、なるべく具体的で、かつ明確なものであることが重要です。図表5-6の事例では、「来年度の売上高を1.5倍に増やす」という命題が最終目的として掲げられていますが、来年度という時間的な期限や1.5倍という定量的な水準が掲げられており、目的として具体的かつ明確なものであることがわかります。

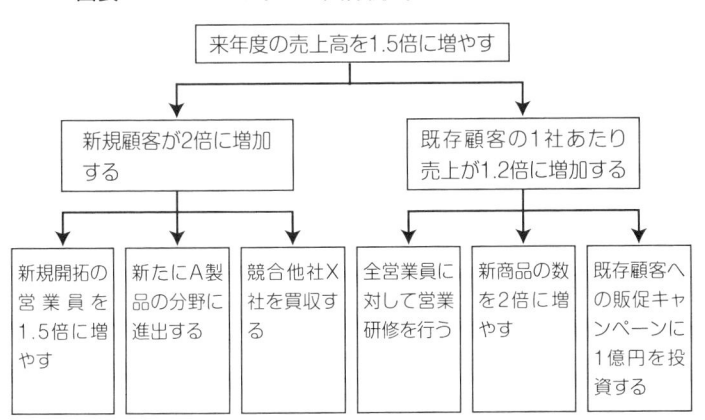

第5章 論理的思考の基本ツール：ロジックツリー

図表 5-6　How ツリーの具体例（トップダウン型の場合）

```
                    来年度の売上高を1.5倍に増やす
                              │
          ┌───────────────────┴───────────────────┐
   新規顧客が2倍に増加                 既存顧客の1社あたり
   する                                売上が1.2倍に増加する
       │                                       │
  ┌────┼────┐                      ┌───────────┼───────────┐
新規開拓の  新たにA製  競合他社X      全営業員に   新商品の数   既存顧客へ
営業員を    品の分野に  社を買収す     対して営業   を2倍に増    の販促キャ
1.5倍に増   進出する    る            研修を行う   やす         ンペーンに
やす                                                            1億円を投
                                                                資する
```

　次に、この目的を実現するために満たすべき条件をできる限りMECEに抽出します。ここでは、自社の顧客を「新規顧客」と「既存顧客」という2つの要素にMECEに分類した上で、それぞれの要素について満たすべき条件として「新規顧客が2倍に増加する」と「既存顧客の1社あたり売上が1.2倍に増加する」という2つの命題を導いています（この事例では、新規顧客数が2倍に、既存顧客売上が1.2倍に増加することで、全体の売上高1.5倍増が実現可能であるという前提になっています）。

　そして、それらの条件を実現するための具体的行動がさらに下位に記載されていますが、実はこの部分がHowツリーにおける最大の特徴で、Whyツリーとの違いでもあります。先ほど見た2段目の「新規顧客が2倍に増加する」という命題は、あくまで「状況」や「状態」を表す客観的事象ですが、3段目の「新規開拓の営業員を1.5倍に増やす」「新たにA製品の分野に進出する」「競合他社X社を買収する」は、いずれも「行動」を表す主体的なものです。言い換えれば、2段目の命題は、主語が第三者

でしたが、3段目では、主語が自社になっているのです。このように、Howツリーでは、最終的に最上位の目的を達成するために必要となる1人称の「行動」が導かれることになります。この「行動」は、最上段で設定した目的を達成するための手段にあたりますので、目的と同様になるべく具体的なものでなければなりません。また、図表5-6の最下段では、目的を達成できる可能性のある手段を幅広く列挙していますが、実際にこの手段を実行に移す際には、これらの中から最適なものを選定した上で実行するのが一般的です。

なお、この事例において「状況・状態」を満たすための「行動」を導く過程（図表5-6の2段目から3段目への展開）では、「新規顧客が2倍に増加する」および「既存顧客の1社あたり売上が1.2倍に増加する」を実現するための手段を、それぞれヒト・モノ・カネの要素でMECEに分類した上で、それぞれの要素に合致する主体的「行動」を抽出しています。このように、トップダウン型のHowツリーにおける「行動」の推論でも、論理的思考を用いることで、ある程度確度の高い手段が抽出できることも多いのですが、一方で必ずしも常に論理的思考だけで抽出することが容易でない場合もあります。なぜなら、ある特定の「状況・状態」を実現するための「行動」は、場合によっては数限りなく想定されることもあり、その中からより有効性の高いものを抽出するには、ある程度思考者の経験などを踏まえ、仮説で導き出す必要があるからです。また、そのような場合には、論理的思考だけではなく、創造的思考も加味して、従来はあまりなかったような新しい手段を導かなければならないことも数多くあります。

さて、これまで、トップダウン型のHowツリーの思考プロセス

について見てきましたが、図表 5-6 の最下段で導かれた手段としての「行動」を実行することで、最上位の目的である「来年度の売上高を 1.5 倍に増やす」を実現することは可能でしょうか？このことは、図表 5-7 にあるようなボトムアップ型の How ツリーで確認することができます（ここでは、図表 5-6 の最下段の手段のうち、「新規開拓の営業員を 1.5 倍に増やす」と「新商品の数を 2 倍に増やす」の 2 つを選定したことを前提に考えます）。

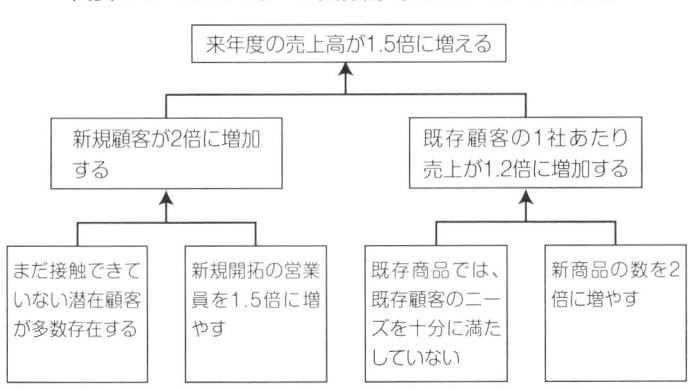

図表 5-7　How ツリーの具体例（ボトムアップ型の場合）

```
                    来年度の売上高が1.5倍に増える
                              ↑
         ┌────────────────────┴────────────────────┐
    新規顧客が2倍に増加              既存顧客の1社あたり
    する                            売上が1.2倍に増加する
         ↑                                ↑
   ┌─────┴─────┐                    ┌─────┴─────┐
 まだ接触できて  新規開拓の営業        既存商品では、  新商品の数を2
 いない潜在顧客  員を1.5倍に増         既存顧客のニー  倍に増やす
 が多数存在する  やす                  ズを十分に満た
                                      していない
```

先ほどのトップダウン型との違いは、最下段にあります。ボトムアップ型の How ツリーでは、推論の出発点が最下段になりますが、例えば、図表 5-7 の左下では、「新規開拓の営業員を 1.5 倍に増やす」という自社を主語とした 1 人称の「行動」に関する命題に加えて、「まだ接触できていない潜在顧客が多数存在する」という客観的な「状況・状態」の命題が出発点となっています。そして、そうした「状況・状態」に目的実現の手段としての「行動」を組み合わせた結果、論理的帰結として「新規顧客が 2 倍に増加する」という新たな「状況・状態」が導かれ、2 段目の階層に記

載されています。実は、ここでの推論は変則的な演繹法と捉えることができます。このことは、図表 5-7 の左下の命題「まだ接触できていない潜在顧客が多数存在する」を、「新規開拓の営業員を増やすならば、新規顧客が増える」という一般命題として読み替えるとわかりやすいでしょう。ただし、通常の演繹法とは異なり、個別命題がより具体的な表現（「営業員を 1.5 倍に」「新規顧客が 2 倍に」）となっている点には注意が必要です。そして、2 段目の 2 つの命題を組み合わせることで、最上段の「来年度の売上高が 1.5 倍に増える」という目的が達成されることが、帰納的に結論付けられています（ここでもやはり通常の帰納法とは異なり、できるだけ具体的な表現にする必要があります）。

　以上、3 種類のロジックツリーの基本的な概念と使い方について説明してきました。既に述べたとおり、それぞれのロジックツリーは用途に応じて使い分けが必要になりますが、その代表的な活用場面を、図表 5-8 にまとめてありますので、ロジックツリーを活用する際の参考にしてみてください。

　なお、3 種類のロジックツリーは図表 5-8 のとおり、用途に応じて別々に使用することもありますが、複数のロジックツリーを 1 つのロジックツリーに統合することもあります。ロジックツリー自体は、あくまで私たちの論理的思考を補助するツールの 1 つですので、形式に関わることなく推論の内容に応じて柔軟に活用してみてください。

第5章　論理的思考の基本ツール：ロジックツリー

図表 5-8　3種類のロジックツリーの典型的な活用場面

	(1) What ツリー	(2) Why ツリー	(3) How ツリー
トップダウンアプローチ	物事を複数の構成要素に分解する	問題の本質的原因を分析する	問題の解決策を創出する
ボトムアップアプローチ	複数の物事に共通する本質的要素を抽出する	客観的事象として、将来起こりうる出来事を予測する	主体的行動の結果、将来起こりうる出来事を予測する

第3節 ロジックツリーの基本原則

前節では、論理的思考の基本ツールである3種類のロジックツリーの使い方を見てきました。本節では、ロジックツリーを作成する際の留意点について、全てのロジックツリーに共通する3つの基本原則として説明していきます。

(1) ボックス内に記載する命題は、簡潔・明瞭・具体的に表記する

既に述べたとおり、WhyツリーとHowツリーでは、ツリーを構成するボックス内に命題が入りますが、この命題は、できるだけ簡潔かつ明瞭に表記することが原則です。なぜならば、冗長で不明瞭・抽象的な表現は、論理自体の確からしさを弱めることに繋がるからです。例えば、意味がどちらにでも取れる表現や、述語が明確でない「体言止め」の表現などは、そもそも何が言いたいのかわからず、それに続く論理展開もあいまいなものにならざるをえません。このことは、ロジックツリーに限らず、論理的思考を行う上での大原則です。他者に誤解なく(一意的に)伝えられ

図表5-9 ロジックツリーにおける命題表記の比較例

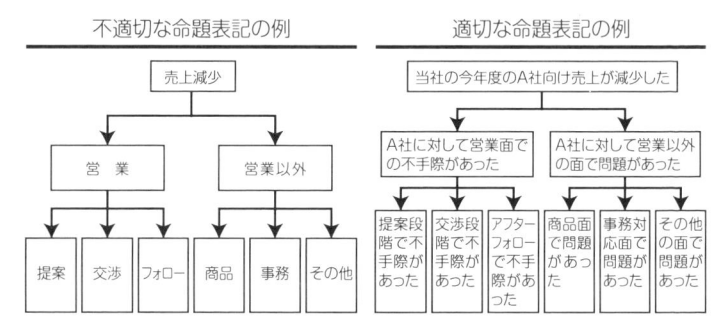

不適切な命題表記の例 / 適切な命題表記の例

(2) 縦のつながりには、推論の各種技法を用いる

　論理的思考はつながりをもとに推論を行うことだと本書の冒頭でも説明しました。ロジックツリーは、まさにそのつながりを可視化したものであり、それらのつながりをたどる際には、これまで学んだ MECE・演繹法・帰納法・仮説の 4 つの推論技法を用いるのが基本です。そして、ロジックツリーにおける「上位の概念・命題」と「下位の概念・命題」との間に、どのような推論の技法を用いるかという点については、論理構造を組み立てていく上での重要なポイントとなります。なぜならば、どの技法を用いるかによって、推論の確からしさに大きく影響するからです（例えば、演繹法を用いればより強い論理構造に、仮説を用いればより弱い論理構造になる傾向があります）。

　なお、その際、上位と下位の概念・命題間の関係性は図表 5-10 に示すとおり、論理的思考の類型に応じて常に一定となります（例えば、「因果」の推論においては、上位の命題には常に「結果」が、下位の命題には常に「原因」が配置され、その逆になることはありません）。

図表 5-10　論理的思考の類型別に見た上位・下位概念 / 命題間の関係性

ロジックツリーの基本形式	論理的思考の類型					
	分類・解析		因果	論結	比較	統計
上位	全体	本質	結果	帰結	類似例	母集団
下位	部分	表層	原因	理由	対象	標本

また、ロジックツリーにおける縦の関係性では、上位の命題1つに対して、2つ以上の下位の命題で支える構造になっていることが原則です。なぜなら、上位と下位の命題が1対1で対応する場合には、通常対等な関係性（例えば、対偶関係にある、あるいは片方が片方の定義となっているなど）にある場合が多く、そのよう場合は厳密には論理の展開ではなく、単なる言い換えにすぎないからです。また、仮説による推論の場合には、前提となる命題が1つしか存在しない場合もありますが、その場合にも以下のように補完命題を追加することで1つの上位命題を複数の下位命題で支えるような構造で表記することが望ましいでしょう。

図表 5-11　仮説による推論をロジックツリーで表現する場合の具体例

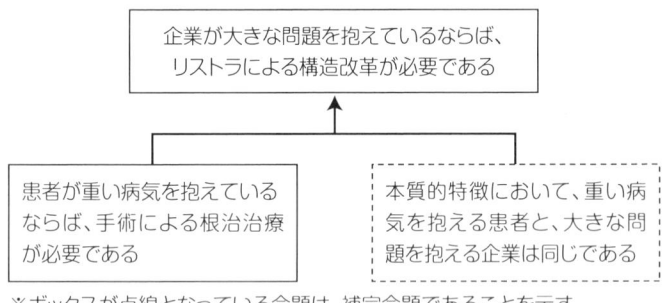

```
        ┌─────────────────────────────┐
        │ 企業が大きな問題を抱えているならば、│
        │ リストラによる構造改革が必要である │
        └─────────────────────────────┘
                      ▲
          ┌───────────┴───────────┐
┌──────────────────┐    ┌┄┄┄┄┄┄┄┄┄┄┄┄┄┄┄┄┄┐
│患者が重い病気を抱えている│    ┆本質的特徴において、重い病┆
│ならば、手術による根治治療│    ┆気を抱える患者と、大きな問┆
│が必要である          │    ┆題を抱える企業は同じである┆
└──────────────────┘    └┄┄┄┄┄┄┄┄┄┄┄┄┄┄┄┄┄┘
```

※ボックスが点線となっている命題は、補完命題であることを示す

　なお、場合によっては、同一命題を2ヵ所以上で活用するため、下位命題のボックスから上位命題のボックスに向かって複数本の矢印を向けたい場合もあります。しかし、1つの下位命題から上位命題へ向ける矢印は1本のみであることが原則ですので、このような場合には、同一命題であっても2つのボックスにそれぞれ表記するのが望ましいでしょう。

(3) 横のつながりは、MECEに分ける（トップダウン型の場合）

いずれの型のロジックツリーでも、トップダウンアプローチを取る場合には、考えられるさまざまな可能性を抽出しなければなりませんので、その際には原則としてまずMECEに分類してから推論を展開することになります。したがって、各階層における横の概念・命題間の関係性は、MECEであることが大原則です。

一方、ボトムアップ型の推論の場合には、原則として必ずしも横の繋がりがMECEである必要はありません。なぜならば、ボトムアップ型では、推論の出発点はある特定の事実となるため、トップダウン型のように、さまざまな可能性を幅広く検討する必要がないからです。

なお、WhyツリーやHowツリーにおける横の関係性においては、形式面では見分けがつかないものの、実は内容面で留意しなければならないポイントがもう1つあります。それは横同士の概念・命題が「and」の関係性にあるのか、それとも「or」の関係

図表5-12　ロジックツリーの横の命題間における「and」と「or」の関係性

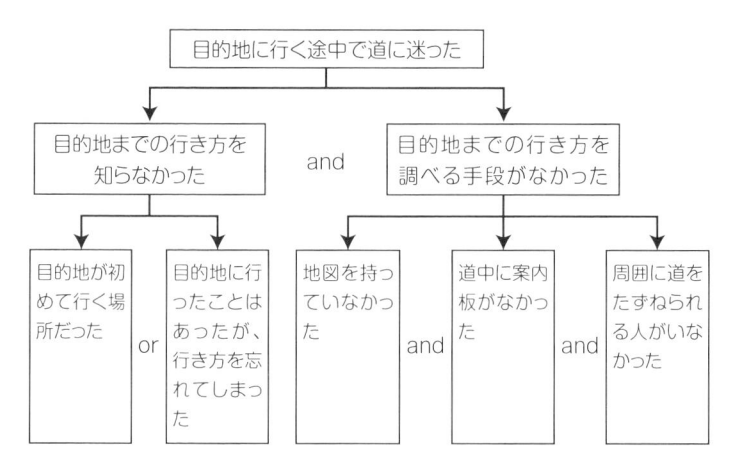

```
                    ┌─────────────────────────┐
                    │ 目的地に行く途中で道に迷った │
                    └─────────────────────────┘
                      │                      │
          ┌───────────────────┐   and   ┌───────────────────┐
          │ 目的地までの行き方を │         │ 目的地までの行き方を │
          │   知らなかった     │         │  調べる手段がなかった │
          └───────────────────┘         └───────────────────┘
            │             │              │         │         │
    ┌──────────┐ ┌──────────────┐ ┌────────┐ ┌────────┐ ┌────────┐
    │目的地が初 │ │目的地に行っ  │ │地図を持っ│ │道中に案内│ │周囲に道を│
    │めて行く場 │or│たことは    │ │ていなかっ│and│板がなかっ│and│たずねられ│
    │所だった  │ │あったが、    │ │た      │ │た      │ │る人がいな│
    │          │ │行き方を忘れ  │ │        │ │        │ │かった    │
    │          │ │てしまった    │ │        │ │        │ │          │
    └──────────┘ └──────────────┘ └────────┘ └────────┘ └────────┘
```

性にあるのか、という問題です[21]。例えば、図表5-12の事例を見てください。

この事例では、道に迷った原因として2階層目では2つの命題が、3階層目では2つの命題と3つの命題が、それぞれ抽出されていますが、それらの横の関係性がそれぞれ「and」の関係性にあるのか、それとも「or」の関係性にあるのかについては、通常のロジックツリーの形式を見ただけではわかりません。しかし、各階層における命題がそれぞれ「and」の関係性にある場合と「or」の関係性にある場合とでは、大きく意味が異なります。したがって、ロジックツリーを活用する際には、用途に応じて横の関係性が「and」なのか「or」なのかを、しっかり意識しながら使い分けなければなりません。

〔補足説明〕ロジックツリーにおける命題の結合（結合命題）

ロジックツリーにおける下位命題と上位命題との間には、何らかの論理展開が必要であり、その際、意味内容面での変換（推論）が存在することが原則です。しかし、ロジックツリーを汎用性の高いツールとして活用する上では、必ずしもこの原則に当てはまらない事例も出てきます。ここでは、そのような場合の対処法である結合命題について説明します。

図表5-13の事例では、2階層目と最上位の命題の間に、意味的な変換は何ら起きておらず、最上位命題は、単純に2階層目の命題を結合した形になっています。この事例における最上位命題のような命題を「結合命題」と呼びます。一般に結合命題は、こ

---

[21] Whatツリーの場合には、基本的に横の関係性は「and」となりますので、問題にはなりません。

第5章 論理的思考の基本ツール：ロジックツリー

図表 5-13 ロジックツリーにおける結合命題の事例

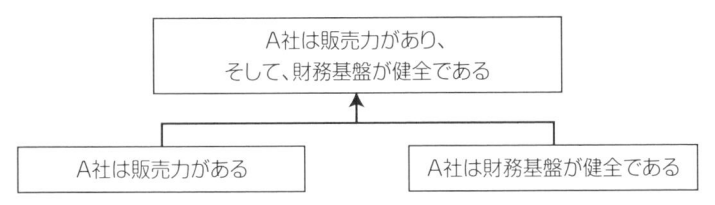

```
         ┌─────────────────────────┐
         │ A社は販売力があり、        │
         │ そして、財務基盤が健全である │
         └─────────────────────────┘
              ↑              ↑
    ┌──────────────────┐  ┌──────────────────────┐
    │ A社は販売力がある  │  │ A社は財務基盤が健全である │
    └──────────────────┘  └──────────────────────┘
```

の事例のように下位と下位の命題が「そして（and）」という接続詞で結び付けられた形式となります。このような結合命題は、厳密には推論の範疇に入りませんが、一種の帰納法による推論と捉え、ロジックツリーの中でも許容することが一般的です。なぜなら、現実社会における論理的思考では、必ずしも常に明確な推論が成立するわけではないので、少々緩やかな論理展開でも許容するような寛容さが必要になるためです。このような結合命題は、異なる論理展開のロジックツリーを1つにまとめて表現する場

図表 5-14 2つのWhyツリーを結合したロジックツリーの具体例

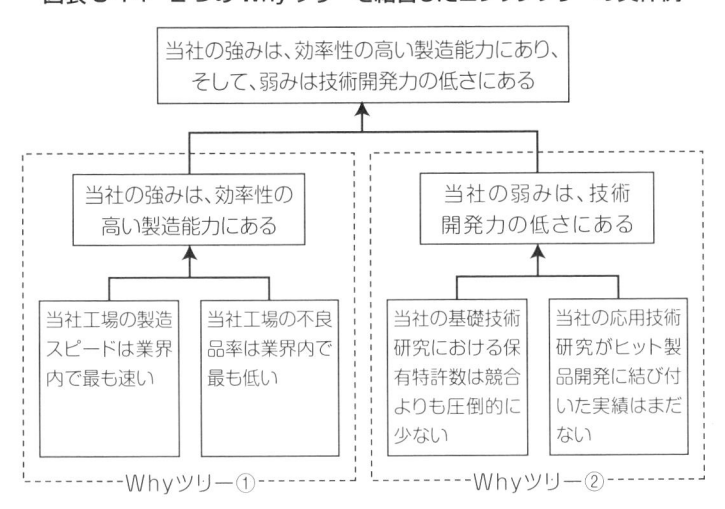

```
      ┌──────────────────────────────────┐
      │ 当社の強みは、効率性の高い製造能力にあり、 │
      │ そして、弱みは技術開発力の低さにある      │
      └──────────────────────────────────┘
```

┌ーーーーーーーーーーーーーーーーー┐ ┌ーーーーーーーーーーーーーーーーーー┐
│ ┌────────────────┐ │ │ ┌────────────────┐ │
│ │当社の強みは、効率性の │ │ │ │当社の弱みは、技術 │ │
│ │高い製造能力にある   │ │ │ │開発力の低さにある   │ │
│ └────────────────┘ │ │ └────────────────┘ │
│   ↑   ↑   │ │   ↑   ↑   │
│ ┌──────┐ ┌──────┐ │ │ ┌──────┐ ┌──────┐│
│ │当社工場の│ │当社工場の│ │ │ │当社の基礎│ │当社の応用││
│ │製造スピー│ │不良品率は│ │ │ │技術研究に│ │技術研究が││
│ │ドは業界内│ │業界内で最│ │ │ │おける保有│ │ヒット製品││
│ │で最も速い│ │も低い   │ │ │ │特許数は競│ │開発に結び││
│ │   │ │   │ │ │ │合よりも圧│ │付いた実績││
│ │   │ │   │ │ │ │倒的に少な│ │はまだない││
│ │   │ │   │ │ │ │い   │ │   ││
│ └──────┘ └──────┘ │ │ └──────┘ └──────┘│
└ーーーーWhyツリー①ーーーー┘ └ーーーーWhyツリー②ーーーーー┘

合などに用いられます。

　図表5-14は、自社の強みと弱みに関する2つのWhyツリーを1つのツリーにまとめたものです。この事例では、両者をまとめて結論付ける最上位の命題は結合命題になっており、自社の強みを推論するWhyツリー①の結論と自社の弱みを推論するWhyツリー②の結論を対比する位置付けになります。このように、複数の結論を対比したり並列させたりする場合には、結合命題を用いて1つの命題としてまとめて表した方が便利なのです。

　なお、結合命題における接続詞は、英語ではandという単純な表現ですが、日本語では「そして」だけでなく「しかし」「しかも」などさまざまに表現されることがあります。例えば、図表5-15の上段・下段の各事例を見比べてみてください。

　上段および下段の事例では、左右の結合命題は、いずれも全く同じ下位命題を取りますが、にもかかわらず結論となる最上位の

図表5-15　結合命題における接続詞の違いが、全体の意味合いに与える影響

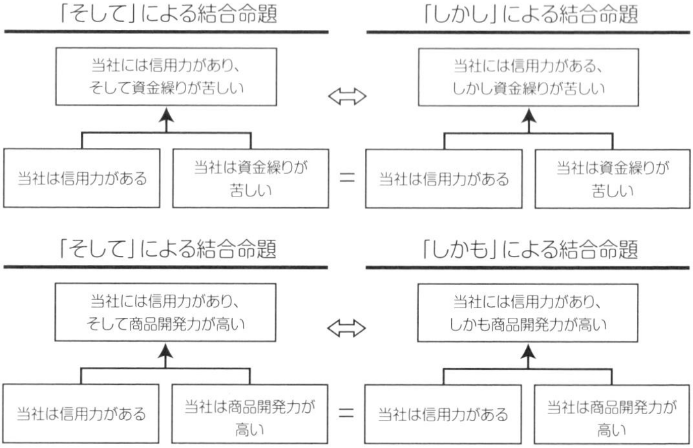

「そして」による結合命題　　　　　　「しかし」による結合命題

当社には信用力があり、そして資金繰りが苦しい ⇔ 当社には信用力がある、しかし資金繰りが苦しい

当社は信用力がある　当社は資金繰りが苦しい　＝　当社は信用力がある　当社は資金繰りが苦しい

「そして」による結合命題　　　　　　「しかも」による結合命題

当社には信用力があり、そして商品開発力が高い ⇔ 当社には信用力があり、しかも商品開発力が高い

当社は信用力がある　当社は商品開発力が高い　＝　当社は信用力がある　当社は商品開発力が高い

命題から伝わるニュアンスは、左右でそれぞれ微妙に異なることがわかるでしょう。実は、日本語における接続詞の表現は、非常に多様性に富む豊かなものですが、中には論理展開とは無関係のニュアンスを含むものも多いのです。図表 5-15 の事例でも、私たちが日常会話で使う接続詞表現としては、右側の「しかし」や「しかも」の方が多いはずです。しかし、論理的思考という観点からは、左側の「そして」の表現の方が適切と言えます。なぜなら、こうした日本語特有の接続詞の表現には、本来論理性とは無関係であるべき表現者の判断・意志・感情が介在してしまうからです。私たちが、論理的思考を行う際には、そのような判断・意志・感情を除外して論理構造を組み立てる必要があり、そのためにはこうした結合命題における接続詞表現にも留意が必要である点は覚えておきましょう。

　また、結合命題では、複数の命題を結合する際の命題間の前後の位置関係にも注意が必要な場合があります。

　例えば、次ページの図表 5-16 の上段の事例では、左右の結合命題の間の意味は全く同じとなります。しかし、下段の事例の場合、左右の結合命題では意味が異なっていることがわかります。なぜならば、下段の事例では、2 つの命題の間に、時間的順序関係が存在するため、両者を入れ替えるとその順序関係も変わってしまうことになるからです。このように、結合命題を用いる際には、結合対象となる命題の時間的順序関係も考慮に入れた上で、結合命題を構成する必要がある点にも留意しましょう。

図表 5-16　結合命題における命題の位置関係の違いが、全体の意味合いに与える影響

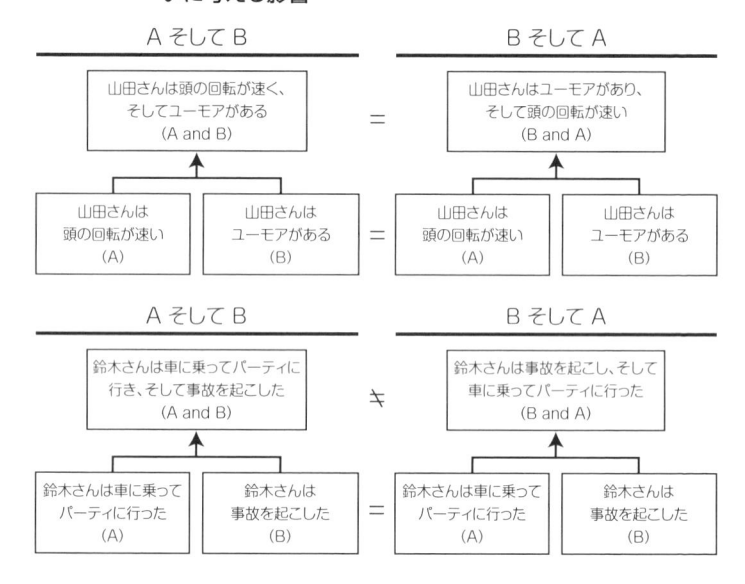

A そして B

山田さんは頭の回転が速く、
そしてユーモアがある
(A and B)

山田さんは
頭の回転が速い
(A)

山田さんは
ユーモアがある
(B)

＝

B そして A

山田さんはユーモアがあり、
そして頭の回転が速い
(B and A)

山田さんは
頭の回転が速い
(A)

山田さんは
ユーモアがある
(B)

＝

A そして B

鈴木さんは車に乗ってパーティに
行き、そして事故を起こした
(A and B)

鈴木さんは車に乗って
パーティに行った
(A)

鈴木さんは
事故を起こした
(B)

≠

B そして A

鈴木さんは事故を起こし、そして
車に乗ってパーティに行った
(B and A)

鈴木さんは車に乗って
パーティに行った
(A)

鈴木さんは
事故を起こした
(B)

＝

第5章　論理的思考の基本ツール：ロジックツリー

第5章のまとめ

1．ロジックツリーとは
- 推論における論理構造を示したツリー（木）状の情報整理図

2．ロジックツリー活用のメリット
- 複雑な論理構造でも、全体像を容易に把握できること
- 結論と根拠との関係性を直感的に理解できること
- 論理的整合性を容易に確認・修正できること
- 背景・文脈が異なる相手とも容易に理解し合えること

3．ロジックツリーの使い分け
（1）Whatツリー
- 主に、分類・解析の推論に用いられる
- 命題ではなく、名辞（概念）を扱う

　【活用場面の例】
　➤トップダウン型：物事を複数の構成要素に分解する場合
　　　　　　　　　（分類）
　➤ボトムアップ型：複数の物事に共通する本質的要素・全体
　　　　　　　　　像を抽出する場合（解析）

（2）Whyツリー
- 分類以外の推論に幅広く適用可能
- 最も頻繁に活用される

　【活用場面の例】
　➤トップダウン型：問題の本質的原因を分析する場合
　➤ボトムアップ型：客観的事象から、将来起こりうる出来事
　　　　　　　　　を予想する場合

（3）How ツリー
- 主に、因果・論決の推論に用いられる
- 目的 - 手段の関係性を表現する場合に活用

【活用場面の例】
➢ トップダウン型：問題の解決策を創出する場合
➢ ボトムアップ型：主体的行動の結果、将来起こり得る出来事を予測する場合

4．ロジックツリー作成時の基本原則
- ボックス内の命題は、簡潔・明確・具体的に記載する
- 縦のつながりには、推論の各種技法を用いる
- 横のつながりは、MECE に分ける（トップダウン型の場合）

第6章
論理的思考の全体プロセス

本章では、これまで学んだ論理的思考の技法とツールを用いて、論理的思考の統合的プロセスを実際のケースとともに学んでいきます。

第 1 節　トップダウンアプローチ

　トップダウン型の推論は、ボトムアップ型よりもより難易度の高い推論です。このトップダウンプローチでは、大きく 4 段階のプロセスに分けて推論を行っていきます。なお、推論のプロセスを説明するにあたり、共通の事例として以下のケースを題材にしています。

【ケース：Ａ社における業績不振の問題解決】
　機械部品メーカーＡ社の財務部に所属している太田さんは、昨日、社長から昨年度の業績について分析を行うよう指示を受けました。昨年度、Ａ社は創業以来初の赤字決算となり、営業利益ベースで 10 億円の赤字を計上しました。このような状況に直面し、社長以下役員全員が、Ａ社の将来に対して強い危機感を抱いています。太田さんの使命は、昨年度のＡ社に赤字をもたらした本質的な原因を探り、その中でも最大の要因を特定することにあります。太田さんは、一体どのようなプロセスで業績不振の原因を特定すればよいのでしょうか？

(1) メインイシュー（主論点）の設定

　論理的思考の出発点は、まずメインイシュー（主論点）を設定することから始めます。メインイシューの設定とは、「最終的に答えを出したい問いは具体的に何なのか？」ということを明確に定義することです。もし、誤ったメインイシューを設定してしまうと、せっかく時間をかけて適切な推論を行っても、それらの推論は全て無駄になってしまいますので、メインイシューの設定は非

常に重要なプロセスになります。メインイシューを設定する際には、以下の２つの点を考慮する必要があります。

①そもそも、正しい論点設定か否か？（重要性×制御性）

　論点を設定する場合には、問題をどのような側面から捉えるかによって、さまざまな設定の仕方が考えられます。先ほどの事例でも、昨年の赤字という表層的な問題に目を向ければ「昨年、Ａ社はなぜ赤字に陥ってしまったのか？」というシンプルな論点設定になります。一方、事業としての本質的な側面に目を向けるのであれば「Ａ社が将来にわたり安定した収益を確保する上で、Ａ社の事業構造上どこに問題があるのか？」という論点の設定の仕方もできるでしょう。では、私たちは論点をどのような側面から設定するべきなのでしょうか？

　一般的には、「重要性」と「制御性」のより高いものを対象に論点を設定する必要があります。例えば、この事例の場合、重要性という点では、昨年の特定の業績を問題にするよりも、将来にわたって業績が悪化することがないかどうか、という観点の方がより重要であると考えられます。また、制御性という観点でも、例えば業績不振の原因として景気の悪化という外部要因に目を向けても、自社だけではコントロールが難しいものですので、論点も内部要因に目を向ける必要があると考えられます。このように、発生している問題について、重要性と制御性という２つの軸で、より本質的な側面に目を向け、論点を絞り込むことが大切です。

②適切に表現されているか否か？（具体性：定義・測定）

　論点を設定する場合には、その表現方法にも気を配る必要があります。先ほどの事例で、「昨年のＡ社の業績不振の原因は何か？」という論点を設定した場合、「業績不振」という言葉の定義があいまいなため、そのままでは正しい結論を導くことが難しく

なります。「業績不振」を利益がマイナス（赤字）となったことと定義するのか、それとも、当初計画の利益額（例えば、営業利益50億円）を下回ったことと定義するのかでは、当然その原因分析も異なるものとなるはずです。このように、論点を設定する際には、誰が見ても疑義のないよう、なるべく具体的な言葉で、かつ可能な限り定量的に設定することが望ましいと言えます。

以上のことを踏まえ、先ほどの事例におけるメインイシューは、ここでは以下のように設定することにしましょう。
- A社が将来にわたり、安定して50億円以上の営業利益を確保する上で、A社の事業構造上の最大の問題点は何か？

なお、メインイシューを設定する際には、その論点自体以外にも考慮すべき点があります。それは、推論を行うにあたっての「制約条件」が何なのかという点です。先ほどのケースのように原因分析を行う場面では、制約条件が問題になることはあまりありませんが、そうした問題の解決策を導き出す上では、制約条件によって推論の結果が大きく変わる可能性があります。例えば、「1年以内に」「1億円以内のコストで」という制約条件がある場合と、「5年以内に」「50億円以内のコストで」という制約条件がある場合では、明らかに解決策を立案できる自由度の高さが異なることがわかるでしょう。したがって、メインイシューを設定する際には、このような制約条件の有無についても、併せて確認するようにしてください。

（2）イシューの分解

メインイシューが決まっても、いきなり推論には入れない場合があります。それは、メインイシューの内容によっては推論が複雑

になるため、いくつかのロジックツリーに分けて考えなければならない場合があるからです。前章で見たとおり、ロジックツリーはその用途に応じて適宜使い分けることが原則です。したがって、メインイシューの種類によっては、以下のような観点からメインイシューを複数に分解し、それぞれ別のロジックツリーで考察を行う必要があります。

①メインイシューが「問題解決」の場合

　例えば、メインイシューが「〇〇という問題を解決するにはどうしたらよいのか？」といった問題解決に該当する場合には、まずメインイシューを「〇〇という問題の根本的原因は何なのか？」と「その根本的原因を解決するにはどのような方法が必要なのか？」という2つのイシュー（サブイシュー）に分けます。そして、それぞれのサブイシューに合わせて、適切なロジックツリーを使って推論を進めていくのです。問題解決の場合は、まず原因をWhyツリーで特定した上で、Howツリーを使ってその解決策を立案するという2つの行程に分けて考えるのが一般的です。

②メインイシューが「取捨選択」の場合

　例えば、「A案とB案のうち、どれが一番当社の利益拡大に貢献するのか？」というメインイシューを扱う場合には、それぞれの案について1つのWhyツリーで整理することも可能ですが、「A案を採用した場合には、当社の利益がいくら拡大するのか？」「B案を採用した場合には、当社の利益がいくら拡大するのか？」という2つのサブイシューに分け、それぞれをWhyツリーで別々に推論した上で、最後に両者の結論を比較した方がよりわかりやすいでしょう。

　上記はあくまで典型的な2つの例ですが、それ以外でも、メインイシューを1つのツリーで推論することが難しい場合には、必

要に応じて別々に分けてから推論すべきです。なお、先ほどのケースでは、メインイシューがさほど複雑ではないため、イシューを分解せずにこのまま推論を行うこととします。

（3）イシューに沿った推論

メインイシューおよびサブイシューが特定できたら、今度は既に学んだロジックツリーの使い方と、各種推論の技法を駆使しながら、イシューに沿った結論を導くプロセスに入ります。先ほどのケースでは、原因分析がメインイシューとなっていますので、Whyツリーを活用した典型的なトップダウン型の推論になります。そこで、まずツリーの出発点として、最上段に現在発生している問題を掲げます。ここでは、図表6-1のように「A社は、昨年度の決算で営業利益が目標値よりも60億円下回った」を最上位の命題としましょう。

図表6-1　最上段に客観事象である命題を掲げる

メインイシュー： A社が将来にわたり、安定して50億円以上の営業利益を確保する上で、A社の事業構造上の最大の問題点は何か？

A社は昨年度の決算で営業利益が
目標値よりも60億円下回った

次に、この問題の原因となりうる事象をMECEな項目に分類し、それぞれの項目についての推論を行います。営業利益を因数分解すると「売上高」×（1－「製造原価率」）－「販売管理費」という各項目にMECEに分類できます[22]ので、それらの各項目について推論を行った上で、ロジックツリー上に命題として記載します。

---

[22] この式の「製造原価率」は、正確には「売上原価率」ですが、この事例では、製造原価率と売上原価率が等しいと仮定して議論を進めます。

第6章 論理的思考の全体プロセス

図表 6-2　MECE に分類した上で、原因の可能性を推論する

[メインイシュー： A社が将来にわたり、安定して50億円以上の営業利益を確保する上で、A社の事業構造上の最大の問題点は何か？]

```
        A社は昨年度の決算で営業利益が
        目標値よりも60億円下回った
    ┌──────────┼──────────┐
売上高が目標値を下    製造原価率が目標値    販売管理費が目標値
回った              を上回った           を上回った
```

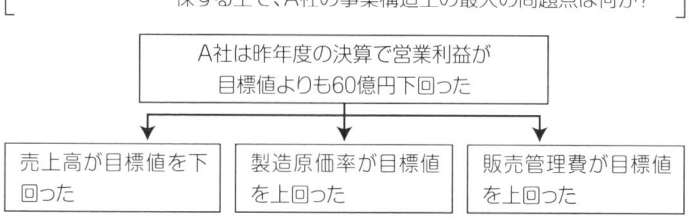

　図表 6-2 では、ツリーの 2 段目に、原因の可能性のある命題が MECE に列挙されています。しかし、これらはあくまで可能性としての推論（厳密には仮説の位置付け）でしかなく、実際にはこれら全ての命題に当てはまる事象が発生しているとは限りません。そこで、実務上は、ここで検証作業を入れる必要があります。具体的には、太田さん自らが業績データを調べ、目標の営業利益額が不足した原因を「売上高」「製造原価率」「販売管理費」の各項目別にブレイクダウンして検証するのです。その結果、以下のような検証結果が判明したとします。

図表 6-3　原因の可能性について検証を行う

[メインイシュー： A社が将来にわたり、安定して50億円以上の営業利益を確保する上で、A社の事業構造上の最大の問題点は何か？]

```
        A社は昨年度の決算で営業利益が
        目標値よりも60億円下回った
    ┌──────────┼──────────┐
売上高が目標値を70   製造原価率が目標値    販売管理費が目標値
億円下回った         を1.2%上回った       を2億円下回った
```

図表6-3の2段目を見ると、太田さんの検証の結果、販売管理費については、「販売管理費が目標値を上回った」という太田さんの仮説が正しくなかったことがわかります。つまり、検証の結果、目標比▲60億円の営業利益の下振れの原因は、主に「売上高」と「製造原価率」の2点にあったことが判明したのです。したがって、以降の推論プロセスでは、「販売管理費」の原因分析は不要となりますので、「売上高」と「製造原価率」の2点に絞り、さらに下位の原因分析を進めていきます。

図表6-4では、「売上高」が不足した原因と「製造原価率」が高くなった原因を、それぞれMECEな項目に分類した上で、それぞれの項目について推論を行っています。しかし、これらの推論結果は、先ほどと同様にあくまで可能性としての推論でしかあ

図表6-4 再度MECEに分類した上で、原因の可能性を推論する

[メインイシュー ： A社が将来にわたり、安定して50億円以上の営業利益を確保する上で、A社の事業構造上の最大の問題点は何か?]

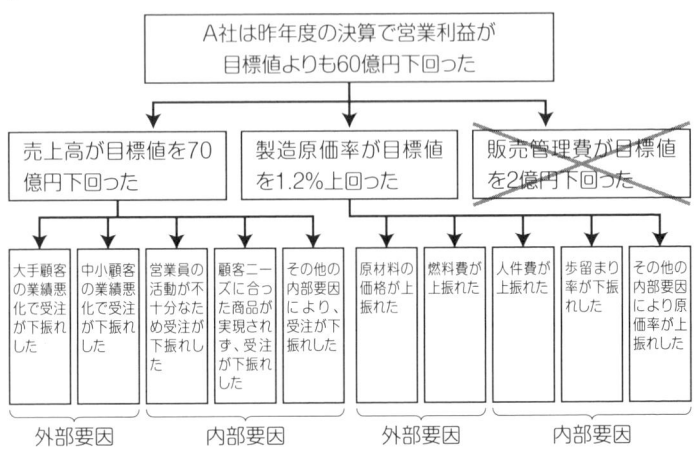

```
        A社は昨年度の決算で営業利益が
         目標値よりも60億円下回った
   ┌──────────────┼──────────────┐
売上高が目標値を70   製造原価率が目標値   販売管理費が目標値
億円下回った         を1.2%上回った      を2億円下回った（×）
```

| 大手顧客の業績悪化で受注が下振れした | 中小顧客の業績悪化で受注が下振れした | 営業員の活動が不十分なため受注が下振れした | 顧客ニーズに合った商品が実現されず、受注が下振れした | その他の内部要因により、受注が下振れした | 原材料の価格が上振れた | 燃料費が上振れた | 人件費が上振れた | 歩留まり率が下振れした | その他の内部要因により原価率が上振れした |

| 外部要因 | 内部要因 | 外部要因 | 内部要因 |

りませんので、ここで再度検証を行う必要があります。先ほどの検証は、太田さんが業績データを調べるだけで比較的簡単に行えましたが、今度は先ほどよりもより具体性・個別性の高い検証になりますので、現場の管理職の人に直接ヒアリングを行う等、より詳細な検証が必要になるでしょう。そして、太田さんによる検証の結果、図表6-5の最下段の事柄が判明したとします。

ここまで原因分析が進むと、概ね昨年の業績不振の要因として考えられる可能性は明らかになったように見えます。しかし、思い出してください。私たちが設定したメインイシューは、あくまで単なる昨年の業績不振の原因分析ではなく、「A社の事業構造上の問題」を明らかにすることです。したがって、図表6-5のうち自社だけでの対応が困難な外部要因は除外し、内部要因にあたる

図表6-5　原因の可能性について再度検証を行う

[メインイシュー　：　A社が将来にわたり、安定して50億円以上の営業利益を確保する上で、A社の事業構造上の最大の問題点は何か？]

```
┌──────────────────────────────┐
│  A社は昨年度の決算で営業利益が    │
│  目標値よりも60億円下回った       │
└──────────────────────────────┘
        ↓              ↓              ↓
┌──────────┐  ┌──────────┐  ┌──────────┐
│売上高が目標値を70│  │製造原価率が目標値│  │販売管理費が目標値│
│億円下回った      │  │を1.2%上回った    │  │を2億円下回った ✕│
└──────────┘  └──────────┘  └──────────┘
```

| 大手顧客の業績悪化で受注が目標を30億円下回った | 中小顧客の受注は、ほぼ目標通りだった | 営業員の活動は質・量ともに競合に勝っていた | 顧客ニーズに合った新商品が1件も実現されなかった | その他の内部要因に問題は見当たらなかった | 原材料の価格が10%上昇した | 燃料費は、ほぼ計画通りだった | 人件費が1億円上振れした | 歩留まり率が3%下振れした | その他の内部要因に問題は見当たらなかった |

　　外部要因　　　　　　　内部要因　　　　　　　外部要因　　　　　　　内部要因

6つの原因について、事業構造上の問題点を探っていきます。その際には、先ほどと同様に検証作業による絞り込みと更なる原因分析の深掘りが必要になります。ここでは、太田さんによる検証の結果、最終的に図表6-6の内容が判明したとします。

図表6-6からは、最終的に「営業部門と技術部門との情報連携の体制がない」という点と「製造機械の老朽化が進み、不良品の恒常的発生を招いている」という点の2つの構造的な問題が特定されました。

図表6-6　ロジックツリーに基づく太田さんの推論結果

[メインイシュー ： A社が将来にわたり、安定して50億円以上の営業利益を確保する上で、A社の事業構造上の最大の問題点は何か？]

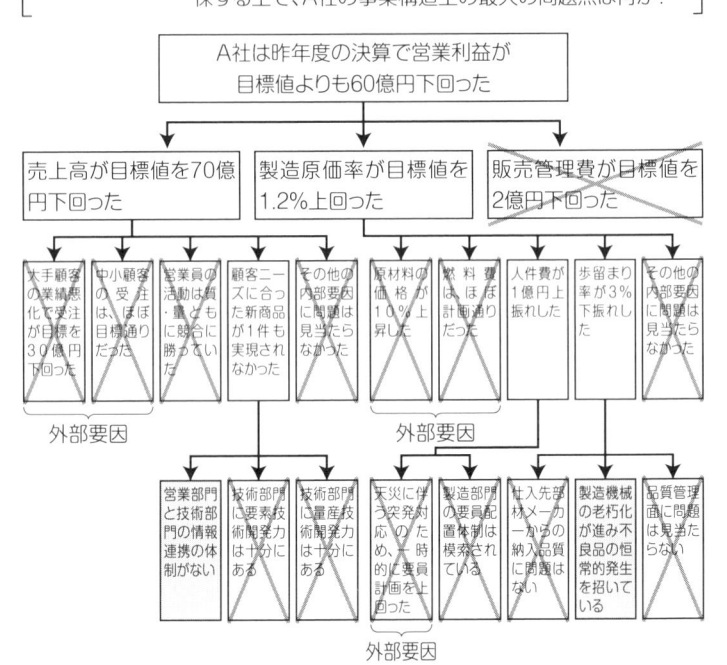

A社は昨年度の決算で営業利益が目標値よりも60億円下回った

- 売上高が目標値を70億円下回った
- 製造原価率が目標値を1.2%上回った
- ~~販売管理費が目標値を2億円下回った~~

売上高の要因：
- 大手顧客の業績悪化で受注が目標を30億円下回った
- ~~中小顧客の受注はほぼ目標通りだった~~（外部要因）
- ~~営業員の活動は質・量ともに競合に勝っていた~~
- 顧客ニーズに合った新商品が1件も実現されなかった
- ~~その他の内部要因に問題は見当たらなかった~~

製造原価率の要因：
- ~~原材料の価格が10%上昇した~~（外部要因）
- ~~燃料費はほぼ計画通りだった~~
- 人件費が1億円上振れした
- 歩留まり率が3%下振れした
- ~~その他の内部要因に問題は見当たらなかった~~

さらなる深掘り：
- 営業部門と技術部門の情報連携の体制がない
- ~~技術部門に要素技術開発力は十分にある~~
- ~~技術部門に量産技術開発力は十分にある~~
- ~~天災に伴う突発対応のため、一時的に要員計画を上回った~~（外部要因）
- ~~製造部門の要員配置体制が模索されている~~
- ~~仕入先部材メーカーからの納入品質に問題はない~~
- 製造機械の老朽化が進み不良品の恒常的発生を招いている
- ~~品質管理面に問題は見当たらない~~

220

なお、(2)のプロセスで複数のサブイシューを設定していた場合には、最後に複数のサブイシューの結論を統合し、最終的にメインイシューの内容に沿った結論を導く必要があります。

(4) 推論結果の絞り込み

　メインイシューに沿って推論を行った後、導かれた複数の推論結果をそのまま抽出すればよい場合もあります（今回のケースはまさにその事例です）。しかし、メインイシューの内容次第では、それらの中からメインイシューに最も合致したものを選定する必要が出てくる場合があります。例えば、上記で明らかになった問題点について「具体的にどのような解決策を取るべきか？」がメインイシューとなる場合には、考えられる解決策をあげたのち、最もふさわしいものに絞り込むことになります。このように、複数の選択肢の中から、特定の選択肢を選定する際には、既に見た消去法の手法以外にも、以下の3つのステップを経て優先順位付けを行う方法があります。

①評価軸（必要条件・十分条件）の設定

　異なる複数の選択肢を評価する上では、まず、同一の評価基準（評価軸）を選定することから始めます。そのような評価軸は、大きく2種類に分けることができます。

　1つは「必要条件」と言われる評価軸です。これは、複数の選択肢から選定を行うにあたり、必ず満たしていなければならない必須条件のことを指します。実は、これは「(1) メインイシューの設定」の中でお伝えした「制約条件」のことに他なりません。例えば、「1年以内に実行可能か否か」や「コストが1億円以内に収まるか」といった項目が該当するでしょう。

　もう1つは、「十分条件」と言われる評価軸です。必須ではない

にしても、その条件を満たすことで選択の可能性が高まるような評価基準が該当しますが、どのような項目を設定すべきかは、メインイシューに応じて個別に検討する必要があります。

②必要条件に基づく絞り込み

評価軸が決まったら、まず必要条件に基づいて絞り込みを行います。つまり、必要条件に合致しない選択肢は、選定の候補から除外していくのです。なお、場合によっては、全ての選択肢が必要条件を満たさないケースもあります。そのような場合には、改めて（3）のプロセスに戻り、MECE な分類の切り口を変更するなどして、再度別の可能性を探り直すことになります。

③十分条件に基づく絞り込み

最後に、②で残った選択肢について、十分条件の１つひとつの評価軸でそれぞれ評価を行っていきます。例えば、先ほどのケースのうち、「製造機械の老朽化が進み、不良品の恒常的発生を招いている」問題について、解決策を絞り込む場合を想定しましょう。仮に十分条件の評価軸として、「(a) 営業利益への貢献度」「(b) 効果の継続性」「(c) 必要コストの大きさ」の３つを選定し、それぞれについて○△×の定性評価を行うとすれば、図表 6-7 のように

図表 6-7　十分条件に基づく評価の例

選択肢	(a) 営業利益への貢献度	(b) 効果の継続性	(c) 必要コストの大きさ	優先順位（合計点）
・最新の製造機械に入れ替える	○ (2点)	○ (2点)	× (0点)	? (4点)
・既存の製造機械をメンテナンスする	△ (1点)	△ (1点)	○ (2点)	? (4点)

なります(○は選択肢として「望ましい」、×は「望ましくない」を表します)。

仮に、○を2点、△を1点、×を0点とすると、合計点を比べた限りは、どちらの選択肢も優先度の優劣がつかないように思われます。しかし、それは、先ほど設定した(a)〜(c)の評価軸が一律に同じ重みを持っていることを前提とした場合です。実際には、各評価軸の間でも重要度に応じてウェイト付けが必要になります。そして、各選択肢間の最終的な優先順位付けの判断は、「評価軸のウェイト付け×選択肢の評価」という2つの要素の掛け算で決定します。このケースでは、仮に(a)を50%、(b)を30%、(c)を20%とすると、最終的な選択肢としては、図表6-8に示すとおり「最新の製造機械に入れ替える」がA社の取るべき解決策であると結論付けることができるのです。

図表6-8 十分条件に基づく優先順位付けの例

選択肢	(a) 営業利益への貢献度 (50%)	(b) 効果の継続性 (30%)	(c) 必要コストの大きさ (20%)	優先順位 (加重平均点)
・最新の製造機械に入れ替える	○ (2点)	○ (2点)	× (0点)	1 (1.6点)
・既存の製造機械をメンテナンスする	△ (1点)	△ (1点)	○ (2点)	2 (1.2点)

第2節　ボトムアップアプローチ

　ボトムアップアプローチによる推論は、基本的にトップダウンアプローチと同様のプロセスを経ますが、既に学んだ推論の技法に忠実にしたがっていけば、ある程度容易に論理を組み立てることが可能です。以下では、順を追って各プロセスを概観していきます（トップダウンアプローチと重複する箇所の説明は割愛します）。なお、本節では、ボトムアップ型のプロセスを説明するにあたり、共通の事例として以下のケースを題材にします。

【ケース：市場環境の変化に伴うB社の業績予測】

　木下さんは、ヨーグルト専門メーカーB社の経営企画部に所属しています。経営企画部では、現在、来年度の事業戦略策定に追われていますが、木下さんは、部長から来年度の業績予測についての分析を任されました。B社は、プレーンヨーグルトに特化した商品展開を行っていますが、ある大手調査会社のレポートによれば、来年度には以下のような市場環境の変化が予想されているようです。

- 穀物相場の下落により、家畜用の飼料価格が8%低下する
- 健康ブームの高まりから、健康関連食品の市場規模が16%拡大する

　木下さんは、これらの環境変化が、来年度のB社の業績に及ぼす影響を分析しなければなりません。木下さんは、一体どのようなプロセスでB社の業績を予測すればよいのでしょうか？

（1）メインイシュー（主論点）の設定

　ボトムアップ型の場合でも、論理的思考の出発点は、まずメインイシュー（主論点）を設定することです。メインイシューの設定にあたっては、トップダウンアプローチで述べたとおり、以下の2点に沿った適切な論点を定めなければなりません。

　①そもそも、正しい論点設定か否か？（重要性×制御性）
　②適切に表現されているか否か？（具体性：定義・測定）

　このケースの場合、メインイシューを普通に設定すれば「外部環境の変化が、B社の業績にどのような影響を及ぼすのか？」となりますが、このままでは、具体性の観点がやや不十分と考えられます。ここでは以下のように、より具体的なメインイシューを設定することとします。

- 「飼料価格の8％低下と健康関連食品市場の16％拡大が、来年度のB社の粗利益額にいくらくらいの影響を及ぼすのか？」

（2）イシューの分解

　トップダウンアプローチと同じように、イシューを分解した方が推論を進めやすいかどうかを判断します。このケースでは、「飼料価格の8％低下」と「健康関連食品市場の16％拡大」という2つの外部環境変化が、それぞれ異なる波及経路で業績に影響を及ぼすと考えられますので、以降は以下の2つのサブイシューに分けて推論を進めることにしましょう。

　①「飼料価格の8％低下が、来年度のB社の粗利益額にいくらくらいの影響を及ぼすのか？」
　②「健康関連食品市場の16％拡大が、来年度のB社の粗利益額にいくらくらいの影響を及ぼすのか？」

(3) イシューに沿った推論

次に、それぞれのサブイシューについて、具体的な推論を進めていきます。このケースでは、ある客観事象（原因）をもとに、将来起こりうる出来事（結果）を予測することになりますので、ボトムアップ型の Why ツリーを用いて推論を行います。まず、①のサブイシューに関する事実情報として判明している、以下の個別命題を推論の出発点とします。

（前提 1）来年度は、家畜用の飼料価格が 8％低下する

続いて、この命題に関連する情報を収集することになりますが、ここでは、例えば、以下の一般命題を取り上げます。

（前提 2）家畜用の飼料価格が低下すれば、牛乳の価格が低下する

上記 2 つの命題を組み合わせることで、以下のような演繹法の推論が成立します。

➢（結論）来年度は、牛乳の価格が低下する

しかし、ここでの問題は、8％の飼料価格の低下が、一体牛乳の価格にどれくらいの影響を及ぼすかという点です。この問題については、過去の飼料価格の変化と牛乳価格の変化のデータを情報収集することで、帰納法的に推論することが可能です。そして実際に木下さんは、過去 3 回の飼料価格改定時に牛乳価格がどの程度影響を受けたかというデータを集めて推論を行い、以下のような一般命題を導くことができたとします。

（前提 2'）牛乳価格は、家畜用飼料価格の変化率の半分相当の正の変化率で変動する

この前提 2' と先ほどの前提 1 の命題を組み合わせて推論を行うと、図表 6-9 のようなロジックツリーが成立します。

第6章 論理的思考の全体プロセス

図表 6-9 飼料価格改定による牛乳価格への影響の推論

```
                ┌─────────────────────────────────┐
                │ 来年度は、牛乳価格が4%低下する │
                └─────────────────────────────────┘
                          ▲
        ┌─────────────────┴──────────────────┐
┌─────────────────────────┐    ┌─────────────────────────┐
│ 牛乳価格は、家畜用飼料価格│    │ 来年度は家畜用飼料価格が │
│ の変化率の半分相当の正の変│    │ 8%低下する              │
│ 化率で変動する          │    │                         │
└─────────────────────────┘    └─────────────────────────┘
          ▲
┌─────────┼─────────┐
│         │         │
┌──────┐┌──────┐┌──────┐
│過去に││過去に││過去に│
│飼料価格││飼料価格││飼料価格│
│が10%値││が4%値下││が6%値上│
│上がりした││がりした年││がりした年│
│年には牛乳││には牛乳価││には牛乳価│
│価格は5%││格は2%値││格は3%値│
│値上がりした││下がりした││上がりした│
└──────┘└──────┘└──────┘
```

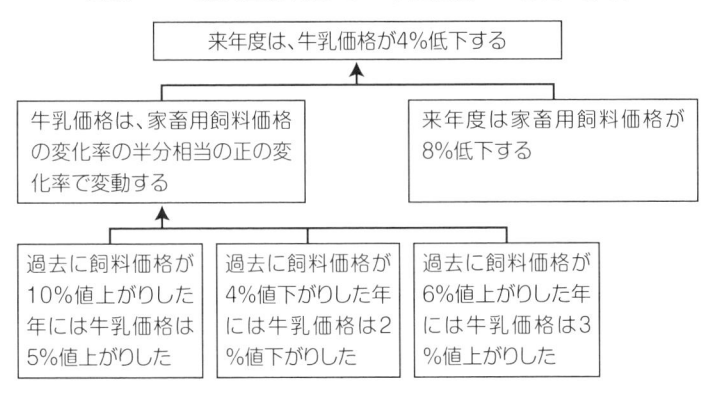

　ここから、さらに推論を進める上では、牛乳価格がＢ社の製造原価に与える影響に関する新たな情報が必要となります。木下さんは、新たな関連情報を調査した結果、以下の２つの情報を入手しました。

　（前提３）Ｂ社の製造原価に占める牛乳購買費用の割合は、50%である

　（前提４）Ｂ社の今年度の製造原価率[23]は、40%である

　これらの命題を図表 6-9 のロジックツリーに追加すると、演繹法により図表 6-10 のような結論を導くことができます。

　このように、ボトムアップ型の推論では、１つひとつの推論を行うたびに、関連する新たな情報を収集しながら、少しずつ結論に近づけていくというプロセスをたどります。なお、当初設定したサブイシュー②についても、同様のプロセスで推論を進めた結果、図表 6-11 のロジックツリーが導かれたとします。

---

[23] この事例における「製造原価率」は、正確には「売上原価率」であるべきですが、ここでは簡略化のために、製造原価率と売上原価率が等しいことを前提とします。

図表 6-10　飼料価格改定による B 社の製造原価率への影響の推論

```
                    B社の来年度の製造原価率は、
                    今年度比▲2%の38%である
                           ↑
        ┌──────────────────┴──────────────────┐
   来年度は、B社の製造原価率          B社の今年度の製造原価率は、
   が2%低下する                     40%である
        ↑
    ┌───┴────────────────┐
 来年度は、牛乳価格が4%低下    B社の製造原価に占める牛乳
 する                       購買費の割合は50%である
    ↑
 ┌──┴──────────────┐
 牛乳価格は家畜用飼料価格の変化率   来年度は家畜用飼料価格が
 の半分相当の正の変化率で変動する   8%低下する
    ↑
 ┌──────────┬──────────┬──────────┐
 過去に飼料価格が  過去に飼料価格が  過去に飼料価格が
 10%値上がりした   4%値下がりした年   6%値上がりした年
 年には牛乳価格は   には牛乳価格は2   には牛乳価格は3
 5%値上がりした    %値下がりした    %値上がりした
```

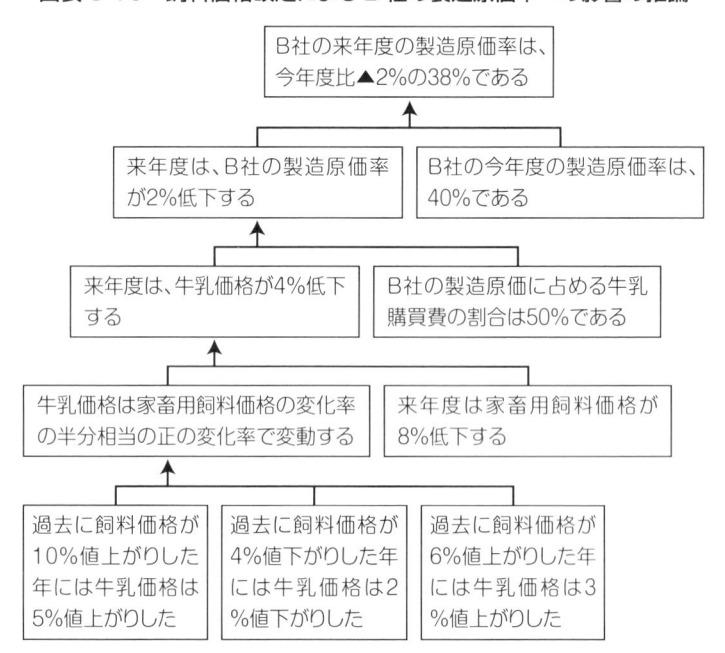

　図表 6-10 と図表 6-11 は別々の Why ツリーから導かれた 2 つのサブイシューに対する結論ですので、メインイシューへの結論を導くためには、最後に両者を統合する必要があります。

　最終的に木下さんは、図表 6-12 にあるとおり「B 社の来年度の粗利益額は、今年度比 20%増加する」という結論付けを行いました。

第6章　論理的思考の全体プロセス

図表6-11　健康関連食品市場拡大によるB社の売上高への影響の推論

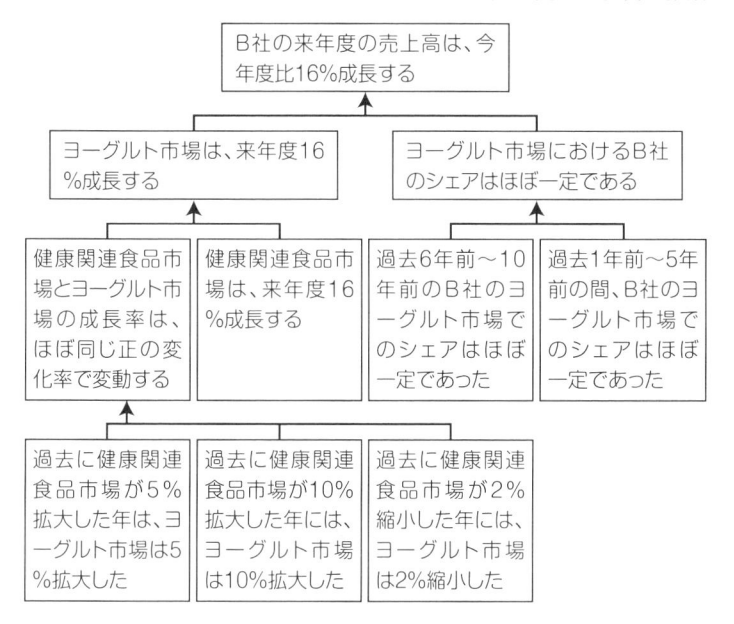

```
                  B社の来年度の売上高は、今
                  年度比16％成長する
          ┌──────────────┴──────────────┐
  ヨーグルト市場は、来年度16        ヨーグルト市場におけるB社
  ％成長する                        のシェアはほぼ一定である
    ┌─────┴─────┐              ┌─────┴─────┐
健康関連食品市  健康関連食品市  過去6年前～10    過去1年前～5年
場とヨーグルト  場は、来年度16  年前のB社のヨ    前の間、B社のヨ
市場の成長率は、％成長する      ーグルト市場で    ーグルト市場で
ほぼ同じ正の変                  のシェアはほぼ    のシェアはほぼ
化率で変動する                  一定であった      一定であった
    ↑
┌───────┬───────┬───────┐
過去に健康関連  過去に健康関連  過去に健康関連
食品市場が5％   食品市場が10％  食品市場が2％
拡大した年は、  拡大した年には、縮小した年には、
ヨーグルト市場  ヨーグルト市場  ヨーグルト市場
は5％拡大した   は10％拡大した  は2％縮小した
```

図表6-12　2つのWhyツリーの統合

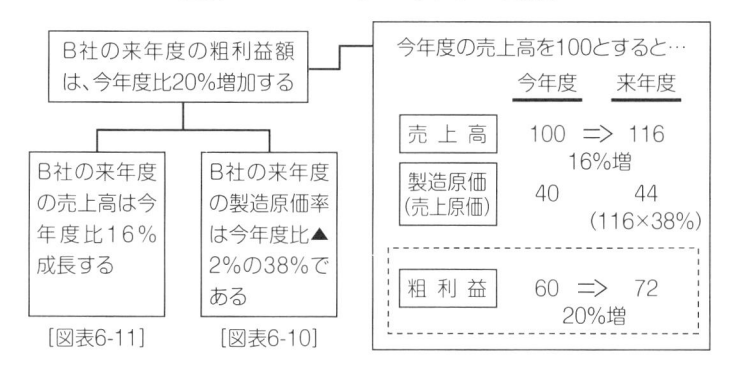

```
B社の来年度の粗利益額      今年度の売上高を100とすると…
は、今年度比20％増加する
  ┌─────┴─────┐                    今年度    来年度
B社の来年度   B社の来年度      売 上 高    100 ⇒ 116
の売上高は今  の製造原価率              16％増
年度比16％    は今年度比▲    製造原価    40      44
成長する      2％の38％で    （売上原価）    （116×38％）
              ある
[図表6-11]   [図表6-10]      粗 利 益    60 ⇒ 72
                                           20％増
```

（4）推論結果の検証

　トップダウンアプローチでは、最後のプロセスで複数の推論結

果の中から絞り込みを行いましたが、ボトムアップアプローチの場合、通常複数の結論が導かれることはありませんので、ここでは（3）で導かれた結論がメインイシューの問いに的確に答えられているかという観点から検証を行います。このケースにおけるメインイシューは、以下のとおりでした。

- 飼料価格の8%低下と健康関連食品市場の16%拡大が、来年度のB社の粗利益額にどれくらいの影響を及ぼすのか？

この論点に対して、先ほど導いた「B社の来年度の粗利益額は、今年度比20%増加する」という結論は、概ね問題ないように思われますが、厳密には「いくらくらいの」という実額での影響額が明らかになっていない点は、不十分に見えます。したがって、このケースでは、木下さんは図表6-13のようにもう1つの個別命題を調査し、最終的に実額の影響額としての結論を導きました。

図表6-13　ロジックツリーに基づく木下さんの推論結果

```
        ┌─────────────────────────┐
        │ B社の来年度の粗利益額は、 │
        │ 今年度比10億円増加する    │
        └─────────────────────────┘
                    ↑
        ┌───────────┴───────────┐
┌───────────────────┐   ┌───────────────────┐
│ B社の来年度の粗利益額は、│   │ B社の今年度の粗利益額は50│
│ 今年度比20%増加する │   │ 億円である         │
└───────────────────┘   └───────────────────┘
        ↑
┌───────┴───────┐
┌───────────────┐ ┌───────────────────┐
│ B社の来年度の売上高は、今│ │ B社の来年度の製造原価率は、│
│ 年度比16%成長する │ │ 今年度比▲2%の38%である │
└───────────────┘ └───────────────────┘
   [図表6-11]              [図表6-10]
```

図表6-13で最終結論として導かれた「B社の来年度の粗利益額は、今年度比10億円増加する」は、当初設定したメインイシューに対する直接的な解答になっていることがわかるでしょう。

第6章 論理的思考の全体プロセス

〔補足説明〕論理的思考とわかりやすい説明の関係性

本書の読者の皆さんの中には、「論理的思考力を身に付ければ、物事をわかりやすく説明できるようになる」と思われる方もいるかもしれませんが、残念ながら両者の関係性は必ずしも等式で表せるものではありません。確かに、論理的思考力は、わかりやすい説明を行うための1つの重要な要素であるものの、それだけでは不十分なのです。例えば、以下の事例を見てください。

図表6-14　X社の利益拡大施策立案のためのロジックツリー

```
                商品数を絞り込めば、X社の利益は
                増加する
                         ▲
        ┌────────────────┴────────────────┐
X社では、定番商品中心に商品        X社の利益減少の主な原因は、
数を絞っても、売上に大きな影       商品過多による利益率の低下
響は出ない                        にある
```

（以下、ロジックツリーの下位階層の各ボックス）

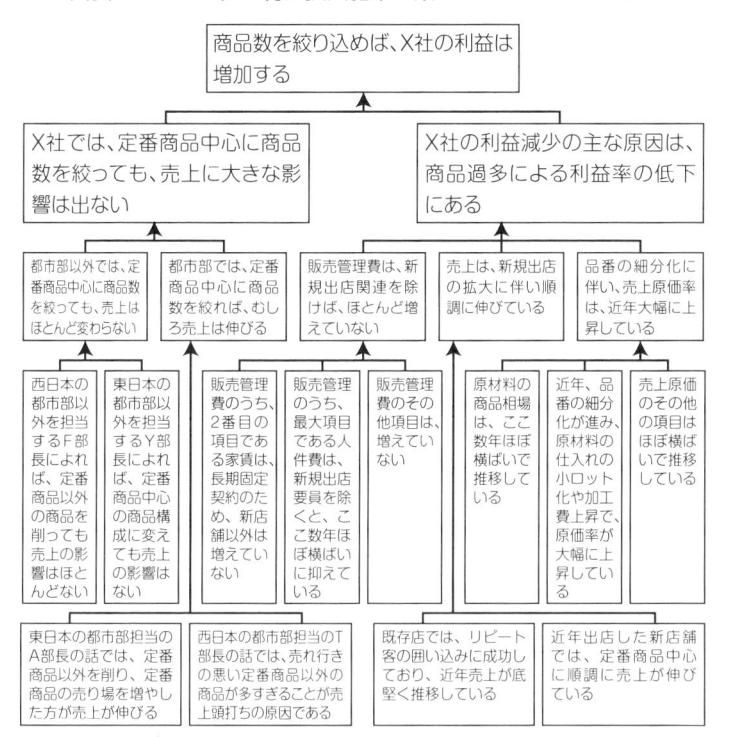

- 都市部以外では、定番商品中心に商品数を絞っても、売上はほとんど変わらない
- 都市部では、定番商品中心に商品数を絞れば、むしろ売上は伸びる
- 販売管理費は、新規出店関連を除けば、ほとんど増えていない
- 売上は、新規出店の拡大に伴い順調に伸びている
- 品番の細分化に伴い、売上原価率は、近年大幅に上昇している

- 西日本の都市部以外を担当するF部長によれば、定番商品以外の商品を削っても売上の影響はほとんどない
- 東日本の都市部以外を担当するY部長によれば、定番商品中心の商品構成に変えても売上の影響はない
- 販売管理費のうち、2番目の項目である家賃は、長期固定契約のため、新店舗以外は増えていない
- 販売管理費のうち、最大項目である人件費は、新規出店要員を除くと、ここ数年ほぼ横ばいに抑えている
- 販売管理費のその他項目は、増えていない
- 原材料の商品相場は、ここ数年ほぼ横ばいで推移している
- 近年、品番の細分化が進み、原材料の仕入れの小ロット化や加工費上昇で、原価率が大幅に上昇している
- 売上原価のその他の項目はほぼ横ばいで推移している

- 東日本の都市部担当のA部長の話では、定番商品以外を削り、定番商品の売り場を増やした方が売上が伸びる
- 西日本の都市部担当のT部長の話では、売れ行きの悪い定番商品以外の商品が多すぎることが売上頭打ちの原因である
- 既存店では、リピート客の囲い込みに成功しており、近年売上が底堅く推移している
- 近年出店した新店舗では、定番商品中心に順調に売上が伸びている

図表6-14では、X社における利益額を拡大させるための施策

について、ロジックツリーを用いて分析したものです。細部までMECEに分析が行われており、論理性という意味では概ね問題ないと言えるでしょう。しかし、このロジックツリーをそのまま説明した場合、わかりやすい説明になるでしょうか？　まず、これら全ての論理構造を細部まで説明するには情報量が多すぎて、相当な時間がかかります。また、各ボックスの横の並び方が順不同となっており（例えばツリー４段目と５段目の左側の４つのボックスを見ると、「東日本」と「西日本」に関する命題の順序が不規則です）、このまま説明されたのでは、聞き手は少々混乱してしまう可能性が高いでしょう。

　このように、特に口頭での説明の場合には、どんな流れで説明を行うかによっても、話のわかりやすさに大きく影響します（例えば、いきなり図表6-14の中段の命題から説明を始めた場合、聞き手は論理展開がよく理解できないはずです）。加えて、口頭説明では、声の大きさや態度といった、内容面以外の要素もわかりやすく伝えるための重要なポイントとなりえます。このように、わかりやすい説明を行うためには、話の論理構造をしっかりと組み立てることに加えて、分けて以下のような要素が必要になるのです。

（1）話の内容
　①各命題の取捨選択
　②並列命題の並び順

（2）話の伝え方
　①話の流れ
　②声・態度

例えば、上記（1）の①と②を踏まえ、わかりやすい説明のために図表6-14のロジックツリーを修正すると、図表6-15のように整理できます。

図表6-15は、図表6-14のロジックツリーのうち最低限必要な論理構造（主に上位3段目まで）を残し、それ以外は重要なもの以外を削除した構成とした上で、横の並び順をわかりやすく並び

図表6-15　X社の利益拡大施策立案をわかりやすく説明するための簡易ロジックツリー

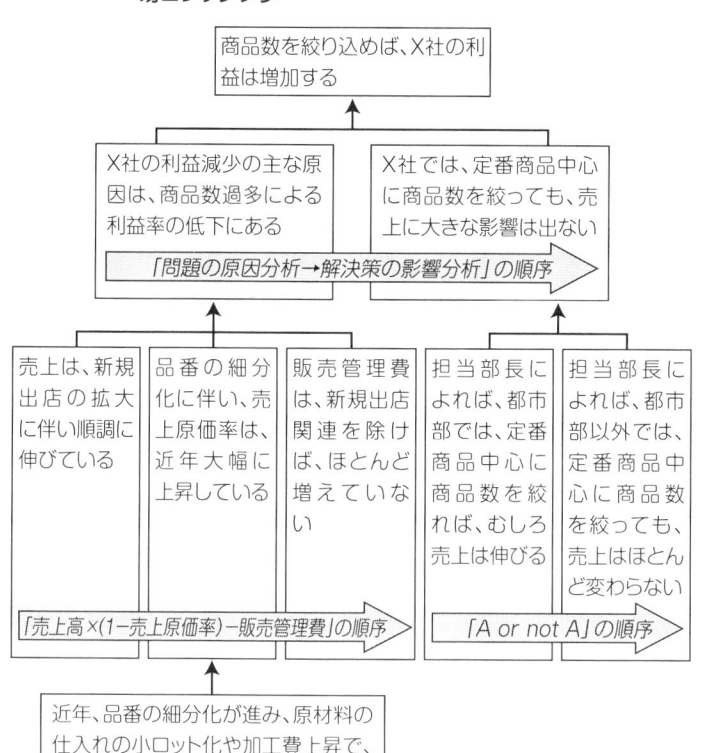

```
                    商品数を絞り込めば、X社の利
                    益は増加する

      X社の利益減少の主な原            X社では、定番商品中心
      因は、商品数過多による            に商品数を絞っても、売
      利益率の低下にある                上に大きな影響は出ない
      ┌─「問題の原因分析→解決策の影響分析」の順序─▶

売上は、新規  品番の細分  販売管理費  担当部長に  担当部長に
出店の拡大  化に伴い、売  は、新規出店  よれば、都市  よれば、都市
に伴い順調に  上原価率は、  関連を除け  部では、定番  部以外では、
伸びている   近年大幅に   ば、ほとんど  商品中心に  定番商品中
            上昇している  増えていな   商品数を絞  心に商品数
                         い          れば、むしろ  を絞っても、
                                     売上は伸びる  売上はほとん
                                                 ど変わらない
┌─「売上高×(1-売上原価率)-販売管理費」の順序─▶  ┌「A or not A」の順序▶

        近年、品番の細分化が進み、原材料の
        仕入れの小ロット化や加工費上昇で、
        売上原価率が大幅に上昇している
```

替えたものになっています。論理構造を表現するロジックツリーとしては不十分なものですが、わかりやすくするためには、このような簡易型のロジックツリーで説明を行い、相手からの質問などがあれば図表6-14の詳細な論理構造に基づいて説明を行う方が、より効果的であると言えます。

　また、(2)の①(話の流れ)についても、例えばボトムアップ型で説明するのとトップダウン型で説明するのでは、相手の理解のしやすさが変わってくる場合があります。具体的にどのように話を組み立てるのかは、相手の興味関心に応じて臨機応変に変える必要がありますが、例えばこの事例では、図表6-15の左半分の2段目以下の「問題の原因分析を」トップダウンアプローチで説明した後、右半分の2段目以下の「解決策の影響分析」をボトムアップアプローチで説明するとよりわかりやすく相手に伝えることができるでしょう。

　また、(2)の②(声・態度)については、伝えるためのさまざまな技法があり、本書での説明は割愛しますが、基本的には大きな声ではっきりと、相手の目を見ながら堂々とした態度で話すことが、よりわかりやすく説得力ある説明につながるでしょう。

第6章 論理的思考の全体プロセス

第3節 どうすれば考える力を伸ばせるのか？

　本書では、ここまで「考える」という行為の具体的な方法論を中心に述べてきました。では、ここまで学んでいただいた読者の皆さんは、今日から考える力を飛躍的に伸ばすことができるでしょうか？　もちろん、基本的な知識を理解し、それらを意識して行動することで、ある程度は伸びていると思いますが、残念ながら"飛躍的に"と言えるほどではないと思います。考える力を身に付け、それを伸ばすのは、それほど簡単なことではないのです。では、一体どうすれば考える力を伸ばしていくことができるようになるのでしょうか？

　一般に、人間が何か新しいスキルを身に付ける際には、2つの要素が必要になります。それは、知識と経験です。図表6-16で示すように、スキルは「知識×経験」という2つの概念で表現できます。

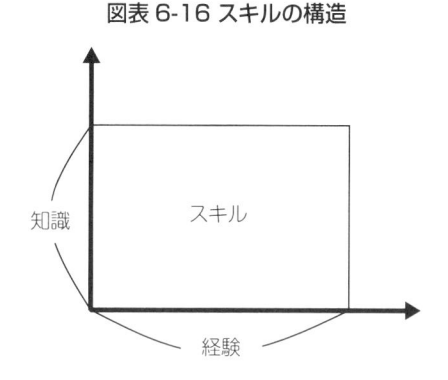

図表6-16 スキルの構造

　例えば、小学生のころに、掛け算の九九を習ったときのことを

思い出してみましょう。学校の先生からは、九九の一覧表を丸暗記するように指導されたはずです。これは、知識を得たことに他なりません。しかし、九九の丸暗記だけでは、現実のさまざまな場面で掛け算を自由に使いこなせるようにはなりません。学校では、さまざまな演習問題を解くという経験を積むことで、丸暗記した九九の実践場面での活用方法について練習するのです。

このように、九九の一覧表の知識と演習問題での経験の両者があってこそ、はじめて掛け算の計算スキルが身に付くようになります。このようなスキル＝知識×経験という概念は、計算スキルに限らず、ほぼすべてのスキルに当てはまる法則だと言えるでしょう。

では、このことを「考える力」に当てはめて考えると、どうなるのでしょうか？　以下で考えてみましょう。

（1）知識を身に付ける

まず、考えることに関する知識を身に付ける方法について考えます。知識を身に付ける上で大事なポイントは、大きく3つあります。

1つめのポイントは、「体系的に学ぶ」ことです。知識はあくまでスキルを身に付ける上での基礎的な要素に他なりません。実際にスキルとして自由に使いこなせるようになるためには、さまざまな応用ケースに当てはめられる、基盤としての知識が必要になります。「考える力」を身に付ける上でも、考えることに関する知識の全体的な成り立ちを理解し、体系として学ぶことが大切です。そして、そのための手段として最も有効なのは、教科書や書籍による学習でしょう。本書は、まさに皆さんに考える力の基礎知識を身に付けていただくために書かれたものです。

2つめのポイントは、「全体像⇒個別論の順で押さえる」ことです。知識を身に付ける上では、まずその理論体系の全体像を押さえた上で、個別の構成要素について詳細を学ぶのが効果的と言えます。それは、頭の中で知識の全体像を構造的に捉えた方が記憶の定着が進むと同時に、後から記憶を引き出しやすくなるからです。本書の構成も基本的には、そのような順序を意識したものにしています。

そして3つめのポイントは、「反復学習する」ことです。どんなに優秀な人でも、一度学んだだけで知識が身に付くことはありません。人間の脳に体系的な記憶として知識を定着させるには、最低でも3回程度の反復学習が必要と言われています。人間は、怠けグセのある動物ですので、学習後に復習や振り返りを行うことを極端に嫌う傾向があります。特に考える力のように、自分が苦手意識を持つものに対してはなおさらその傾向が強くなります。しかし、知識を身に付けるときには、そうした復習作業を我慢強く継続できるかどうかが大きな分かれ目になるのです。本書の読者の皆さんには、ぜひ本書を一旦読み終えた後も、時間を置いて何度か読み返していただくことをお勧めします。

(2) 経験を積み上げる

ある程度基礎的な知識を身に付けたら、後はひたすら実践経験を積みながら、さまざまな応用事例で知識を実際に活用してみることがスキルを習得・向上させる唯一の手段です。特に考える力の場合には応用範囲があまりに幅広いため、どれだけ愚直に経験を積み重ねられるか(経験値の累積量)によって、力の伸び具合が大きく変わります。

また、経験の「量」だけでなく「質」も重要な要素です。そし

て、より質の高い経験を積み重ねるためには、次の4つのポイントを押さえることが大切です。

ポイント①　目的意識を持つ

　当たり前のように感じるかもしれませんが、考える力を伸ばす上で、目的意識を持つことはとても大事なポイントです。なぜなら、既に述べたとおり、私たちは特に意識せずとも、考えるという行為をほぼ毎分毎秒ごとに行っているからです。せっかく知識を身に付けても、いつものように漫然と考えていたのでは、これまでと何も変わらず、いつまでたっても力は伸びません。「学んだことをどうやったら活かせるのか」「どうしたらもっと速く考えられるようになるのか」といった明確な目的意識を持ちながら思考の実践を行うことが、より質の高い経験を積む大前提になるのです。

ポイント②　書きながら考える

　実は、考える行為と書く行為は密接な関係にあり、頭の中だけで考えるよりも、何かに書きながら考えることで、自分の考えをより速く上手に整理することができるようになります。人間の記憶には、長期記憶と短期記憶という2つの種類があることが知られていますが、私たちが頭の中で考えたことが短期記憶に残っているのは、ほんの数秒から数分のごく短時間です。また、この短期記憶の容量は限られており、あまり多くのことを記憶することはできないのです。

　このような特性を持つ短期記憶の容量を最大限に活用し、頭の中で効率よく思考をめぐらせるためには、頭に浮かんだ考えを書きとめながら考えることが効果的なのです。はじめのうちは、物事を考える際には、紙とペンを用意して、机の上で考えるクセをつけ、慣れてきたらパソコンに入力しながら考えることでも同様

第6章　論理的思考の全体プロセス

の効果を発揮できます。なお、パソコンに入力しながら考える場合には、図表6-17のように、ロジックツリーを箇条書きに置き換えて記録していくとよいでしょう。

図表6-17　ロジックツリーの箇条書きへの変換

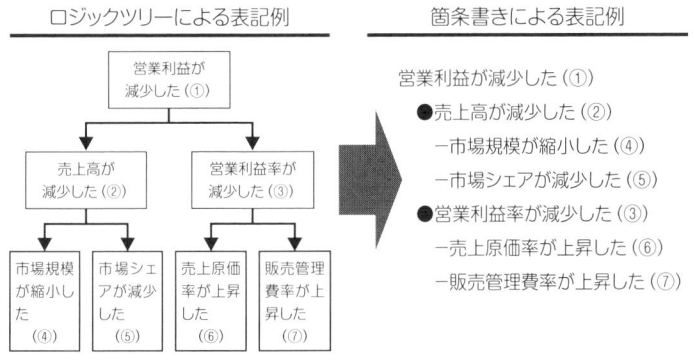

ロジックツリーによる表記例

```
           営業利益が
           減少した(①)
          ↙        ↘
    売上高が        営業利益率が
    減少した(②)    減少した(③)
    ↙    ↘        ↙     ↘
市場規模  市場シェ  売上原価  販売管理
が縮小し  アが減少  率が上昇  費率が上
た        した      した      昇した
(④)      (⑤)      (⑥)      (⑦)
```

箇条書きによる表記例

営業利益が減少した(①)
● 売上高が減少した(②)
　－市場規模が縮小した(④)
　－市場シェアが減少した(⑤)
● 営業利益率が減少した(③)
　－売上原価率が上昇した(⑥)
　－販売管理費率が上昇した(⑦)

ポイント③　フィードバックを受ける

　考えるということは、自己完結型の行為です。そのため、どうしても客観視する機会が少なく、独りよがりになってしまいがちな傾向にあります。しかし、そのような思考の経験ばかりを繰り返していたのでは、考える力を正しい方向で伸ばせているかどうかを確認することができません。そのため、自分自身の思考の結果（アウトプット）を第三者に見てもらい、その人から適切なフィードバックを受けることが、考える力を伸ばす上では非常に有効になります。その際、フィードバックをお願いする相手は、基本的に自分よりも考える力が高く、なおかつ自分がその人の意見を聞き入れやすい人を選んでください。例えば、職場の上司や尊敬する恩師、親しい友人などがよいでしょう。

ポイント④　思考の記録を残す

　例えば、紙に書いたロジックツリーやパソコンに保存した思考

の整理を、その日時とともに残しておくことを指します。実は、これには2つの意味があります。1つには、後になって自らの思考の記録を見直すことで、自分の考え方のクセや問題点を自己認識するためです（自己フィードバック効果）。そしてもう1つは、「自分は、以前こんなつたない考え方をしていたのか…。だいぶ成長したな」というふうに、自己の成長を実感し、継続的な学習意欲につなげるためです（モチベーション効果）。

具体的な方法として私がお勧めするのは、以下のような題材をロジックツリーで整理し、保存していく方法です。

①新聞の1面記事
②気に入った書籍
③有名人や政治家のスピーチ

まず、慣れないうちは、毎朝①で基礎的な経験を積み上げ、少し慣れてきたら②に挑戦し、さらに自信がついたら③を聞き取りながら整理する、といった具合に段階を踏みながら経験を積み重ねるとより効果的でしょう。

第 6 章のまとめ

1．トップダウンアプローチの基本プロセス

（1）メインイシュー（主論点）の設定
（2）イシューの分解
（3）イシューに沿った推論
　　　可能性のある選択肢を MECE に分類
（4）推論結果の絞り込み
　　　消去法：可能性のないものを消去し、残ったものを選択
　　　優先順位付け：特定の評価軸（必要条件・十分条件）を設定し、その軸に基づき優先順位を評価

2．ボトムアップアプローチの基本プロセス

（1）メインイシュー（主論点）の設定
（2）イシューの分解
（3）イシューに沿った推論
　　　演繹法・帰納法に基づく推論
（4）推論結果の検証
　　　メインイシューと結論の整合性の確認

付　録

創造的思考の基礎

ここでは、「考える」行為の両輪のうち、応用編的位置付けにある創造的思考について学びます。創造的思考は、論理的思考に比べて体系化があまり進んでいない領域であることから、基本的考え方といくつかの具体的発想法を中心に概説します。

第1節　創造的思考の基礎技法

　第1章で学んだとおり、創造的思考とは、思考対象と過去の記憶との相違点を探し出し、その相違点に着眼することで何らかのアイデアを発想する思考法のことを指します。言い換えれば、創造的思考とは、情報と情報の「乖離」（ズレ）を意図的に創り出しながら、示唆のある新しい発想を行う思考法であると言えるでしょう。このことは、論理的思考が「つながり」をもとに推論を行う思考法であったことと対照的です。したがって、創造的思考における最大のポイントは、既往の情報からいかにして乖離を生むか、つまり情報のズレをいかにして生み出すかということになります。そして、そのためには、大きくは以下の2つのアプローチが考えられます。

（1）対象となる思考領域をずらす
　これは、思考の対象となる領域に何らかの条件や刺激を与えることで、意図的に普段とは異なる領域で考えをめぐらせるアプローチです。私たちは、普段無意識のうちに、ある一定の偏った領域で思考を行っているものです。いわゆる「暗黙の前提」と呼ばれるもので、それは私たちが持つ文化的背景や価値観、思想的特徴などによって、特に意識することなく、思考結果に影響を与えているのです。このような影響をなるべく排除するために、意図的に思考領域に特定の制約条件を設定したり、何らかの刺激となるような材料を与えたりすることで、暗黙の前提を崩し、偏りがちな発想をよりオープンにするのが、このアプローチの狙いです。

（2）自らの思考の立ち位置をずらす
　これは、現在の自分の立場とは異なる立場から物事を考えることで新しい発想を生み出そうとするアプローチです。日常的な思考の中では、私たちは、常に同じ立ち位置から物事を考える傾向にありますが、あえて別な立ち位置に自らの身を置いたつもりになって、違う視点から物事を考えることにより、従来は思い浮かばなかったような新しい発想が思い浮かぶことがあるのです。(1)のアプローチが、自らの立ち位置は従来のままで、"思考の対象領域"を意図的に変えるものであったのに対して、このアプローチは"自らの立ち位

置"自体を意図的に変えるという点に違いがあります。

　以上2つが、創造的思考を促すための基本技法です。これらのアプローチを効果的に用いることができれば、新しいアイデアを、より高い確率で繰り返し発想できるようになるはずです。

第2節　創造的思考の基本ツールと具体的活用事例

本節では、前節で学んだ創造的思考の2つのアプローチそれぞれについて、私たちの創造的思考を支援・促進してくれる、さまざまなツールについて学んでいきましょう。

(1) 対象となる思考領域をずらす
①ずれた情報を刺激として与える
【ブレイン・ストーミング】

ブレイン・ストーミングは、米国の広告代理店の副社長をしていたアレックス・オズボーン氏（Alex Faickney Osborn, 1888-1966）が提唱した発想法で、今では日本でも非常によく知られている創造的思考の基本的手法です。一般に、ブレイン・ストーミングは、複数のメンバーでアイデアを出し合う討議の場を総称したものと捉えられますが、ブレイン・ストーミングを効果的に行う際には、以下のような4つのルールを守る必要があります。

a) 批判・判断の禁止

ブレイン・ストーミングを行っていると、誰かが発言した内容をきっかけに、他の人が素晴らしいアイデアを思いつくことが頻繁に起こります。実は、ブレイン・ストーミングは、1つひとつのアイデア自体を評価することを意図したものではなく、他者から出されたアイデアが刺激となって新しいアイデアが次々と生まれていくことを期待したものです。加えて、出てきたアイデアをいちいち評価・批評していたのでは、発想や発言の妨げにもなりますので、ブレイン・ストーミング中は、お互いの意見に対して、一切批判や判断をしてはいけません。なお、反対に「そのアイデア、おもしろいね」といった、更なるアイデア出しを喚起するようなポジティブな働きかけは、発想に対してプラスの影響を与えますので、むしろ積極的に行うことが奨励されます。

b) 自由奔放さの推奨

ブレイン・ストーミング中には、実現性の全くない突拍子もないようなアイデアが出てくることもありますが、そのようなアイデアは、むしろ歓迎されるべきです。なぜなら、突拍子もないアイデアほど、参加者の発想や議論

付録　創造的思考の基礎

の方向性に良い刺激を与えてくれるからです。特に、同じ組織や同じチームに所属しているメンバー間は、普段、共通の組織文化や文脈の中で活動をしているため、どうしても似たような固定概念にとらわれてしまう傾向にあります。自由奔放な発想から生まれる突拍子もないアイデアは、そうした私たちの固定概念を突き崩す上でも有効と言えるでしょう。

c）質より量を追求

ブレイン・ストーミングの参加者の中には、「質の高いアイデアを出さなければ…」ということを気にしてしまい、発言を控える人もいます。しかし、そうした考えは、自由な発想を妨げ、かえってグループ全体としてのアイデアの質を下げる結果になりかねません。あえて質よりも量を追求することをルール付けることで、参加者が陥りがちなそうした消極的な姿勢を排除し、無理やりにでもアイデアを絞り出す中から良いアイデアが生まれてくるのです。

d）結合・改善の歓迎

通常の会議の場などでは、独自性のある発言が求められることが多く、他の人の意見に上乗せしたり、他者の意見を利用したりすることは、望ましくないと考えられがちです。しかし、ブレイン・ストーミングは、既述のとおり他の参加者の意見をきっかけに、自分の普段の思考領域を超えたアイデアを発想することが本来的な狙いです。したがって、他の人の意見に自分のアイデアを上乗せしたり、他の人の意見をよりブラッシュアップしたアイデアを発言したりことは、むしろブレイン・ストーミングにおける本来的な姿であり、推奨されることなのです。

実は、これら４つは、複数のメンバーで創造的思考を行う際の共通ルールのようなものであり、ブレイン・ストーミング以外の発想ツールを用いる場合にも当てはまるものです。なお、上述のとおり、ブレイン・ストーミングは複数のメンバーで行うものですが、その本質は、他のメンバーからの意見を刺激剤として、自分の日常的な思考方法からずれた発想を引き出す点にあります（したがって、ブレイン・ストーミングを１人で行ってもあまり意味がありません）。

ブレイン・ストーミングを行う際には、具体的には以下の手順で進めていきます。

1）まずはテーマ（論点）を明らかにし、メンバー間で共有する
   ➤アイデアを膨らませる上では、なるべく具体性のあるテーマが必要なため、メンバー全員の認識が一致するような明確な論点を取り扱います。

2）議長役がブレイン・ストーミングの４つのルールを説明した上で、時間を決めて、メンバーからのアイデアを求める
   ➤出てきたアイデアは、議長役がホワイトボードなどに全て書き出していきます。
   ➤メンバーは、自分の独自性にこだわらず、他のメンバーのアイデアもどんどん活用し、競い合いながらできるだけ数多くのアイデアを出すようにしましょう。

3）議長役は、あまり話していないようなメンバーからも意見を引き出すべく、メンバーを励まし、積極的に介入していく
   ➤偏ったメンバーからの意見ばかりでは、ブレイン・ストーミングの本来の目的である「自分と異なる人の意見を刺激剤として、新しい発想を引き出す」ことができなくなります。
   ➤ブレイン・ストーミングの成果は、議長役の働きかけのうまさや工夫の度合いによって大きく変わることを覚えておきましょう。
   ➤なお、メンバーからの意見の方向性が設定したテーマと大きくずれ始めた場合には、議長役は適宜軌道修正を図る必要があります。

【ランダム・エントリー】
　ランダム・エントリーは、創造的思考力の研究で有名なエドワード・デ・ボノ博士（Edward De Bono, 1933-）によって提唱された発想法です。この発想法は、ある特定の情報を無作為に選び、その情報を刺激剤として新しいアイデアを発案しようとするものです。その際、選ばれる情報は、文字や言葉でもよいですし、イラストや図形でも構いません。ランダム・エントリーには、情報を選び出すソース（例えば、雑誌・新聞・Webサイト・景色など）によってさまざまなやり方がありますが、以下では最もシンプルな手順を説明しておきます。

付録　創造的思考の基礎

1）まず、発想したいアイデアのテーマ（論点）を具体的に決める
   ➢ ランダム・エントリーは、1人でもグループでも活用可能ですが、グループで行う場合には、メンバー内であらかじめテーマに対する認識を共有化しておくことが大切です。
   ➢ ここでは、具体的事例として、例えば、「携帯電話に搭載する新しい機能」をテーマとして取り上げます。

2）情報ソースとなるもの（ここでは、辞書を使うことにします）の中から、任意の場所を無作為に選び、そこにある情報をキーワード、キーイラストとして拾い上げる
   ➢ グループで行う場合には、辞書の中から任意のページを開いて、その中の1箇所を指さし、そこに書かれている項目を抽出し、メンバー全員で共有します。
   ➢ 例えば、辞書の中から「漬物」という単語を拾い上げたことにしましょう。

3）1）で設定したテーマについて、2）の情報を刺激剤として、そこから連想されるアイデアをできるだけたくさん発想する
   ➢ グループで行う場合には、議長役は、出されたアイデアを全て紙やホワイトボードに書き出していきます。
   ➢ 例えば「漬物石が落ちてきても壊れない超剛性機能」「漬物の写真を撮ると食べ頃がいつ頃かが調べられる機能」「漬物液を使って充電ができる機能」など、既存の枠組みにとらわれない自由な発想でアイデアを広げていきます。

　以上の事例を見てもわかるとおり、ランダム・エントリーは、固定概念や既存のパターンに囚われがちな私たちの思考に、それとは全く異なる情報を掛け合わせることで、普段は考えつかないようなアイデアを引き出そうとする発想法なのです。

②発想に制約条件を設ける
【SCAMPER】
　SCAMPERは、もともとは前述のブレイン・ストーミングでも触れたアレックス・オズボーン氏が創造的思考を促すツールとして開発したものをベースに、創造性開発の研究家ロバート・エバール氏（Robert F. Eberle）が改良を加えることで生まれた発想法です。この発想法は、創造的思考を行う際に、7つの制約条件を設け、それぞれの制約条件にしたがって強制的に発想を行うことで、普段の思考領域から外れた新しいアイデアを抽出することを意図したものです。なお、SCAMPERとは、これら7つの制約条件の頭文字を取ったものであり、それぞれの具体的内容については、図表付-1を参照してください。

　SCAMPERを活用した具体的な発想のプロセスは、至ってシンプルで、複数のメンバーでも1人でも活用することができます。以下で、簡単に確認しておきましょう。

1）論点となっているテーマについて、一般的な姿・既存の姿を明確にする
　　➤SCAMPERは、発想の土台となる対象物が存在することが前提です。発想の土台には、対象テーマに関する一般的な姿、あるいは既にある物事ややり方などを取り上げることになります。
　　➤具体的事例として、例えば、「既存商品のシャープペンシルを改良するとしたらどんなものがよいか？」というテーマで考えましょう。この場合は、「既存商品のシャープペンシル」が発想の土台ということになります。

2）1）で明らかにした一般的な姿・既存の姿の一部について、7つの制約条件の中から1つを選び、その制約条件を切り口に新しいアイデアを発想する
　　➤7つの制約条件をランダムに取り上げる方法もありますが、思考の制約条件を明確に設定した方がより効果が高いため、まず制約条件として7つの視点から1つを選びます。
　　➤ここでは、仮にSubstitute（交換する・代用する）を切り口として選

付録　創造的思考の基礎

図表付-1　創造的思考を促す7つの制約条件（SCAMPER）

SCAMPER	思考の制約条件	発想のための具体的問いかけ（例）
Substitute	交換する・代用する	・他のもの（素材・手法・場所等）に交換したどうなるか？ ・何か別のもので代用できないか？ ・誰かと交代したどうなるか？
Combine	統合する・組み合わせる	・何かとくっつけたらどうなるか？ ・誰かと一緒にしたどうなるか？ ・目的を統合させたらどうなるか？
Adjust	適合させる・適用する	・何か別に似たようなものはないか？ ・誰かを見習うことはできないか？ ・過去の似た事例をまねる事はできないか？
Modify/ Magnify/ Minify	変更する・拡大する・縮小する	・意味・色・音・香り・形・動きなどを変更したらどうなるか？ ・時間・頻度・強度・重さ・高さ・長さ・分量などを増やしたり減らしたりしたらどうなるか？
Put to Other Uses	他の目的に転用する	・（仕組や構造を）他の目的に流用できないか？ ・他の用途は考えられないか？ ・他に活用できる道はないか？
Eliminate	除く・省く	・一部を省いてみたらどうなるか？ ・プロセスを簡略化できないか？ ・機能を除いたらどうなるか？
Reverse/ Rearrange	逆さまにする・並べ替える	・順番を逆さまにしたらどうなるか？ ・構造を入れ替えたらどうなるか？ ・プロセスを並べ替えたらどうなるか？

　んだとしましょう。その場合には、「別のもので交換する・代用したらどうか？」を切り口に、そこから新しいアイデアを発想します。
➢ 例えば、既存のシャープペンシルの一部を別のものに交換した場合にどんな商品が出来上がるかという観点から、「シャープペンシルのノック部分に重りをつけて、振るだけで芯が出る商品にする」といったアイ

デア出しを行います。

3）一定の時間を計りながら、以降 SCAMPER の 7 つの切り口それぞれについて、順番にアイデアを抽出し、書き出していく
- ➢1 つひとつの切り口について時間を決め、時間内になるべくたくさんのアイデアを出し切るようにしながら、次々と切り口を変えていきます。
- ➢例えば、Combine（統合する・組み合わせる）の切り口で「シャープペンシルとボールペンが一体化した商品」というアイデアや、Adjust（適合させる・適用する）の切り口から「高い強度のシャープペンシルを作るために、航空機をまねて、炭素繊維を素材として活用する」といったアイデアを発案することができるでしょう。

上記の事例のように、SCAMPER を活用する最大の利点は、既にある物事を改良したり新たに作り変えたりする際に、一定の制約条件下で発想を行うことで、私たちが陥りがちな固定概念や思考の偏りを強制的に排除してくれる点にあります。

【アトリビュート・リスティング】
アトリビュート・リスティングは、米国人のマイケル・モーガン氏（Michael Morgan）が、『Creating Workforce Innovation』という書籍の中で提唱した発想法です。アトリビュートとは、物事の特徴や性質のことを意味しますが、アトリビュート・リスティングとは、発想の土台となる事象について、まずその特徴・性質をリストとして抽出し、その中の一部を別のものに変更することで、新しいアイデアを生み出そうとする発想法です。

アトリビュート・リスティングを用いた創造的思考は、以下のプロセスで行います。

1）論点となっているテーマについて、一般的な姿・既存の姿を明確にする
- ➢アトリビュート・リスティングでは、SCAMPER と同様に、まず発想の土台となる対象物を明確化することから始めます。
- ➢例えば、「製品工場の生産ラインをより効率化するにはどうしたらよい

か?」が論点だとしたら、既存の生産ラインの姿が発想の土台になるわけです。

2) 1) で抽出した対象物が持つ基本的な特徴・性質をなるべくたくさん抽出し、その要素を一覧表に書き出す
    ➤ 対象物の具体的な特徴・性質とその要素・機能を、さまざまな切り口でできるだけ数多く抽出し、図表付-2 のようにリスト化していきます。この際、論理的思考で学んだ MECE な分類の技法を活用してもよいでしょう（もちろん、必ずしも MECE である必要はありません）。
    ➤ 例えば、工場の生産ラインであれば、組み立ての順序、ラインの長さ・形状、人員の数・経験年数、機械の台数・性能など、数多くの要素を抽出できるはずです。

図表付-2 アトリビュート・リスティングにおける対象物の構成要素のリスト化の例

分類項目			現状の生産ライン		
			①枠組み組み立て	②基盤取り付け	③外装組み立て
ライン配置	組み立て順序		①枠組み組み立て	②基盤取り付け	③外装組み立て
	レイアウト		ライン右側	ライン左側	ライン左側
	ライン長さ		5m	10m	8m
ライン構成	人員	人数	2	3	1
		経験年数	5	2	9
	機械	台数	0	2	1
		性能	—	2個/分	3個/分
	部材	在庫数	50	40	100
		納品単位	400	200	200

3) 2) で抽出した対象物の各構成要素について少しずつ変更していき、その結果出来上がる事柄をアイデアとして書き出していく

- まず最初は、構成要素のうち1つを変更することから始め、その際に生まれるアイデアを書き留めていきます（図表付-3のアイデア1の欄を参照）。その後、徐々に複数の構成要素を変更した場合にアイデア出しの幅を広げていくことが効果的です（図表付-3のアイデア2・3の欄を参照）。
- 工場の生産ラインの例では、構成要素を少しずつ変更していくことで、最終的に図表付-3のように、生産ライン改善のためのさまざまなアイデアを抽出することができました。

図表付-3　アトリビュート・リスティングを活用したアイデア出しの例

分類項目			特徴・性質			アイデア1	アイデア2	アイデア3
			現状の生産ライン					
ライン配置		組み立て順序	①枠組み組み立て	②基盤取り付け	③外装組み立て		①③②の順番に	
		レイアウト	ライン右側	ライン左側	ライン左側			③をライン右側に変更
		ラインの長さ	5m	10m	8m			②を5m、③を5mに
ライン構成1	人員	人数	2	3	1			②をベテラン2名に変更
		経験年数	5	2	9			
	機械	台数	0	2	1	①に機械を導入		②の機械を更新し、高性能機1台に
		性能	ー	2個/分	3個/分			
	部材	在庫数	50	40	100		③を50に変更	
		納品単位	400	200	200		①を200に変更	

③わずかなズレを積み重ねる
【ブレイン・ライティング】
　ブレイン・ライティングは、ドイツ人の形態学者ヘルマン・ホリゲル氏（Hermann Holliger-Uebersax, 1925-88）が提唱した発想法です。これは、先ほど説明したブレイン・ストーミングに似た手法で、必ず複数のメンバーで行います。ブレイン・ストーミングとの違いは、ブレイン・ストーミングが口頭でアイデアを発表し合う形式を取るのに対して、ブレイン・ライティングは各メンバーがアイデアを紙に書き出していくという方法を取る点です。では、なぜブレイン・ライティングでは、口頭形式よりも手間のかかる書面形式を取るのでしょうか？　その理由は、ブレイン・ストーミングには、以下のような問題点があるためです。

a）他者からの発言が発想を抑制する
　他のメンバーの発言をうまく活用して、そこから刺激を受け、結合・改善のアイデアをどんどん積み重ねていくというのがブレイン・ストーミングの狙いですが、発言者が特に影響力の強い人の場合などには、その人の発言が制約となり、かえって発想の妨げになることが指摘されています。

b）他者からの評価への恐れが発言を抑制する
　人間は、誰もが他者から良く見られたいと思うものです。いくら自由奔放をルール化していても、「くだらないアイデアを出すと笑われるのではないか？」といった不安を抱えているメンバーは、アイデアを持っていても発言しなくなる傾向があります。

c）ただ乗りする人（フリーライダー）が現れる
　ブレイン・ストーミングは、あくまでグループ単位での発想法ですので、各個人の成果や貢献度は見えにくい傾向にあります。そのため、メンバーによっては、意図的に手抜きをしたり、消極的な態度になったりするフリーライダーも出てきます。なるべく多くのメンバーがアイデアを出すことがグループ全体のブレイン・ストーミングの生産性を高めることになるため、そのようなフリーライダーが増えるとブレイン・ストーミングの利点が大幅に薄れてしまいます。

　ブレイン・ライティングは、以上のようなブレイン・ストーミングの問題

点を補うべく、参加者全員に紙にアイデアを書かせるという方法を採用しているのです。ブレイン・ライティングは、本来アイデアの書き出し方によってさらにいくつかの手法に分かれますが、以下では最も基本的な進め方について説明します。

1）まず、図表付-4のような用紙をメンバー全員に配布する
    ➤用紙の縦の行数は、参加メンバーの人数と同じ数になるようにしてください（図表付-4は参加メンバー=6人を想定したものです）。

図表付-4　ブレイン・ライティング用紙の例

テーマ：			
	アイデアA	アイデアB	アイデアC
1			
2			
3			
4			
5			
6			

2）具体的なテーマを設定し、メンバー全員で共有する
    ➤他の発想法と同様、テーマを具体的かつ明確に定めることが発想の出発点です。
    ➤メンバーは、テーマを用紙の一番上に各自記入します。

3）各メンバーは、まずテーマに関するアイデアを3つ、自分の用紙の1行目の枠（アイデアA～C）内に記入する（5分程度が目安）
    ➤基本的にメンバーは一切言葉を口にせず、アイデア出しと書くことに集中します。

4）時間になったら、各自の用紙を左隣のメンバーに渡し、受け取ったメンバーは、紙の2行目の枠内に、別のアイデアを3つ記入する（5分程度）
   ➢ その際、1行目に書いてある右隣のメンバーのアイデアを結合・改善させて発展させてもよいですし、全く関係ないアイデアを記入してもよいのです。ただし、先ほど自分が3）で記入したアイデアとは別のアイデアを記入します。

5）時間になったら、また用紙を左隣のメンバーに渡し、受取ったメンバー3行目に別なアイデアを記入する。全員が一巡するまでこれを続ける
   ➢ 用紙が一巡すると、「3個×行数（人数）×枚数（人数）」分の異なるアイデアが「5分×人数」という短い時間に抽出されることになります。

以上のようなプロセスでブレイン・ライティングを行うことにより、先ほどあげたブレイン・ストーミングの問題点を回避することができます。まず、「a）他者からの発言が発想を抑制する」という点については、ブレイン・ライティングでは口頭での発言は一切行いませんので、影響力・発言力の強いメンバーによる発想の抑制は起きません。次に、「b）他者からの評価への恐れが発言を抑制する」という点についても、ブレイン・ライティングでは、基本的に誰が書いたアイデアかというのは（少なくとも直感的には）わからない仕組みになっていますので、本来のブレイン・ストーミングの狙いである自由奔放な発想が可能となります。さらに、「c）ただ乗りする人（フリーライダー）が現れる」という問題についても、ブレイン・ライティングでは、毎回全員に半強制的に3個ずつのアイデアを書かせますので、ただ乗りはできない仕組みになっていることがわかるでしょう。

【マインドマップ】
　マインドマップは、イギリスの能力開発コンサルタントであるトニー・ブザン氏（Anthony Peter Buzan, 1942-）が開発した発想ツールです。脳の中の神経回路を思わせるような図にアイデアを次々と書き出していく手法から、「マインドマップ（思考の地図）」という名が付けられています。もとも

とは、1人で創造的思考を行う際の補助ツールとして開発されたものですが、複数のメンバーでアイデア出しを行う際にも活用できます。以下では、「新しい筋力トレーニング法として、どんなものが考えられるか？」を論点にアイデア出しを行う事例を題材に、マインドマップの使い方を説明していきます。

1）まず、紙またはホワイトボードを用意し、中心にメインテーマとなるキーワードやイラストを書き出す
    ➢ テーマそのものを文章で書くよりも、キーワードとなる単語や文節で書き出した方が、より思考の自由度が高まり、発想が広がります。
    ➢ また、文字にかぎらず、イラストで表現することもイメージを広げ、私たちの発想を促進してくれると言われています。
    ➢ この事例では、図表付-5のように、「新しい筋力トレーニング法」というキーワードを中心に書き出しました。

図表付-5　マインドマップ上へのメインテーマの記載例

```
┌─────────────────────────────────┐
│                                 │
│                                 │
│        ┌──────────────────┐     │
│        │ 新しい筋力トレーニング法 │     │
│        └──────────────────┘     │
│                                 │
│                                 │
└─────────────────────────────────┘
```

2）キーワードから連想される言葉やイラスト（2次テーマ）をメインテーマから放射線状に記載した上で、滑らかな線でメインテーマと結ぶ
    ➢ どの方向性に、どんな向きで、どんな色で書くかは、全くの自由です。
    ➢ この事例では、メインテーマから連想される4つの言葉を図表付-6のように表記しています。

付録　創造的思考の基礎

図表付-6　マインドマップ上への2次テーマの記載例

3）次に、2）で抽出したそれぞれの2次テーマから連想される単語やイラスト（3次テーマ）を、2次テーマの周囲に放射線状に記載する
　➤脳神経が広がるように、なるべく枝葉を広げて、さまざまな単語・イラストを書き出してください。
　➤この事例では、図表付-7のように、枝葉が拡大し、アイデアも多様なものが出始めます。

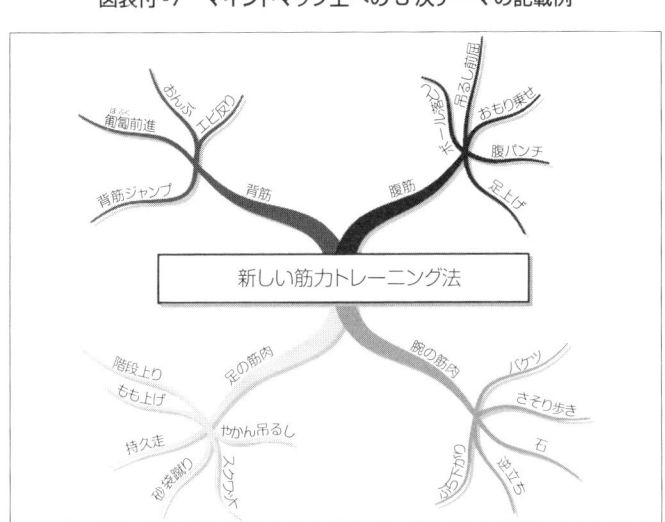

図表付-7　マインドマップ上への3次テーマの記載例

4) 3)の作業を繰り返し、アイデアが出尽くすまで、マインドマップの枝葉をどんどん拡大していく
   ➤ 階層や書く順番などはあまり気にすることなく、思いついたものからどんどん広げていきます（後から思い出して書き足していくことも問題ありません）。
   ➤ なお、マインドマップは、後でアイデアの全体像を俯瞰できる点にも利点があります。したがって、できる限り1枚の紙に収まるよう、少し小さめの文字で記載するようにしましょう。
   ➤ この事例では、最終的に図表付-8のようなマインドマップが出来上がりました。

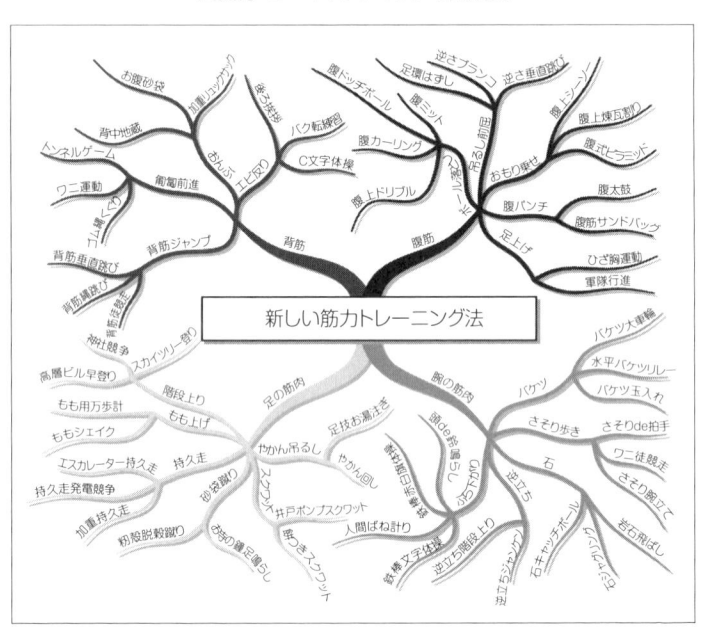

図表付-8　マインドマップの完成例

以上の事例を見てもわかるように、マインドマップの本質は、特定の固定概念や決まった枠組みにとらわれがちな私たちの思考をそのまま活用しなが

らも、2次テーマ→3次テーマ→4次テーマ…と、少しずつ連想を積み重ねていくことで思考のズレの幅が徐々に増幅される結果、最終的に当初のアイデアよりも乖離した斬新なアイデアにたどり着くことができる点にあります。

(2) 自らの思考の立ち位置をずらす
【シックスハット】

シックスハットは、ランダム・エントリーでも紹介した創造的思考力の研究家エドワード・デ・ボノ博士によって発案された発想法です。その名のとおり、6つの帽子を使うことで、異なる6つの視点からアイデアを考案することを意図しています。6つの帽子とは、以下のような色に分けられ、それぞれ別々の思考パターンを示しています。

図表付-9　6つの帽子ごとの視点の違い

帽子の色	立ち位置	発想の基点	イメージ
白	客観的視点	データ・事実	コンピュータ
赤	感情的視点	感情・直感	ハート
黄	肯定的視点	利点・効果	太陽
黒	否定的視点	リスク・懸念点	裁判官
緑	革新的視点	新鮮さ・非常識さ	ジャングル
青	管理的視点	プロセス・俯瞰	空（そら）

各帽子をかぶった際には、その帽子の立ち位置に従った発想を行うように意識的に切り替えを行うことができ、普段の視点とは異なる視点からアイデアを抽出できるようになるというものです。シックスハットを活用した思考は、以下の手順にしたがって進めます。

1）6つの色の帽子を用意する
　　➢色さえわかればよいので、帽子に適宜色紙などを貼り付けて代用して

も構いません。

2）適宜1つの色の帽子をかぶり、論点となっている具体的テーマについて、その帽子の立ち位置から自由にアイデアを出す
   ➢ 複数のメンバーで行う場合には、議長役は各人に別々の帽子をかぶるように指示し、出てきたアイデアをホワイトボードなどに書き留めていきます。
   ➢ 1人で行う場合は、アイデアを忘れないように紙などに記載します。

3）あらかじめ時間を決めて、時間になったら別の色の帽子をかぶって再度アイデアを出し合う
   ➢ 複数のメンバーで行う場合には、必ず各人がひととおり6つの帽子を一度はかぶるようにしてください。
   ➢ 1人で行う場合には、一般に、黄→黒→緑→白→赤→青の順で帽子の色を変えていくとより良い発想が引き出せると言われています。

上記のシックスハットの活用プロセスについて、以下の事例を見ながら確認しておきましょう。

【シックスハットの活用例：町内会の防災ポスターのアイデア出しのケース】

相田さんは、町内会の役員を務めています。相田さんの町内会では、毎年冬になると防災キャンペーンのポスター制作を行っており、今年は相田さんがそのリーダー役に指名されました。相田さんは、町内会の役員6人を集め、シックスハットを活用して防災ポスターのアイデア出しを行うことにしました。

● 議長（相田さん）：それでは、机の上の帽子のうち、好きなものを1つ選んでかぶってください。今から10分間時間を計りますので、それぞれの帽子の視点で、今回の防災ポスターのアイデアをできるだけたくさん出しましょう。

● 赤（感情的）：防災は、どの家庭にとっても共通の脅威ですから、燃

え上がる炎を前面に出して災害の恐ろしさを強烈に訴えかけるべきです。
- 黄（肯定的）：災害は、確かに怖いというイメージがあるけど、だからこそ「防災の備えをしておいてよかった」と感じてもらえるように、災害を免れて助かった人たちが喜び合う笑顔の姿を採用したらどうかしら。
- 白（客観的）：ポスターの色合いも重要な要素です。町内会の過去のアンケート結果を分析したところ、赤い色調に白い文字のポスターが一番目立つし、みんなの印象にも残るという結果が出ているんです。
- 緑（革新的）：今までにないような、斬新なポスターにしましょうよ。例えば、電子掲示板にカラーで防災を訴えかける動画を流してみてはどうでしょう。
- 黒（否定的）：そもそも、ポスターという手段が本当に正しいんですかね？　私は、誰にも気に留められないポスターをたくさん作るより、市民館で消防団を招いてイベントを開催する方が効果があるように思います。
- 青（管理的）：印刷業者への依頼や役所への確認などの時間も考えると、ポスターの内容はあと10日間程度で確定させないと間に合いません。時間の制約を考えると、今年は昨年のポスターの内容を微修正して対応するのが現実的だと思います。
- 議長：みなさん、積極的なご意見ありがとうございました。そろそろ10分になりますので、一旦帽子を脱いで、左隣の人に渡してください。今からもう10分間計りますので、新しい帽子の視点から、改めてアイデア出しを行いましょう（帽子が一巡するまで、このプロセスを繰り返します）。

一般に私たちは、例えば仕事における会議の場面などでは、通常白い帽子（客観的視点）から議論を始める傾向にあります。そして、その次に黒い帽子（否定的視点）で意見が出され、さらに赤い帽子（感情的視点）へと移り、最終的に意見が対立して議論がまとまらなくなるといったことも多いのではな

いでしょうか。また、会議などの場面では、人は自分の意見に一貫性を保とうと意識する傾向があるため、必然的に発想が一方向に限られたものになりますし、異なる意見の対立が生じた場合などに調整を行うことが困難な場合があります。シックスハットの大きな利点は、そのような場面でも、参加者に対して意識的に複数の視点から発言させることで、参加者が自らの発言の一貫性に固執することを防ぐとともに、参加者間の意見対立を少なくできるため、結果として議論や思考を建設的に進行できるという点にあります。

　また、1人で発想する場合にも、常に黒い帽子（否定的視点）で考える傾向がある人や、白い帽子（客観的視点）で考える特性がある人など、人それぞれに思考特性があるため、偏ったアイデアしか出てこないケースも多いはずです。シックスハットは、発想者の視点を強制的に変えることで、そのような偏りを排除し、バランスよくさまざまなアイデアを抽出できるため、1人で発想する場合でも効果的な発想法であると言えるでしょう。

【ディズニー・ストラテジー】
　ディズニー・ストラテジーは、心理セラピーの1分野として知られるNLP（神経言語プログラミング）の研究者ロバート・ディルツ氏（Robert Dilts, 1955-）によって提唱された発想法で、あのウォルト・ディズニー氏を成功に導いた思考方法を体系化したものです。ウォルト・ディズニー氏が自分の理想とするアニメーションを創り上げようと考えたとき、彼は3つの異なる立場（視点）に立って、実現への戦略を描き出したと言います。

- Dreamer（夢想家）：大きな夢を自由に描く人
- Realist（現実主義者）：夢の実現について、現実的な観点から分析を行う人
- Critic（批判家）：夢そのものや実現の手段に対して、実現性や問題点をチェックする人

　このようにディズニー・ストラテジーとは、偏りがちな自分自身の考えを、3方向からバランスよくチェックすることで、より目標の実現性を高めようとする思考法であり、先ほどのシックスハットによく似た手法と言えるでしょう。シックスハットよりもシンプルですが、論点となるテーマが、将来の目標やそれを実現するためのアイデア出しの場合には特に有効な手法です。上

記3つの視点については、それぞれの特徴を図表付-10にまとめてありますので、参考にしてみてください。

図表付-10 ディズニー・ストラテジーにおける3つの視点の特徴

思考の視点	Dreamer	Realist	Critic
本質的質問	What?	How?	Why?
思考対象	ビジョン	アクション	ロジック
視線の方向性	上向き	前方直視	下向き

なお、シックスハットでは、視点の切り替えを行う際に帽子を使いましたが、ディズニー・ストラテジーでは、3つの部屋（Dreamerの部屋、Realistの部屋、Criticの部屋）を使います。それぞれの部屋に入ると、立場や視点が変わり、異なる発想が生み出されるという考え方です（実際にウォルト・ディズニー氏が、彼のスタッフたちに違った視点からアイデアを考えさせるために、3つの部屋を用意したと言われています）。ただし、実際に活用する上では、3つの部屋を用意するのは難しい場合も多いと思われます。そこで、以下では、部屋の中での座る位置を変えるという方法を用いた場合の発想の手順について説明します。

1）部屋の中に、机と人数分の椅子を用意する
  ➢ 複数のメンバーで行う場合には、まず最初は図表付-11の左端の図のように、机の周りに円を描くように座ります。また、できれば出てきた意見を書き留めていくホワイトボードも用意しましょう。

2）まず、対象テーマについて、Dreamerの視点で目標となるアイデアを出す
  ➢ これは、いわゆる目標設定の段階となります。自由な発想で、将来のありたい姿はどのようなものか、具体的にアイデアを出しましょう。
  ➢ ある程度アイデアが出たら、その中から最もふさわしいと思われる目標を選び出します。

3）次に、部屋の壁のある側面を向くように、椅子の位置を変えて座る
   ➢ 複数のメンバーで行う場合には、図表付-11の中央の図のように、机を中心に半円形で座るとよいでしょう。

4）今度は、2）で設定した目標を実現するための手段について、Realistの視点から、さまざまなアイデアを出す
   ➢ 抽象的な言葉ではなく、なるべく具体的な行動単位の言葉で表現するように心がけてください。
   ➢ また、時間の経過やプロセスの進行に応じて、行うべき行動が変わることも多いはずですので、時間軸も意識しながら実現のためのアイデアを出しましょう。

5）最後に、座る位置を再度変えて、Criticの立場から、2）の目標や4）で出た実現手段の問題点をあげる
   ➢ 複数のメンバーで行う場合には、図表付-11の右端の図のように、部屋の中の別の側面を向く（視界を変える）ように座る位置を変更してください。
   ➢ 単なる批判ではなく、できる限り「こうした方がよい」という建設的な観点から発想するようにしましょう。

図表付-11　ディズニー・ストラテジーを活用する際の椅子配置の例

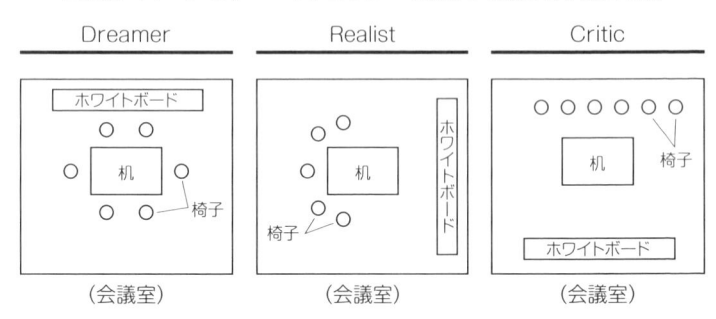

※椅子が多めに用意できる場合には、あらかじめ上記全ての位置に椅子を配置しておき、座る場所を変えていく方が効率的です。

付録　創造的思考の基礎

6）以降は、Dreamer・Realist と Critic の視点を交互に切り替えながら、問題点に対する対処策のアイデアを出す
　➢Dreamer と Critic、Realist と Critic というように、Critic を基点にしながら問題点の抽出と解決策の発想を交互に繰り返し行っていきます。

　以上のようなディズニー・ストラテジーを活用した発想プロセスについて、具体的に以下の事例に当てはめて見てみましょう。

【ディズニー・ストラテジーの活用例：A社X営業部の3年後のビジョン構築と実現のための方向性を策定するケース】

　大杉さんは、A社のX営業部に勤務するビジネスパーソンです。X営業部では、今月から3年後のビジョンを構築する部内プロジェクトが立ち上がり、大杉さんはそのリーダーに抜擢されました。プロジェクトメンバーは、部内の若手3人（Aさん、Bさん、Cさん）です。大杉さんは、ディズニー・ストラテジーの手法を活用し、X営業部の3年後のビジョンとその実現策について3人のメンバーと議論することにしました。

- 議長（大杉さん）：それでは皆さん、まず Dreamer の位置で椅子に座ってください。これから、わがX営業部の3年後のありたい姿について、Dreamer の視点から20分間自由に発言し合いましょう。
- Aさん：やっぱり、他の営業部には負けたくないよね。3年後には、営業部門で No.1 の成績を目指そうよ。
- Bさん：それは確かにそうだね。でも、その結果として私たちのボーナスが社内で1番になれば、もっとうれしいね。
- Cさん：私は、3年後には残業時間ゼロを目指したいです。X営業部では、ほとんどの人が毎晩終電帰りですから。
- Bさん：それも大切な視点だね。それから、…
（20分間、自由な議論を継続）
- 議長：そろそろ20分経過しました。活発な議論でしたが、これまで出てきた意見をまとめると、X営業部の3年後のビジョンは、「営業部門 No.1 の成績を残し、社内一のボーナスを受け取り、しかも

残業ゼロの部を目指す」ということになりますが、これで皆さん問題ないですか？（一旦、全員の意向を確認）では、続いて Realist の位置の椅子に座ってください。今度は、今皆さんが決めた 3 年後のビジョンを実現するために何をするべきかについて、現実的な視点からアイデアを出し合いましょう。

- B さん：今、私たち営業員は、1 人ひとりがそれぞれ単独で営業活動をしているけど、例えば 2 人 1 組でペアを組んで活動するようにすれば、お互い忙しいときにサポートし合うことができ、結果的に効率的に時間を使えるんじゃないかな？
- A さん：僕は、営業員同士の情報共有をもっと活発に行うべきだと思うよ。今は、実績以外ほとんど共有しないけど、営業活動のプロセスに関する成功事例なんかを共有できれば、もっとお互いの成績を伸ばせるはずだよ。
- C さん：現在、私たちの営業対象顧客は大手企業ばかりじゃないですか。私は、前から思っていたのですが、もっと顧客層の裾野を広げて、中堅企業へもアプローチすべきだと思うんです。そうすれば、もっと効果的に成績をあげられると思います。

（20 分間、自由な議論を継続）

- 議長：そろそろ 20 分ですね。これまで X 営業部のビジョンやその実現策について、いろんな意見が出ましたが、今度は Critic の位置に座って、今まで議論した内容について、問題点や懸念点がないかについて議論しましょう。
- C さん：先ほど設定したビジョンなんですが、私たちの独りよがりのものばかりに思えませんか？　私たちは私利私欲のために仕事をするべきではなく、もっと顧客のために何ができるかという視点でビジョンを見直すべきだと思います。
- A さん：残業時間を削減するのは、とても大事なことだと思うんだけど、ゼロにするっていうのは現実性がちょっと低いんじゃないかな？　もしゼロを目標とするなら、もっと抜本的な効率化策を考えないといけないよね。
- B さん：営業員同士で成功事例の共有を行うのも効果があると思う

けど、もっと大切なのは、失敗事例の原因分析じゃないかな？ 単なる情報共有だけでなく、みんなで知恵を絞って、どうやったら二度と同じ失敗を繰り返さなくて済むかを議論すべきだと思うよ。
(20分経過後、議長の指示により、DreamerやRealistの位置に移動し、Criticの視点で出された意見について再検討します。以降、同様にDreamerとCritic、RealistとCriticとの間で視点を切り替えながら、アイデアをブラッシュアップしていきます)

こうして見るとわかるとおり、シックスハットは、主にアイデアの発想の手段として用いられていましたが、ディズニー・ストラテジーでは、アイデアの絞り込みやブラッシュアップの過程もプロセスの中に組み込まれています。この点で、ディズニー・ストラテジーより総合的な思考法であると言えるでしょう。

第3節 創造的思考の全体プロセス

前節では、私たちの創造的思考を助けてくれるさまざまな発想のツールの使い方について学んできました。本節では、そうしたツールの活用も含めた、創造的思考の全体プロセスについてまとめておきたいと思います。なお、プロセスを説明するにあたっては、以下のケースを共通の題材として使います。

【ケース：入浴剤の新商品開発におけるアイデア出し】
平井さんは、入浴剤メーカーA社の商品開発部門に勤務しています。A社では、来年度へ向けて新しい入浴剤商品の開発を行うことになり、平井さんはそのプロジェクトのリーダーに選ばれました。消費者へのアンケートの結果、既に今回の新商品は、「斬新な機能を持った入浴剤」というコンセプトで開発を進める方針が決まっています。平井さんは、どうすれば新商品の具体的アイデアを決めることができるでしょうか？

(1) メインイシュー（主論点）の設定

創造的思考においても、論理的思考と同様に、思考の出発点はメインイシューの設定となります。ただし、創造的思考の場合、メインイシューの構造はさほど複雑なものでないことが多く、一般には「〇〇の特徴を持つ、新しい××を作るとしたら、どのようなものが最もふさわしいか？」というのがメインイシューの基本形です。また、メインイシューがやや複雑な場合には、論理的思考と同様に、必要に応じてサブイシューに分けることも必要になります。

なお、論理的思考では、あらかじめ制約条件（例えば、予算的、あるいは時間的制約）を明確化する必要があると述べましたが、創造的思考の場合には、そうした制約条件が発想を抑制してしまう恐れがあるため、当初の段階ではなるべく制約条件を設けずに発想を始めます。

先ほどのケースでは、メインイシューは以下のとおり設定することにします。

- メインイシュー：「今までにない機能を持った新しい入浴剤を作るとしたら、どのようなものが最もふさわしいか？」

付録　創造的思考の基礎

これは、比較的シンプルな論点ですので、以下ではサブイシューへの細分化は特に行わずに、そのまま思考を進めていきます。

(2) アイデアの発散

イシューが定まったら、イシューに沿ってなるべくたくさんのアイデアを抽出していきます（数多くのアイデアを抽出することを「発散」と言います）。アイデアの抽出にあたっては、前節で学んださまざまな発想のツールを用いることが有効です。発想のツールには数多くの種類がありますので、その際、どのツールを活用すべきかで迷うこともあるかもしれません。図表付-12では、前節で学んだ発想法それぞれについて、活用場面に応じた使い分けのイメージをまとめておきます。

なお、創造的思考では型にとらわれることなく、自由な思考でさまざまなツールを試しながら発想を広げていくことが最も有効ですので、この図表の

図表付-12　発想ツールの活用場面に応じた使い分けの例

		(1) 対象となる思考領域をずらす					(2) 自らの思考の立ち位置をずらす	
		ずれた情報を刺激として与える	発想に制約条件を設ける		わずかなズレを積み重ねる			
		ブレイン・ストーミング	ランダム・エントリー	SCAMPER	アトリビューートリスティング	ブレイン・ライティング	マインドマップ	シックスハット	ディズニー・ストラテジー
人数	1人で行う	×	○	○	○	×	○	○	○
	グループで行う	○	○	○	○	○	○	○	○
目的	既にあるものの改善・改良 (improvement)	○	○	○	○	○	○	○	○
	全く新しいものの創造	○	○	×	×	○	○	○	○

使い分けにこだわる必要は全くありません。

先ほどのケースでは、平井さんはプロジェクトチームのリーダーですから、グループで発想を行うことができます。また、既存の入浴剤の商品があり、それをベースにアイデアを出していくことになるでしょう。従って、図表付-12で示すとおり、平井さんはどの発想ツールでも活用可能であることがわかります。

ここでは、仮にアトリビュート・リスティングの手法を選んだとしましょう。アトリビュート・リスティングを用いると、まず、既存の入浴剤の特徴を抽出し、それぞれの特徴を変えることで、新しい入浴剤のアイデアを考えることになります。その結果、例えば、入浴剤の「体を温める」機能を「体を守る」機能に変えて、「花粉症から身を守る入浴剤」というアイデアにつなげたり、「風呂に入れる」という使用法を「シャワーに取り付ける」という特性に変えて、「シャワー専用入浴剤」を発案したりできるかもしれません。

このアイデアの発散段階は、言うまでもなく創造的思考における最も重要なプロセスになりますが、いくつかの点に留意しながら取り組む必要があります。以下では、創造的思考の生産性を上げるために、特に重要な4つのポイントについて説明します。

①アイデア出しは極力複数メンバーで行うこと

本書で紹介した発想ツールは、1人で使えるものも多いのですが、創造的思考を行う際には、1人よりも複数のメンバー間で意見を出し合う方がよりアイデアが広がるものです。これは、既に述べたとおり、自分のアイデアのみならず、他のメンバーのアイデアもリソースとして活用しながら、より思考の幅を拡大することができるという効果によるものです。

なお、グループでアイデア出しを行う場合には、多くの場合ファシリテーター（通常は、議長やリーダー）の役割が非常に重要になります。メンバー間の意見がメインイシューからずれた場合にうまく軌道修正を図ったり、発言者の意見を褒めることでアイデア出しを促進したり、加えて、あまり意見を出していない人からも意見を引き出したりと、その役割は幅広く、ファシリテーターの力量次第で、グループでの創造的思考の生産性は大きく異なっ

てしまうものです。このように、創造的思考における発想ツールはあくまで道具でしかなく、本質的には、それを活用する私たち人間のスキルがより重要であることはぜひ忘れないようにしましょう。

②楽しみながら発想できる工夫をすること

　皆さんも、これまで日常生活や仕事などの中で、必要に迫られて創造的思考を行わなければならない場面を何度か経験されたことがあると思います。しかし、そのように他者から強制された状況で創造的思考を行う場合には、決して豊かな発想は思いつかないものです。もちろん、仕事などでどうしてもアイデアを出さなければならない場面はあると思いますが、そのような場面でも、自分から進んでアイデアを出したいと思えるような環境を整えることが、創造的思考の生産性を高める上ではとても重要になります。例えば、大好きな音楽を聴いたり、お菓子を食べたりしながらアイデア出しを行ったり、部屋の中に体を動かす遊び道具を持ち込んで遊びながら発想したり、時には普段と異なる場所に出かけてアイデア出しをしたりする方法も有効です。

　また、複数のメンバーで意見を出し合う際には、各人が出したアイデアの数を競い合い、アイデア出しにゲーム性を持たせるなどの工夫も効果的でしょう。特に、グループのリーダー役の人は、メンバーが楽しみながらアイデア出しを行える環境を整えることに十分気を使わなければなりません。

③一定の時間制限を設け、量を追求すること

　創造的思考は、リラックスした雰囲気の中で行う方がよいと思われがちですが、人間は過度にリラックスすると、かえって頭の回転が鈍り、発想を妨げてしまうことがわかっています。したがって、創造的思考の生産性向上のためには、適度な緊張下でアイデアを絞り出そうと努力することが有効なのです。

　自らの脳に適度なプレッシャーを与えるために最も一般的な方法が、「時間制約」や「数のノルマ」という方法です。その名のとおり、一定の時間を計り、その時間内で最低 n 個以上のアイデアを出すことをノルマとして課したりすることで、脳に適度な緊張を与えることができます。ただし、前述のとおり、過度のプレッシャーはむしろ発想の幅を狭めることになりかねません

ので、例えば②で述べたように、複数のメンバー間で時間内に何個のアイデアを出せるかといった、ゲーム感覚で取り組めるような環境づくりが有効になるのです。

④アイデアは紙に書き出しながら発想すること

　私たちは、アイデアを思いつく際に、頭の中だけで思考が完結しているわけではありません。目や耳といった感覚器からの情報を刺激として受け取り、さまざまな情報をアイデア出しに活かしながら発想を行っています。前節でも説明したとおり、新しい発想は他者からのそうした刺激がきっかけになって生まれることも多いものです。

　一方、実は自分自身が出したアイデアが、別の新しいアイデアを呼ぶこともあります（マインドマップを用いると１人でも発想を行えるのは、まさにそのような効果を活用しているからのです）。そして、そのためには思いついたアイデアを必ず紙などに書き出して可視化することが、非常に重要になります。また、人間はもともと非常に忘れやすい動物ですが特に思考を行っている際には短期記憶をフルに活用しますので、短期記憶のメモリがいっぱいになると、せっかく思いついたアイデアを忘れてしまうこともあるのです。ですから、アイデアを紙に書き留めることは、脳内の短期メモリに常に空きを作り、思考のキャパシティを拡張させるという観点からもとても重要なことだと言えます。そして、このことは創造的思考だけではなく論理的思考にも当てはまる、思考を活発化させるためのコツなのです。

（３）アイデア（発想結果）の絞り込み

　十分なアイデアを抽出できたら、それでおしまいではありません。たくさんのアイデアの中から、最終的には、メインイシューで設定された「最もふさわしいアイデア」を絞り込む必要があるのです。その際に行う絞り込みの基本プロセスは、第６章で述べた論理的思考の「推論結果の絞り込み」と全く同じで、以下の３ステップになります（説明が重複しますので、詳しい説明は割愛します）。

　①評価軸（必要条件・十分条件）の設定
　②必要条件に基づく絞り込み

付録　創造的思考の基礎

③十分条件に基づく絞り込み

なお、既に触れたとおり、創造的思考では発想を抑制することにつながるため、メインイシュー設定の段階では制約条件（必要条件）を一切考慮せずに自由に発想することを推奨してきました。しかし、最後の絞り込みの段階では、やはり現実的な制約条件を考慮する必要がありますので、数多くのアイデアについて、必要条件と十分条件のそれぞれの観点から優先順位付けを行わなければなりません（つまり、創造的思考でアイデアを発散した後に、論理的思考でアイデアを収束していくことになります）。

第4節　創造的思考を促すマインドセット

本付録では、ここまで創造的思考の技法的側面を中心に説明してきました。しかし、新しいアイデアは、技法さえ身に付ければ必ず自動的に生まれるわけではありません。図表付-13に示すとおり、創造的思考では、いろいろなテクニックを用いる前に、まず私たち自身が創造性を促すようなマインドセット（物の見方・考え方）を持つことが大切です。

図表付-13　創造的思考を実践する上で求められるもの

テクニック
(1) 対象となる思考領域をずらす
(2) 自らの思考の立ち位置をずらす

マインドセット
(1) 発想を楽しむ
(2) 好奇心を持つ
(3) 人と違うことを好む
(4) 集中力を大切にする

では、創造性を促すマインドセットとは、一体どのようなものなのでしょうか？　主なポイントは4つあります。

(1) 発想を楽しむ

創造的なアイデアは、眉間にしわを寄せながら考えても、なかなか思い浮かぶものではありません。既に述べたとおり、創造的思考は、ある情報を取っかかりに、その情報との違いに着目しながら次々とアイデアを生み出していくものです。しかし、人は、ネガティブな気持ちでいると、その相違点になかなか気づくことができなくなります。実際に、有名なクリエイターは、例

外なく発想を楽しいと感じることができる人ばかりです。新しいアイデアを生み出すという行為自体にやりがいや面白さを感じられるかどうかで、そこから実際に生まれるアイデアの質も大きく変わってきてしまうのです。

　前節で、創造的思考のプロセスにおいては「楽しみながら発想できる工夫」が大切だと書いたのは、まさにそのような理由によるものです。海外には、社員が発想を楽しめるような工夫を、職場の至るところに設けている企業も数多くあります。例えば、職場をスケートボードで移動することや、愛犬を会社に連れてくることを許したり、会議室にオーディオセットを常備し、会議中に音楽を流したりするような工夫がその代表的な事例でしょう。また、気の合う仲間と一緒にブレイン・ストーミングを行ったり、そうした仲間とアイデアの数を競いながらゲーム感覚で創造的思考を楽しんだりすることも、発想を楽しむマインドセットを高めるには有効な手段です。

　社会人の中には「仕事が忙しすぎて、なかなかじっくりとアイデアを考える余裕がない」という人がたくさんいます。しかし、そういう人の多くは、アイデアを出すということに面白みよりもむしろ義務感を感じているようです。発想を楽しめる人は、電車に乗っているときでも、トイレに入っているときでも、ちょっとした時間に何かをきっかけにアイデアを生み出すことができます。思考という行為は、時と場所を選ばないわけですから、発想すること自体を楽しいと感じる人は、暇さえあれば頭の中でアイデアを練ることができるのです。

(2) 好奇心を持つ

　第1節「創造的思考の基礎技法」の中で述べた「対象となる思考領域をずらす」という発想法は、無作為に外部からさまざまな情報を取り入れ、それをきっかけに新しいアイデアを生み出そうとするものでした。しかし、いくら外部からの情報が目や耳に入っても、その情報に気づかずにやり過ごしてしまったら、アイデアなど生まれてきません。一方、好奇心のある人は、新しく目や耳に入ってくる情報に対して敏感であり、そうした情報をしっかり認識することができます。そのため、先ほど説明したようなさまざまな発想法をわざわざ用いなくても、日常生活でさまざまな情報に触れる中から、次々と新しいアイデアを生み出すことができるのです。

しかし、いくら「好奇心を持ちましょう」と言っても、もともと好奇心がない人は、なかなか急には変われません。では、どうしたらよいのでしょうか？　1つの方法は、「変化を確認する」習慣をつけることです。例えば、仮に毎日同じ時間に同じ車両に乗って通勤している人であれば、「いつも目にする車内の光景やいつも耳にする車内アナウンスと、今日はどこが違うのか？」を必ず毎日確認するようにしましょう。これが自然とクセづけされれば、それ以外の場面でも、新しいものや変わったものに自然と目が向くようになるはずです。

(3) 人と違うことを好む
　日本人は、昔から集団での生活において「和」を重視してきました。「和」を重んじる文化は、私たちの意識の中に「同質性」、つまり他の人と同じものを好むという価値観を植え付けることになりました。そのような価値観を象徴する習慣として、いわゆる「村八分」があったと言われています。和を乱すような行為をした者は、同じ村に暮らしていながらも仲間外れにするというものです。古くから農耕民族として発展してきた日本において、同じ集団で暮らす他の人々に迷惑をかけぬよう、なるべく同じ行動・規律を守ることは、厳しい環境を生き抜く上では当然のことだったと言えるでしょう。しかし、そのような文化は、できる限り周囲の人と同じ行動を取ろうとする意識を、日本人の心に植え付けることになったのではないかと思います。
　実は、この「同質性」をことさら重視する意識は、創造的思考を行う上では非常にやっかいな障害となります。そもそも創造的思考とは、相違点に着目して新しいアイデアを発想する行為ですから、「同質性」の価値観はその相違点を見いだすことを邪魔してしまうのです。このため、「同質性」を重視する人からは、過去のパターンや固定概念にはまったアイデアしか生まれません。また、アイデアが斬新であればあるほど常識とは乖離しますので、「同質性」を重んじる人からは理解されにくくなります。
　一方、欧米の人々は物心ついた頃から、自らの意見や個性を主張することの重要性を家庭や学校で教わります。そのため、他人と異なるということに、むしろ前向きな意味合いを見いだすようになるのです。つまり、彼らの多くは、日本人とは対極的に「異質性」を重んじる価値観を持っていると言えるで

しょう。欧米の企業や発明家から、斬新なアイデアやデザインの商品・サービスが発表されることが多いのは、彼らが、このような「異質性」重視の価値観を持つことと密接に関連しているものと考えられます。

もともと私たちは、個々人がそれぞれ独自の感性や個性を持って生まれてきます。しかし、日本の学校や社会は、周囲と合わせることや集団の中で目立たないことを暗に強制していると思われます。このような環境の中で育つと、自然と同質性を重んじる価値観が私たちの心の奥で醸成されてしまうことは仕方のないことです。しかし、創造的思考を促すという観点からすれば、少なくとも新しいアイデアを発想している間は、この価値観を捨てるように意識しなければなりません。

（4）集中力を大切にする

物事を考える際には、思考に対する集中力が求められます。このことは、論理的思考でも、創造的思考でも、全く変わることはありません。よく、「クリエイティブなことを思いつくためには、のんびりとした環境でじっくり考える必要がある」と言う人がいますが、それは必ずしも正しくないでしょう。物であれアイデアであれ、人間が何かを生み出すときには、適度な緊張と、何より一定程度の集中力が求められます。それは、仲間と楽しみながらアイデアを考える場合でも全く同じです。常に対象テーマについて思いをめぐらせ、アイデアを出すことに集中していれば、何かの拍子にヒントとなる情報が目に入った瞬間に、突然新しいアイデアがひらめいたりするものなのです。

しかし、思考の集中力を高めるということは、決して簡単なことではありません。繰り返しの訓練や習慣付けが必要となります。ここでは、そのための1つの訓練方法として、「ハード・フォーカス」と「ソフト・フォーカス」というものを紹介しておきます。

ハード・フォーカスというのは ある一部に焦点を合わせて見ている状態であり、それに対してソフト・フォーカスとは、目の焦点を対象より少し先に置いて、全体を包むようにぼんやりと物を見ている状態のことを言います。昔から、「目は口ほどにものを言う」と言われますが、人間の目の動きや表情は、私たちの思考と深く関係しているようです。例えば、深く何かを考えているときに、脳の中の特定の部分が活発に使われますが、その際、目は無意

識に右上の方向や左上の方向を向いてしまうようです。

　ハード・フォーカスとソフト・フォーカスを鍛える訓練法にはさまざまなものがありますが、比較的簡単なものを以下に紹介します。

●ハード・フォーカスの訓練方法（例）

　①まず、白い紙の真ん中にマジックで黒い点を描く。

　②深く腹式呼吸をしながら30〜40cm離した黒点をひたすら凝視する。

　③その間、まばたきは自然に任せていいが、顔や目は動かさないようにする。

　④中心の黒点を凝視しているうちに、黒点の周りに広がっていた薄い円部分が次第に消えていき、背景が灰色になったら、そこから1〜2分間凝視を続ける。

●ソフト・フォーカスの訓練方法（例）

　①椅子に座り、40〜50cm先の机の上に本を開いて、見開きが自分の方に見えるように立てる。

　②片手の親指を顔の目の前に立て、爪は自分側に向ける。

　③その状態で、親指ではなく、開いている本に視点を合わせる。

　④親指が2本にブレて見えるようになったら、そこから1〜2分間凝視を続ける。

　実は、ハード・フォーカスは論理的思考を行う際に、ソフト・フォーカスは創造的思考を行う際に、それぞれ集中力を高めるために有効であると言われています。日常生活や仕事の場面において、論理的思考や創造的思考を求められる機会は多いと思います。そのような場面に応じて、上記のハード・フォーカスとソフト・フォーカスを使い分けることで、それぞれの思考にふさわしい集中力を意識的に高めることができるようになるはずです。

付録のまとめ

1．創造的思考の基礎技法
（1）対象となる思考領域をずらす技法
　①ずれた情報を刺激として与える方法
　　・ブレインストーミング
　　　➣複数メンバーで自由な討議を行い、他の人の意見を刺激にしながらアイデアを言い合う
　　・ランダム・エントリー
　　　➣ある特定の情報無作為にを選び、その情報を刺激剤として新しいアイデアを引き出す
　②発想に制約条件を設ける方法
　　・SCAMPER
　　　➣発想の際に、7つの制約条件を次々に設けながらアイデアを考える
　　・アトリビュート・リスティング
　　　➣発想の土台となる事象の特徴・性質を抽出し、その一部を変更することでアイデアにつなげる
　③わずかなズレを積み重ねる方法
　　・ブレイン・ライティング
　　　➣複数のメンバーが、順番にアイデアを紙に書き出していく方法
　　・マインドマップ
　　　➣ある言葉から連想される別の概念を次々と拡散していくことで、アイデアを抽出する

（2）自らの思考の立ち位置をずらす技法
- シックスハット
  - ➢ 色の異なる6つの帽子を使い、それぞれの立ち位置から異なるアイデアを発想する
- ディズニー・ストラテジー
  - ➢ Dreamer・Realist・Criticそれぞれの視点から、目標実現のためのアイデアを多面的に検討する

2．創造的思考の全体プロセス

（1）メインイシュー（主論点）の設定
- 「新しい○○を生み出すとしたら、どのようなものが考えられるか？」

（2）アイデアの発散
- 1.に示したさまざまな発想法の活用

（3）アイデアの絞り込み
- 優先順位付け：特定の評価軸（必要条件・十分条件）を設定し、その軸に基づき優先順位を評価

3．創造的思考を促すマインドセット

（1）発想を楽しむ
（2）好奇心を持つ
（3）人と違うことを好む
（4）集中力を大切にする

■ 参考文献一覧 ■

藤井千春 著
**「ジョン・デューイの経験主義哲学における思考論
— 知性的な思考の構造的解明 —』** 早稲田大学出版（2010）

山岡正男 著
『論理学史』 岩波全書（1983）

野矢茂樹 著
『論理学』 東京大学出版会（1994）

W.C. サモン 著、山下正男 訳
『論理学』 培風館（1987）

鰺坂真、梅林誠爾、有尾善繁 著
『論理学 — 思考の法則と科学の方法』 世界思想社（1987）

市川伸一 著
『考えることの科学』 中公新書（1997）

松林博文 著
『クリエイティブシンキング』 ダイヤモンド社（2003）

■ 索引 ■

あ行

アトリビュート・リスティング　*252*
アナロジー　*144*
アブダクション　*148*
アリストテレス　*25*
アレックス・オズボーン　*246*
イシュー　*20*
一般命題　*73*
因果　*35・136*
因数分解　*50*
裏　*82*
エドワード・デ・ボノ　*248*
エルンスト・シュレーダー　*27*
演繹法　*72*
オイラー図　*74*
オーガスタス・ド・モルガン　*26*

か行

解析　*33*
仮言的三段論法　*77*
仮言命題　*81*
仮説　*142*
仮説演繹法　*155*
考える　*16*
考える力　*16*
帰納法　*114*
詭弁　*83*
逆　*82*
クライテリア　*45*

結合命題　*204*
結論　*32*
後件肯定式　*151*
工程分解　*51*
ゴットロープ・フレーゲ　*27*

さ行

三段論法　*25*
シックスハット　*261*
述語論理学　*27*
消去法　*104*
小前提　*73*
ジョージ・ブール　*26*
ジョン・スチュアート・ミル　*28*
ジョン・デューイ　*15*
スコラ学派　*26*
前件肯定式　*80*
全称文　*92*
前提　*25*
相関　*137*
創造的思考　*20*

た行

対偶　*83*
大前提　*73*
チャールズ・サンダース・パース　*148*
定言的三段論法　*77*
ディズニー・ストラテジー　*265*

ディメンション　*45*
統計　*37*
トートロジー　*88*
特称文　*92*
独立　*136*
トップダウンアプローチ　*34*
トニー・ブザン　*257*
トマス・アクィナス　*26*
ド・モルガンの法則　*27*

は行

バートランド・ラッセル　*27*
媒概念　*79*
排中律　*49*
背理法　*83*
比較　*38*
非排他的選言　*26*
フェルミ推定　*64*
フランシス・ベーコン　*27*
ブレイン・ストーミング　*246*
ブレイン・ライティング　*255*
フレームワーク　*53*
分類　*33*
ヘルマン・ホリゲル　*255*
包含関係　*74*
ボトムアップアプローチ　*34*

ま行

マイケル・モーガン　*252*
マインドマップ　*257*

名辞　*26*
名辞論理学　*26*
命題　*72*
命題論理学　*26*

ら行

ランダム・エントリー　*248*
類推　*144*
類比推論　*144*
ロジック　*32*
ロジックツリー　*186*
ロバート・エバール　*250*
ロバート・ディルツ　*264*
論決　*35*
論点　*20*
論理　*32*
論理的思考　*18*

英数字

3C　*56*
4P　*56*
A or not A　*48*
Howツリー　*194*
MECE　*44*
Others　*49*
SCAMPER　*250*
SWOT　*56*
Whyツリー　*191*

略歴

著者：浅岡 孝光(あさおか　たかみつ)

1973年生まれ。
早稲田大学政治経済学部卒業後、三菱銀行(現三菱東京UFJ銀行)に入社。大企業法人営業、機関投資家向けの投資銀行業務に従事した後、ペンシルバニア大学ウォートン校にて経営学修士(MBA)取得。
帰国後、戦略コンサルティングファーム、ドリームインキュベータに転じ、プロジェクトマネージャとして消費財メーカー等大手企業への戦略コンサルティングを担当した他、大手企業の取締役層や経営幹部候補の人材育成を幅広く支援。その後独立し、総合人材開発支援企業(株)ブライトウィングを設立、代表取締役に就任。
現在は、コンサルティング、幹部候補育成研修、ファシリテーション、戦略コーチングなど幅広い領域で活動中。

監修：日沖 健(ひおき　たけし)

日沖コンサルティング事務所・代表
産業能率大学・講師(総合研究所＆マネジメント大学院)
1965年生まれ。
慶応義塾大商学部卒、Arthur D. Little経営大学院修了 MBA with Distinction
日本石油(現・JX)勤務を経て現職
専門：経営戦略のコンサルティング、経営人材育成
著書：『戦略的トップ交代』『成功する新規事業戦略』『実戦ロジカルシンキング』『問題解決の技術』『戦略的事業撤退の実務』『歴史でわかるリーダーの器』『コンサルタントが役に立たない本当の理由』『変革するマネジメント』『経営人材育成の実践』『全社で勝ち残るマーケティング・マネジメント』『社会人のための問題解決力』など
hiokiti@soleil.ocn.ne.jp

社会人のための考える力
自分のまわりをポジティブにかえる 〈検印廃止〉

著　者	浅岡　孝光
監　修	日沖　健
発行者	飯島　聡也
発行所	産業能率大学出版部
	東京都世田谷区等々力6-39-15　〒158-8630
	（電　話）03（6432）2536
	（FAX）03（6432）2537
	（振替口座）00100-2-112912

2013年 8 月30日　初版1刷発行
2015年12月20日　 2版1刷発行

印刷所・製本所／渡辺印刷

（落丁・乱丁はお取り替えいたします）　　　　　　　　ISBN 978-4-382-05691-6
無断転載禁止